Les accommodements raisonnables

JEAN-PAUL DUBOIS

Les accommodements raisonnables

LE GRAND LIVRE DU MOIS

à Hélène Letendre
à Louis et Arthur
à mes enfants

Remerciements

Je voudrais exprimer ici toute ma gratitude envers Laurence Renouf et Virginie Petracco pour leur aide précieuse et leurs observations toujours enrichissantes.

Rendre hommage à Geneviève Laurent pour ses idées stimulantes et à Jean-Pierre Lacombe pour l'excellence de ses narcoses.

Remercier Dyson Berlioz, Ben Padour et Lein Hjertelig pour m'avoir fait découvrir l'exceptionnel Speak White de Michèle Lalonde.

Dire à Jean-Marc que je ne l'oublie pas.
Et à Camille Paulian que j'apprécie son soutien constant.

Enfin souhaiter « yoku irasshaimashita sachiare » à Sachiko.

« Une fois que tu en auras fini avec tes histoires vraies, pourquoi n'essaierais-tu pas, un jour, d'inventer une histoire et les personnages qui iraient avec ? C'est seulement comme ça que tu comprendras ce qui s'est passé et pourquoi. Ceux avec qui nous vivons, qui nous sont proches et que nous sommes censés connaître le mieux, sont ceux qui nous échappent le plus. »

Norman Maclean

FÉVRIER

Je n'avais jamais aimé Charles Stern. Avec son visage bourbonien, avachi, sans caractère – trop de chair, pas assez d'os –, ses manières prétentieuses et cette façon désinvolte qu'il avait de traiter les autres, il me mettait mal à l'aise. L'idée que nous étions de la même famille m'était très difficile à accepter. Charles Stern me faisait honte.

Sa mort aujourd'hui me laissait totalement indifférent. En revanche, elle semblait donner un surcroît de vitalité à mon père, lequel, en dépit de ses soixante-dix-huit ans, n'en avait nul besoin. Depuis le décès de son frère, survenu voilà à peine deux jours, Alexandre Stern bourdonnait, s'occupait de tout, négociait pied à pied avec les entreprises funéraires, contactait les proches et la famille, harcelait le notaire et les fonctionnaires de l'état civil. Moi qui le connaissais mieux que quiconque, je voyais bien le plaisir qu'il prenait à chorégraphier les funérailles de l'homme qu'il avait sans doute haï avec le plus de constance durant toute sa vie. Oui, au moment où le cercueil de son frère allait disparaître dans le tunnel rougeoyant du crématorium, Alexandre Stern rayonnait, aussi discrètement que possible, d'un indicible bonheur.

Pour autant qu'il m'en souvienne, je n'ai jamais vu vivre ces deux hommes autrement que dans l'exécration et le conflit. Mon oncle, propriétaire de biens, installé à Paris – en outre le seul individu que j'aie connu à posséder un portefeuille en velours pourpre –, tenait son frère pour un velléitaire envieux, un raté oxydé par la province et l'aigreur, tandis que mon père, lorsqu'il évoquait les frasques de son aîné, commençait inévitablement par cette phrase : « Le sauteur s'est encore fait remarquer. » Ce terme désuet était assez approprié à l'univers des frères Stern.

Charles, dont les biens, d'après mon père, avaient été acquis dans une période troublée et des circonstances peu avouables, possédait une fortune suffisamment confortable pour se permettre une existence à l'abri du travail, si l'on considère que la consultation de revues boursières et la surveillance de placements spéculatifs ne constituent pas une activité harassante. Il vivait au dernier étage d'un bel immeuble donnant sur la place des Victoires. Divorcé sans enfants, il reportait l'essentiel de ses affections sur une collection d'automobiles anciennes qu'il couvait, sous des housses siglées, dans un immense garage, chauffé en hiver et ventilé en été. Il se déplaçait toujours en compagnie d'une femme silencieuse, discrètement élégante, prénommée tantôt John, tantôt Johnny, et qu'il présentait selon les circonstances et au gré de ses humeurs comme sa secrétaire, son associée, sa conseillère boursière, voire sa compagne. Il ne faisait pas non plus mystère de sa fréquentation jubilatoire et régulière de quelques hétaïres qu'il recevait au dernier étage de la place des Victoires. En regard de pareilles intempérances, mon père ne pouvait faire valoir qu'une existence quasi cistercienne au sein d'une famille conventionnelle, rompue au culte de Rome, au respect du salariat et à l'amour du travail bien fait.

– Monsieur Stern ? Je crois que nous avons un problème.

Un visage glabre, des manières lisses. On l'aurait dit né pour s'occuper des morts. Lorsqu'il se déplaçait, il glissait sur les dalles de marbre. J'avais déjà repéré cet employé zélé, tout à l'heure, dans les salons du funérarium. Il m'avait semblé porteur d'une patience éternelle, avec ses gestes de fleuriste pour arranger le malheur.

– Le tapis roulant qui achemine le cercueil au cœur du four rencontre une anomalie. Le système d'allumage des rampes de gaz est également affecté par la panne. J'espère que nous allons solutionner ces problèmes très rapidement.

Sa voix flûtée, haut perchée, tranchait avec la gravité de son allure, comme s'il était doublé par un ridicule personnage de dessin animé. Mon père hocha la tête avec un léger sourire qui pouvait laisser croire à une certaine bienveillance. En réalité, je savais qu'il pestait intérieurement contre cet accroc mécanique qui retardait le moment tant attendu où le sauteur partirait en fumée.

– Décidément, ton oncle nous aura fait chier jusqu'au bout.

Il marmonna cette phrase sans me regarder, les yeux rivés sur ce cercueil qui refusait d'avancer, donnant ainsi le curieux sentiment de vouloir s'incruster dans la vie.

Deux jours plus tôt, mon oncle Charles s'était rendu vers dix heures chez le concessionnaire Mercedes de la rue de Longchamp, dans le XVIe arrondissement, pour voir un nouveau coupé susceptible de l'intéresser. Il avait fait le tour du véhicule avant de s'asseoir au volant pour juger de l'ergonomie des commandes et de l'agencement du tableau de bord. Après un bref examen, il se tourna vers le vendeur et dit simplement : « Je la prends. » Aussitôt, son buste fut parcouru d'un léger frisson, sa tête bascula, tandis que son corps s'inclinait lentement sur l'accoudoir central. Ainsi mourut Charles Stern, sans imprudence, les yeux grands ouverts au volant d'une voiture de luxe immobile.

Sur le parking du crématorium, un nouveau défunt et sa famille éplorée patientaient dans le froid.

– La société de maintenance est en route. C'est la première fois que nous connaissons une pareille panne. Je vous prie de nous pardonner pour ce contretemps, monsieur Stern.

L'homme qui glissait semblait désemparé. Il se désolait devant mon père et sortait aussitôt présenter, je l'imagine, de semblables excuses aux récents arrivants qui commençaient à grelotter dehors.

Anna, ma femme, était assise derrière mon père, entre nos trois enfants, Jean, Jules et Marie. Elle semblait accablée par le chagrin alors qu'elle errait simplement entre l'ennui et l'indifférence dus aux antidépresseurs qu'elle prenait depuis trois ans. Moclamine (Moclobémide) et Seroplex (Escitalopram) étaient les seuls interlocuteurs auxquels elle accordait encore un peu de crédit. C'était Anna qui avait reçu, en fin de matinée, l'appel téléphonique annonçant le décès brutal de Charles Stern. Elle avait raccroché, griffonné de façon à peine lisible « Ton oncle est mort » au dos d'un ticket de caisse de grand magasin puis était allée se recoucher en attendant que les molécules matinales veuillent bien œuvrer et lui rendre le monde acceptable.

Charles, comme toute la famille – et même s'il s'était toujours employé à masquer ses origines provinciales –, était de Toulouse. Sur ordre de mon père, son corps fut donc rapatrié dans sa ville natale qui, ce matin, au terme de sa vie, semblait lui faire payer le mépris qu'il lui avait témoigné. À l'inverse du sauteur, mon père était resté ici, dans ce Sud garonnais, parmi les siens, à construire une vie, à bâtir une entreprise, à fonder une famille.

L'entreprise s'était soldée par la faillite de l'atelier que mon père, fabricant de tondeuses à gazon, avait porté à bout de bras des années durant. Il assemblait pourtant d'excellentes machines autoportées à double lame, distribuées sous la marque Rotor. J'en possède encore deux modèles à la maison, avec ce qu'il faut de courroies et de pièces de rechange pour assurer leur maintenance pendant des siècles. Une de 16 et une de 18 chevaux, équipées avec des moteurs Tecumseh monocylindres. Elles sont en parfait état de marche.

La marque Rotor contribua grandement à attiser la haine que les frères Stern éprouvaient l'un envers l'autre. Lorsque l'entreprise était en difficulté, ma mère ne cessait de pousser mon père à solliciter auprès de Charles une aide financière. Longtemps Alexandre rejeta fermement cette idée, puis, fléchissant sous le poids des dettes et des en-cours, il se résolut un jour à décrocher son téléphone. Lorsque ma mère le questionna sur la teneur de l'entretien, mon père murmura d'une voix calme et presque douce: «Je lui ai dit simplement: "Charles, est-ce que tu peux m'aider?" Et devine ce qu'il a répondu? "Je savais qu'un jour ou l'autre tu finirais par appeler. Mais aujourd'hui, tu vois, tu tombes vraiment mal, Alex. Figure-toi que je viens juste d'acheter un bateau." Et il a raccroché.»

– Monsieur Stern, nous sommes vraiment désolés, la réparation risque de prendre un peu plus de temps que prévu. Le technicien parle de trois quarts d'heure, une heure peut-être. Je suis vraiment désolé pour monsieur votre frère.

– Vous avez du café?

– Malheureusement non.

Neuf ans plus tôt, à peu près à la même saison, la crémation de ma mère s'était déroulée sans incident. Je garde un souvenir plutôt apaisant de ce moment où l'on nous avait remis l'urne encore chaude contenant ses cendres, son corps entier désincarné, débarrassé de la souffrance, irrémédiablement disparu et pourtant là, infiniment là. J'étais reparti avec la vie de ma mère, sa vie tout entière, entre mes mains.

Je n'ai jamais compris la véritable nature des relations qui unissaient mon père et ma mère. Ils s'entraidaient, s'épaulaient, se respectaient, disaient s'aimer, allaient chaque dimanche à la messe, vantaient les vertus de la famille, s'enorgueillissaient de posséder les recettes simples du bonheur, et pourtant quelque chose clochait. Ils ne m'ont jamais donné l'impression d'être vraiment heureux ensemble, comme si chacun regrettait en secret une ancienne vie, un autre destin sacrifié au nom d'on ne sait quels préceptes. Et puis il y avait ce mystère que je n'avais jamais éclairci. L'histoire du prénom de ma mère. Sur ses papiers d'identité elle s'appelait Christine. Or je n'ai jamais entendu mon père l'appeler autrement qu'Isabelle. Lorsque j'interrogeais ma mère, elle souriait et me répondait d'un ton vague : « Ça lui fait plaisir. » Cet escamotage patronymique m'a toujours mis mal à l'aise. J'avais, depuis le début, la conviction que l'on me cachait quelque chose. Il y avait sans doute une explication. Mais on ne me la livra pas. Même après la disparition de Christine, mon père refusa de me dire le pourquoi d'Isabelle.

Dehors, un second convoi s'était rangé comme il l'avait pu à la suite du premier, accueilli avec des cascades d'excuses et de regrets éternels par l'homme qui glissait. C'était maintenant une petite tribu de familles en deuil qui tentait de s'organiser dans les allées en un alignement disharmonieux. Nous, les Stern, nous étions, si l'on peut dire, du bon côté des choses, au chaud, à l'abri du vitrage, avec tout de même un cadavre sur les bras, un homme sans grande vertu dont personne, ni les vivants ni les morts, ne semblait vouloir.

Les frères Stern se détestaient, s'insultaient, se méprisaient, se rejetaient, mais au bout d'un certain temps ne pouvaient s'empêcher de se rapprocher l'un de l'autre, sous des prétextes divers et fallacieux. En fait, ils avaient besoin de se flairer périodiquement comme deux chiens issus de la même portée. Invariablement, au bout de quelques heures, l'atavisme les démangeait, les poils se hérissaient et les vieux démons familiaux reprenaient le dessus. Les idées de mon père me paraissaient sans conteste plus justes, plus nobles, que celles de son frère. Cependant, mon oncle ne manquait pas de panache dans sa façon de mettre Dieu en pièces, et j'aimais la sauvagerie jubilatoire avec laquelle il écharpait la religion et s'acharnait sur les dévots. Charles Stern possédait indéniablement l'art du blasphème. Lorsqu'il vilipendait le Vatican, il pouvait entrer dans des rages d'une étincelante vulgarité dont je n'ai jamais su si elles étaient jouées ou réelles, mais qui, en raison de leur ampleur et de leur démesure, laissaient le plus souvent mon père sans voix ni repartie.

L'homme qui glissait s'approcha une nouvelle fois d'Alexandre et lui demanda à voix basse s'il accepterait, compte tenu des circonstances, du retard et du froid, de laisser entrer dans la salle les trois cortèges qui patientaient dehors. Mon père accepta d'un signe de tête qui se voulait magnanime et délivra l'employé d'un lourd fardeau. Quelques minutes plus tard, une foule, en deuil mais revigorée, se pressait dans les travées. Le crématorium bruissait de conversations et prenait, au fil des minutes, des allures de palais des congrès.

Anna, absente de ce monde absurde, semblait se foutre royalement des événements. Elle jeta un vague regard circulaire comme si elle cherchait une connaissance, s'extirpa de la travée, puis quitta la salle avec l'élégante démarche d'une alcoolique mondaine qui va prendre l'air.

– Où va Anna ?
– Je ne sais pas.
– Tu devrais aller voir.
– Ce n'est pas la peine.
– Avec ce qu'elle prend, je crois que si.

Mon père aimait bien Anna, mais il ne la voyait plus de la même façon depuis qu'elle était malade. Pour lui une femme n'avait pas le droit de flancher. Elle se devait toujours d'être là et de ne rien laisser transparaître. Au point que, pendant les mois suivant la disparition de Christine-Isabelle, mon père, en une sorte d'hommage posthume, n'avait cessé de me répéter cette phrase comme un haïku : « Jusqu'à la fin ta mère a tenu sa maison. »

Un bruit de torchère résonna, des flammes jaune-orange embrasèrent l'extrémité du tunnel bloqué en position ouverte, le cercueil frissonna un instant comme si quelqu'un bougeait à l'intérieur et l'assistance entière fit le silence, captivée par la bruyante résurrection du four. Le gaz pulsé à haute pression gronda un moment puis, aussi subitement qu'il avait commencé, le vacarme cessa. Tous les cortèges avaient le regard fixé sur les Stern, cette famille disparate dont aucun membre ne semblait réellement affecté par la situation de leur défunt qui patientait à la frontière du monde. Nous serions forcément les premiers à être informés de la remise en service de la machine, d'où l'attention soutenue que chacun accordait à nos allées et venues.

Soudain la rampe s'anima. De violents à-coups firent tanguer le cercueil qui partit vers l'avant, recula, s'immobilisa quelques secondes, repartit en direction du four. Cela dura deux bonnes minutes, comme si de l'autre côté du mur quelqu'un jouait avec l'interrupteur de mise en service. D'abord surprises, les familles se laissèrent rapidement séduire par cette incongruité, et des sourires de plus en plus appuyés furent échangés face à ce mambo mortuaire que Charles offrait à l'assistance en guise d'adieu. Gagné par la bonne humeur, mais aussi agacé par le petit succès posthume de son frère, mon père ne put s'empêcher de murmurer : « Le sauteur se fait encore remarquer. »

La performance fut de courte durée. La machine recouvra la raison, mon oncle fut avalé par la béance et instantanément attaqué par les feux de l'enfer. Mon père sembla stupéfait. Comme s'il s'était attendu à une autre fin. À un dernier tour de passe-passe de son frère.

C'est à lui que l'on remit l'urne de Charles Stern et nous nous retrouvâmes tous sur le parking où nous attendait Anna, rêveuse, confortablement installée dans la voiture.

– Quelqu'un veut des cendres ?

Alexandre posa cette question sur le ton désinvolte que l'on emploie pour offrir à des convives une seconde part de gâteau. Et il se trouva trois Stern, dont j'ignorais jusqu'à l'existence, pour réclamer quelques grammes de cet héritage encore tiède.

Mon père en improvisa la distribution sous le hayon arrière de son Honda Shuttle. C'était, pour le profane, une scène étonnante dans laquelle Alexandre tenait le rôle du dealer méticuleux occupé à vendre leurs doses à trois junkies. L'un tendait une curieuse sébile, tasse grossière aux armes d'une compagnie pétrolière, les deux autres attendaient leur tour en brandissant des sachets en papier. Malgré son application, mon père avait le plus grand mal à verser proprement les cendres de son frère et, à mesure que l'opération se déroulait, la moquette de la malle du Shuttle se constellait d'innombrables particules fraternelles.

Alexandre referma l'urne mère et, avec un naturel confondant, nettoya l'arrière de son véhicule de plusieurs revers de main vigoureux, allant jusqu'à brosser les dernières poussières récalcitrantes qui s'accrochaient aux fibres. Ensuite, il claqua le hayon sèchement comme pour abréger une cérémonie ridicule.

– Je vous dis au revoir à tous.

Alexandre m'embrassa à la va-vite, tapota le pare-brise de la voiture d'Anna, qui lui rendit un sourire, monta dans son monospace et déguerpit du crématorium comme si l'on venait de lui signifier qu'il était le prochain sur la liste.

Anna avait cessé de conduire. Elle estimait ne plus être en état de maîtriser un véhicule : trop de médicaments, pas assez de confiance en soi ni d'énergie.

– Pourquoi es-tu partie ?

– Je n'avais rien à faire là.

– Tu aurais pu rester pour mon père.

– Ton père se fout de tout ça.

– Je ne sais pas. Tu veux aller faire des courses ?

– Non. Je veux rentrer à la maison. Me coucher et dormir.

Souvent j'éprouvais le sentiment qu'Anna m'avait glissé entre les mains, comme du sable trop fin, que je n'avais pas été capable de l'aider ni de la retenir, de trouver une alternative acceptable au Seroplex. Lorsque nous étions revenus à la maison, ce jour-là, et qu'Anna avait regagné sa chambre, la tristesse de notre existence me submergea et j'eus soudain la sensation de porter à même la peau toute la souffrance glaciale et silencieuse de ma femme.

J'avais vingt-cinq ans de moins que mon père et il m'arrivait pourtant de penser que j'étais son aîné. Sa stature, sa santé, sa vitalité m'impressionnaient. Cet homme échappait aux lois communes du vieillissement au point qu'à soixante-dix-huit ans sa peau conservait une fermeté et une élasticité intrigantes. Pour un fils, arrivé à un certain âge, il est très intimidant de se sentir encore physiquement dominé par son propre père. Et je me disais parfois que, tout bien considéré, il se pourrait qu'un jour mon père soit dans la position de distribuer mes cendres à l'arrière de son monospace.

J'avais fait toutes sortes de métiers dans ma vie. Quelques-uns, autrefois, vigoureusement manuels. Mais, depuis une vingtaine d'années, je me cantonnais à la fabrication de petites fictions pour l'audiovisuel. J'écrivais des séries pour la télévision, des scénarios et des adaptations pour le cinéma. Je n'avais pas de talent particulier sinon que j'étais rapide, rendais le travail à l'heure et pouvais reconstruire en urgence des projets jusque-là jugés insatisfaisants. Cette compétence m'avait fait entrer dans le monde dérégulé, surprenant et fantaisiste des *script doctors*. Incapable d'aider ma femme, de soigner mes propres névroses, de rassurer mes enfants, voilà que l'on me tenait pour un spécialiste susceptible de réanimer et de guérir des films donnés pour morts. Avec la condescendance qu'il affichait pour tout ce qui n'avait pas directement à voir avec un portefeuille d'actions, Charles, qui n'était pas dupe de ces tours de passe-passe scénaristiques, m'appelait parfois « le Barnard du septième art » ou, lorsqu'il se voulait plus moqueur, « Padre Pio ».

En ce moment je ne faisais guère de miracles et travaillais à l'adaptation d'un beau texte intitulé *Quelques mois dans la perfection de la foi*. Je ne savais pas ce que deviendrait ce titre si le film, un jour, était tourné. Le dernier livre que j'avais mutilé pour qu'il entre dans le cadre d'une Panaflex, *Les Peines afflictives*, avait été rebaptisé *J'habite en face*. C'était dans l'ordre des choses. Aujourd'hui, le chapitre sur lequel j'étais censé donner ma pleine mesure finissait ainsi : « Il prit alors conscience que son passé ne l'aiderait ni à comprendre ni à supporter ce qui allait advenir, et qu'il était désormais temps pour lui de retourner vieillir en paix auprès de sa femme qui l'attendait. »

Anna dormait à l'étage. Lorsque je l'avais connue, elle s'appelait Anna Roca del Rey. Fille de Telesforo Roca del Rey, mon beau-père, aujourd'hui disparu. J'avais d'abord été l'employé de cet homme formidable avant de tomber amoureux de sa fille. J'avais à peine vingt ans et je venais de déserter des études qui elles-mêmes m'avaient abandonné depuis bien longtemps. Je voulais gagner ma vie, entrer dans la réalité du monde, et Telesforo, sans me poser la moindre question, m'embaucha dans son entreprise de peinture en bâtiment. Il maternait ses employés avec un splendide accent espagnol. J'aimais cet homme tendre et généreux, solide et courageux, capable de vous faire croire que la vie est une sorte de longue promenade en bordure de mer.

Pendant quatre ans, été comme hiver, je peignis pour lui des dizaines de façades, des centaines de contrevents et autant de fenêtres à grands et petits carreaux. À l'époque, l'acrylique n'existant pas, j'empestais la glycérophtalique, la térébenthine, les solvants, mais cela n'avait pas d'importance, je bouillonnais de sève, les choses étaient simples, l'existence, limpide. Je ne concevais mon futur qu'auprès d'Anna qui, à cette époque, menait à bien des études d'ingénieur en travaux publics. À vingt-deux ans, j'épousai donc une femme de deux ans mon aînée, dont le rêve ultime était de tracer des routes, de concevoir des périphériques, d'étudier des rocades et, sublime récompense, de dessiner des bretelles d'accès dont j'apprendrais plus tard qu'elles sont à la fois le bâton de maréchal et les véritables friandises de la profession.

La mère d'Anna était morte à sa naissance et c'était Telesforo qui, seul, avait élevé sa fille. De cet homme elle avait hérité un caractère loyal, généreux, pugnace, et une vivacité d'esprit qui lui donnait un temps d'avance sur la vie. De la femme qui l'avait déposée en ce monde elle possédait les yeux émeraude étirés, les longs cheveux noirs aux reflets métalliques, les pommettes saillantes, les joues creusées, le port de tête et ce visage tellement élégant, racé, à la fois raffiné et sensuel.

Lorsque naquit notre premier enfant, j'avais vingt-trois ans. Jules fut un fils facile, observateur, qui comprit très vite l'usage du monde, ses règles, ses raccourcis et ses priorités. Posé, rationnel, il excellait au jeu de Meccano. Il avait aujourd'hui trente ans, deux garçons de sept et trois ans, une compagne agronome bizarrement prénommée Fujita, et conseillait les entreprises en matière d'économies d'énergie. Sa sœur Marie, d'un an sa cadette, ne lui ressembla en rien. Et c'est à pas comptés, avec une déroutante méfiance et fort peu d'appétit, qu'elle s'aventura dans l'existence. Son apprentissage fut long, laborieux, mais sitôt qu'elle eut trouvé ses repères essentiels, elle se déprit de la famille et afficha un sympathique égoïsme à large spectre qui demeurait encore sa marque de fabrique. Trop indépendante pour céder ne serait-ce qu'une part de son territoire, elle vivait seule et importait d'Asie du Sud-Est toutes sortes de bibelots électroniques absolument inutiles. Lorsque j'allais lui rendre visite dans son entrepôt, je passais des heures à examiner et tester l'inquiétante quintessence de ce que peut produire l'esprit humain quand il est dévoyé. Avec une lucidité qui lui allait finalement très bien, ma fille partageait et mon point de vue et mon affliction.

De la peine, de la véritable souffrance, nous eûmes tous à en connaître avec Jean. Les dix premières années de sa vie furent pour nous tous un véritable calvaire. Né avant terme, Jean connut de gros problèmes rénaux et respiratoires. Sa prime enfance se résuma à d'incessants allers et retours à l'hôpital où il dut demeurer pour des séjours de plus en plus longs. Il eut aussi deux sévères infections nosocomiales qui laissèrent penser durant quelques mois qu'une amputation de son avant-bras serait nécessaire. Lorsque vers sept ans sa santé physique avait commencé à se rétablir, c'est son esprit qui lâcha prise. Jean entra alors dans le tunnel de la psychiatrie pour trois années de plus. À cette époque, il m'arrivait de trouver mon fils, seul dans sa chambre, assis par terre, en train de casser ses dents les unes après les autres en les frappant avec le bord plat d'un couteau à poisson.

De cette période cauchemardesque Jean ne semblait avoir gardé aucune séquelle, si ce n'était, peut-être, une certaine hyperémotivité.

J'aurais tant aimé évoquer tout ce passé avec Anna, lui rappeler ces épreuves que nous avions partagées et surmontées ensemble. Il me semblait que reparler de ce qui avait fait notre vie aurait pu nous rapprocher ou du moins la ramener vers les enfants qui n'étaient plus aujourd'hui, tout comme moi d'ailleurs, que des silhouettes indistinctes errant dans un paysage de brume. Mais compte tenu de son état, je n'osais pas prendre le risque de rouvrir les penderies de nos mémoires.

Quand la vie m'échappait, je me disais parfois qu'après tout il devait être assez confortable de pouvoir s'abîmer « quelques mois dans la perfection de la foi ». S'en remettre à cette espèce de pilote automatique qui, à la façon d'un banal Global Positioning System, choisit l'itinéraire le plus favorable pour vous ramener dans le droit chemin de l'espérance, d'abord, puis celui de l'apaisement. Oui mais voilà, je n'avais ni foi ni GPS, ma femme s'éloignait de moi chaque jour davantage, je vieillissais plus rapidement que mon père, ma fille inondait le pays d'objets inutiles et voraces en énergie que, par ailleurs, mon fils s'évertuait à sauvegarder. En outre, mon travail était aussi exaltant et enrichissant qu'une journée passée sur un practice de golf, mon oncle venait de mourir au volant d'une Mercedes-Benz à l'arrêt, et de partir en fumée sous les yeux réjouis de son cadet, mon propre père.

Cette année, à Toulouse, le cœur de l'hiver ressemblait à un printemps maussade. Les températures étaient d'une étonnante douceur et la pluie aussi rare qu'espérée par les hydrologues et les jardiniers. En ce qui me concernait, ces dérèglements climatiques avaient au moins un avantage: ils me permettaient de pratiquer mon sport quotidien dans des conditions favorables pour la saison. J'ai toujours éprouvé la nécessité de me dépenser, de griller sans doute un excédent de fuel thyroïdien. Dans des périodes difficiles, lorsque je voyais se dégrader la santé d'Anna ou que mon travail n'avançait pas, je doublais les doses d'effort et, sur mon vélo, forçais à m'en déchirer les muscles des cuisses. Je m'étais longtemps demandé pourquoi je pédalais ainsi, sans réfléchir, sans l'excuse de la moindre urgence, de la plus modeste destination. À une allure qui ne m'était pas naturelle et sur des distances scientifiquement millimétrées. Vers quelles terres quadrillées allais-je avec tant de constance? Pourquoi ce parcours quotidien et compulsif de 31,4 kilomètres en bordure d'un golf, d'un petit lac et d'une rivière? 31,4 kilomètres qui me ramenaient, invariablement rincé, à mon point de départ, été comme hiver, et le plus souvent aux alentours de midi, avec cet unique et pusillanime projet de pousser mon braquet de 2,47 (42 dents × 17), qui, par la magie du développement, me faisait avancer de 5,21 mètres à chaque coup de pédalier – ce calcul ne valant, bien sûr, que pour une roue de 700.

Je déteste le vélo. Depuis toujours. Je hais l'engin tout autant que le sport qu'il a engendré. La pratique en est douloureuse, ingrate, disgracieuse, inconfortable. Dès que je monte en selle, je me sens vaguement ridicule. Et pourtant chaque jour je grimpais sur la machine et j'enfournais des braquets comme si ma vie en dépendait. Et je transpirais, je contractais des tendinites, des lombalgies, mon glucose sanguin chutait parfois d'un coup et il s'ensuivait une inexorable faillite musculaire. Bizarrement, même durant ces moments de détresse physique, je ne songeais pas un instant à reprendre mon souffle, à mettre pied à terre. J'avançais coûte que coûte dans une sorte de tunnel, un univers incohérent, déraisonnable, le monde de l'effort. Dans *Le Livre de l'intranquillité*, Fernando Pessoa a écrit : « Tout effort est un crime parce que toute action est un rêve paralysé. » Pessoa aussi avait le droit de se tromper, car cet effort n'était justement rien d'autre qu'un rêve en mouvement, une principauté imaginaire, inaccessible, un détroit tumultueux qui martyrisait les muscles de l'esprit et l'âme damnée du corps.

Avec mépris Anna appelait les pelotons cyclistes les « filles du calvaire ». Dans la nature, il n'existe aucune autre espèce capable de s'infliger cet épuisant rite de passage. Soumis aux implacables lois de la prédation, les animaux n'affectionnent guère les efforts vains, et s'ils courent à en perdre haleine c'est pour tuer ou survivre. Je n'avais, moi, aucune excuse. Tout au plus avais-je tenté auprès d'Anna de faire valoir l'explication par les endorphines, ces hormones sécrétées à l'effort, aux propriétés antalgiques et « alcaloïdiennes » qui, à l'acmé de la course, prennent le contrôle d'un cerveau narcodépendant. Mais croyais-je moi-même à cette chimie ? En tout cas, lorsque je pédalais avec vigueur, j'avais le sentiment de distancer cette intranquillité qui me hantait à mesure que passaient les années. Tendre publiquement mes muscles, tordre mes os à heure fixe, me lancer dans des courses absurdes, me soumettre au mal et à la douleur, avoir conscience de la maigreur de mes jambes, l'accepter, et pédaler encore, jusqu'à sentir, enfin, le vrai poids de mon corps et mesurer ce qu'il me faudrait de force et de courage pour l'animer jusqu'à la fin. Après tout, j'aimais autant mourir à vélo qu'à dos de Benz. Et rien ne valait ces rares et précieux instants de lucidité où, lorsque monte la route et que le cœur s'emballe, on ne sait plus qui, de la viande ou de l'esprit, est aux affaires. La sordide musique d'un 42 × 17 fut souvent pour moi aussi apaisante que le murmure d'un torrent de montagne.

Sans doute embarrassé par mon propre comportement, j'avais longtemps éprouvé le besoin de justifier ma pratique sportive compulsive. Il me semblait qu'en vieillissant elle s'était davantage ritualisée, voire enkystée de manière obsessionnelle. Jusqu'à ce qu'Anna me rappelle que, peu après la naissance de Jean, et pendant huit ans, d'avril à octobre, à midi précis, je nageais deux cents longueurs – mais est-ce le mot ? – d'un minuscule bassin de 7,50 mètres. Et que, passé le cap des mille mètres, je répétais à qui voulait l'entendre que la douleur de l'effort s'estompait au point de me donner l'illusion d'être porté par un invisible courant.

Cela faisait deux jours qu'Anna n'était pas descendue de sa chambre où je lui apportais des repas qu'elle touchait à peine. Elle dormait ou bien restait assise des heures durant sur la méridienne, face à la fenêtre. Elle semblait puiser un peu de paix dans la contemplation des arbres du jardin, le vieux cèdre, l'orme, les trois marronniers. Mais peut-être était-ce une illusion et ne voyait-elle dans cet environnement végétal qu'un point d'ancrage, un simple corps-mort susceptible de freiner la dérive de son regard. Son visage, pâli mais préservé, demeurait le plus souvent sans expression. Ces derniers temps, elle ne sortait plus de la maison qu'une fois par semaine pour se rendre chez le psychiatre qui la suivait. Dans l'état qui était le sien, soumis à ses traitements dévastateurs, j'avais le plus grand mal à concevoir qu'Anna ait suffisamment d'énergie et de lucidité pour mener à bien des entretiens thérapeutiques.

Le docteur Grandin avait une dizaine d'années de moins que moi et quelques certitudes en plus. Je l'avais rencontré à plusieurs reprises et il ne m'avait jamais paru très rassurant, ni véritablement antipathique. Il parlait de cette voix grave et posée caractéristique des dominants.

– Vous voyez, monsieur Steiner, la...

– Excusez-moi : Stern.

– Pardon ?

– Mon nom est Stern, pas Steiner.

Il avait pris ses lunettes, ouvert le dossier d'Anna pour vérifier qu'il ne se trompait pas de patiente, et poursuivi comme si de rien n'était.

– C'est ça. Stern. Donc, monsieur Stern, le problème de votre femme est assez lisible : elle connaît une sévère perte d'élan vital. Disons qu'elle souffre d'une dépression exogène, réactionnelle, provoquée par un événement extérieur. L'ennui, c'est qu'elle est venue consulter trop tard et que la maladie a eu le temps de s'installer. Vous me suivez ? Bien. Donc, désormais, notre tâche va consister d'abord à identifier le trauma, et ensuite à en réparer les dégâts. Outre un traitement d'antidépresseurs, madame Steiner...

– Stern.

– Oui, madame Stern sera astreinte à une psychothérapie hebdomadaire au cours de laquelle nous essaierons d'identifier l'élément déclencheur de sa dépression. Avez-vous le sentiment que vous pouvez m'aider dans cette recherche, monsieur Stern ?

À la façon qu'il avait eue de s'adresser à moi, de me regarder en ôtant ses lunettes à monture bleutée, il m'était apparu, dès cette première rencontre, que Grandin me tenait pour l'élément exogène perturbateur qui l'avait contraint à prescrire Seroplex et Moclamine.

– En tant que mari, je ne suis peut-être pas le mieux placé.

– C'est ce que répondent la plupart des maris, monsieur Stern.

– Qu'est-ce que vous attendez exactement de moi ?

– Ce que j'attends de tous les maris : qu'ils me disent pourquoi leur femme est venue s'asseoir dans ce fauteuil et me demander de l'aide.

D'un air fataliste, il avait alors refermé le dossier d'Anna pour signifier que notre conversation était terminée. Puis, après avoir contourné son bureau, il m'avait raccompagné à la porte de son cabinet.

Par la suite, j'avais revu Grandin à trois reprises mais je n'avais jamais été en mesure d'accéder à sa demande. Aujourd'hui encore, je cherchais à comprendre ce qui s'était passé, à évaluer mes responsabilités. Je me souvenais de notre vie, de détails intimes insignifiants, d'images graves et radieuses, j'entendais la voix d'Anna à la mer, sur le bateau de mon père avec les enfants, je connaissais le nom de ses anciens parfums et leur fragrance. Je n'avais rien oublié de ces trente années, rien sacrifié, rien négligé. Et pourtant il me manquait l'essentiel : la mémoire du moment, la trace des jours invisibles où les choses avaient commencé à déraper, où Anna s'était discrètement éloignée sans que je m'en aperçoive.

Demain, je monterais à l'étage, je la serrerais dans mes bras et, une nouvelle fois, je lui poserais la seule question qui vaille : comment est-ce arrivé ?

Cela faisait maintenant deux semaines que mon oncle était mort et je ne reconnaissais plus mon père. Transfiguré, excité, bouillonnant de sève, il avait changé sa façon de s'habiller, de se comporter et même de s'exprimer. Je remarquais notamment que, lui qui avait toujours employé un langage châtié et mesuré, parlait désormais comme un voyou. Ce catholique pratiquant convaincu, éternel centre droit, prenait de plus en plus de libertés avec Rome et la mémoire de Jean Lecanuet. La métamorphose était confondante, au point que par moments j'avais le sentiment qu'une partie de Charles – la moins ignominieuse et la plus fantaisiste – s'était réincarnée dans le corps de son cher frère.

Ce matin, au téléphone, Alexandre avait un débit volcanique :

– Tu as entendu, fiston ? Tu as entendu, à la radio, le résultat des derniers sondages ?

– Non, je me réveille à peine.

– Bon sang, j'espère que tu plaisantes, il est neuf heures trente.

– Je me suis endormi à quatre heures, cette nuit.

– Écoute-moi, petit. À quatre heures on doit dormir depuis longtemps, et à sept heures trente, debout. Sinon c'est le bordel. Tu les veux, oui ou non, ces résultats ?

Jusque-là mon père ne m'avait jamais appelé petit. Et pas davantage fiston. Je me souvenais même de l'avoir entendu plaider contre ce type de terminologie familière.

– Tu m'entends ?

– Oui, oui, vas-y.

– Alors écoute-moi bien, fiston. Benito 10 %. Dumbo 19. La Sainte 25. Et la Miga 29. Ce qui veut dire que tout est encore possible.

– Je ne comprends rien à ce que tu racontes.

– Tu ne comprends rien à quoi, bon Dieu ?

– Tes histoires de Dumbo, tout ça. 29 % c'est pour qui ? Sarkozy ?

– Pour qui veux-tu que ce soit, andouille ?

– Pourquoi tu l'appelles Miga ?

– Plutôt que d'apprendre ce putain d'anglais à l'école, tu aurais mieux fait d'apprendre l'espagnol. La *miga*, fiston, c'est la miette, la minuscule miette.

MARS

Je trouvais cela plutôt amusant. Jusqu'à présent, sans doute embarrassé par la substantielle offrande que le destin venait de lui réserver, mon père n'avait pas osé me parler des sommes et des biens considérables qui allaient lui échoir. Charles n'ayant pas laissé de testament, ce vide faisait de mon père son héritier naturel. Je savais cependant qu'il avait rencontré le notaire mais n'avait pas encore jugé bon de m'informer de ces rendez-vous ni de leur teneur. Cette attitude lui ressemblait fort peu. Je comprenais ses atermoiements, tant je ressentais moi aussi ce que le règlement de cette succession familiale avait de cocasse.

Lui qui toute sa vie avait prêché la valeur du travail, la tempérance et la discrétion, se retrouvait soudain à la tête d'un patrimoine tintinnabulant, fait de colliers d'actions et autres joyaux, de meubles et d'immeubles acquis par un flibustier de la finance dans les pires salons de la spéculation. Dans tous les sens du terme, les valeurs avaient changé de main. Le petit artisan, jadis répertorié sous la rubrique « motoculture de plaisance » et auquel on avait refusé le maigre subside qu'il quémandait pour renflouer son entreprise, serait bientôt à la tête de l'entier patrimoine de celui qui lui avait refusé son aide. Je comprenais qu'il faille du temps pour s'accommoder d'un tel revirement. J'étais également convaincu qu'à un moment ou un autre, au fond de lui, mon père songerait que cette mort était survenue trop tard, qu'elle lui aurait été bien plus bénéfique du temps où les Rotor sortaient de l'atelier.

Outre le portefeuille de velours pourpre outrageusement garni, Alexandre se retrouverait bientôt propriétaire de l'appartement de la place des Victoires, à Paris, de la collection de voitures et surtout – c'était sans doute ce qui le chiffonnait le plus – du bateau de mon oncle, un imposant Arcoa Mystic de 44 pieds équipé de deux moteurs de 400 chevaux.

Guerroyant à distance, les frères Stern s'étaient livré toute leur vie une incessante bataille navale. Les moyens mis en œuvre, les bâtiments et les forces en présence étaient inégaux. Mais peu importaient ces disparités, puisque l'essentiel consistait à agacer, à humilier, à blesser l'autre dans son amour-propre, plutôt que de l'envoyer par le fond. Aujourd'hui, avec la disparition de Charles, mon père remportait la dernière bataille, la guerre, la totalité de la flotte, ramenant ainsi sous sa coupe le navire amiral de l'ennemi, « cette espèce de casino flottant » comme il disait, ce bâtiment qu'il avait toujours raillé et méprisé. Mais il perdait aussi son meilleur ennemi.

Quelques années après ma naissance, mon père avait acheté un petit bateau de 6,50 mètres qu'il avait échangé à l'époque contre une 4 CV Renault d'occasion. Il s'appelait *Sherbrooke*. Avec ses flancs en polyester habillés en faux clins, ses larges hublots surmontant la cabine, sa peinture bleu nuit et sa poupe arrondie, il avait un air de vedette fluviale norvégienne. Pour peu que l'on eût l'œil marin, on voyait tout de suite que ce bateau-là n'aimait pas la mer.

J'avais grandi avec, dans la tête, le bruit rassurant du moteur

Volvo Penta in board bicylindre de 25 CV qui l'animait, un diesel qui battait comme un cœur d'acier, lent, profond, régulier. Et auquel mon père, à chaque sortie, rendait un hommage systématique : « Le MD2B (c'était le type du bloc), c'est vraiment l'engin d'une vie. »

Sherbrooke était un joli bateau de promenade, un flâneur qui aimait le beau temps, les eaux plates, la brise de mer, mais détestait que l'on maltraite sa carène à l'ancienne qui ne lui permettait guère plus de cinq ou six nœuds. C'était une embarcation sûre et parfaite pour autant que son propriétaire n'eût pas l'ambition de fendre le cœur des lames, de contrecarrer les courants, ni l'impudence de vouloir pratiquer le ski nautique.

La philosophie plaisancière de Charles reposait sur des exigences d'un tout autre calibre. Pour lui, l'océan ou la Méditerranée étaient des terrains de jeux sur lesquels devaient pouvoir s'ébattre, quand il le désirait, les centaines de chevaux-vapeur qu'il achetait une fortune pour les coller au cul de ses bateaux. En mer comme sur terre, mon oncle était convaincu que le bonheur avait un prix. Il acheta, utilisa, cassa ou négligea une bonne quinzaine de vedettes toutes plus longues, plus puissantes et plus chères les unes que les autres. Chris Craft, Roca, Abeking, Arcoa, toute la gamme y passa. Chaque sortie devait être un rodéo époustouflant, une charge sur la crête des vagues, des moteurs poussés à l'extrême et gavés de cent ou cent vingt litres d'essence toutes les heures. Avec John-Johnny à l'arrière, et une femme en bikini près de lui.

Je garde intact le souvenir de l'unique fois – je devais avoir douze ou treize ans – où mon oncle m'invita à faire du ski nautique derrière son bolide du moment et où mon père m'autorisa à embarquer chez l'ennemi. Durant cette journée inoubliable, j'eus la sensation de voler littéralement au-dessus des flots.

À bord il y avait John-Johnny et deux créatures splendides qui étaient les deux premières femmes que je voyais aller et venir très naturellement sur le pont d'un bateau sans porter le haut de leur bikini. Je sus plus tard que l'équipée délicieuse avait été organisée par Charles pour mieux humilier mon père et sa façon sulpicienne de porter sans cesse le cilice. Cette balade dépoilée raillait son style de vie, moquait ses tondeuses, son rafiot démodé, sa femme unique, et se voulait être un blasphème de plus dans le chapelet de leurs incessantes batailles navales.

À l'origine, mon père avait son bateau à Hendaye, sur la côte basque, dans un port bien protégé des impétuosités de l'océan, seulement séparé de l'Espagne par la Bidassoa, au pied du mont Jaizkibel. Lors de nos sorties, nous croisions souvent les thoniers de Saint-Jean-de-Luz et de Fuenterrabia rentrant de la pêche. Comme la plupart des plaisanciers, mon père avait la ridicule habitude de saluer de la main ou d'un coup de klaxon ces professionnels de la mer qui, occupés à d'autres tâches, ne lui rendaient jamais la politesse. Charles, lui, qui avait acheté son premier hors-bord sitôt qu'il avait appris que mon père possédait *Sherbrooke*, brûlait déjà, sans compter, des gallons et des gallons d'essence entre Biarritz, Saint-Sébastien et Hendaye qu'il avait évidemment choisi comme port d'attache.

À quai, les frères s'épiaient. Quand l'un larguait les amarres, l'autre, en général Charles, le suivait précipitamment. À la sortie du chenal, le rituel était toujours le même : mon père calait son régime moteur à 1 800 tours par minute – ce qui lui garantissait une consommation horaire d'un litre et demi de gasoil – et s'alignait sur un cap à l'ouest tandis que son frère, derrière lui, lançait ses turbines rugissantes. Au moment où il était dépassé sur bâbord, mon père s'efforçait de demeurer impavide dans la gerbe d'écume, n'adressant pas même un regard à l'énergumène qui envoyait son bateau ballotter dans tous les sens, ce chauffard des mers qu'il ne connaissait que trop.

Parce qu'il fallait à l'époque un peu plus de trois heures et demie pour se rendre de Toulouse à Hendaye, mon père décida de ramener son bateau sur la Méditerranée et de l'installer à Port-Leucate. Un mois après avoir loué son emplacement dans le bassin nord, quelle ne fut pas sa surprise, un matin, de voir la grande grue de la zone technique mettre à l'eau la dernière vedette rutilante de son frère. Du massif: 270 chevaux, deux Mercury 3 litres, deux propulseurs d'étrave, un radar, la climatisation et, sans doute, des bikinis dans tous les placards. Les pièces étaient donc à nouveau en place; les relevés du champ de bataille effectués – par 42,90021° de latitude nord et 3,0527° de longitude est –, la guerre pouvait continuer. Elle dura quinze années de plus et prit fin le mois dernier, bien loin des rivages concernés.

Tout en évoquant les pathétiques escarmouches des frères Stern, je me demandais contre quel fantôme, quel amiral, quelle flottille de parvenu, allait désormais pouvoir se battre le survivant. Allait-il saborder l'Arcoa ou au contraire délaisser son esquif au diesel enfumé au profit du confort des injections calibrées et des nouveaux alliages? Conserverait-il la mémoire du marchand de tondeuses? Réglerait-il encore, comme je l'avais si souvent vu le faire, la hauteur du tablier de mes Rotor?

Je n'étais pas pressé de connaître la réponse même si – étant le fils de cet homme – je voulais savoir comment il allait réagir.

Certaines circonstances de ma vie, les particularités de ma famille, la nature même de mon travail m'avaient toujours donné l'impression que je passais le plus clair de mon temps à aller et venir entre les injonctions de la réalité et l'exubérance de la fiction sans être capable de déterminer la frontière censée les séparer. Et le style de l'époque que nous avions à connaître se chargeait encore de brouiller mes perceptions.

J'allais mal. L'état de santé d'Anna demeurait mon principal sujet de préoccupation, et la distance qu'elle mettait entre nous augmentait chaque jour. Mon adaptation de *Quelques mois dans la perfection de la foi* se heurtait à des phrases, et même des chapitres entiers, qui ne me paraissaient pas transposables au cinéma. Le livre résistait et, en un sens, s'opposait à cette réécriture. Aussi, lorsque mon père me proposa d'aller passer une journée au bateau en sa compagnie, j'acceptai avec, au fond de moi, le petit grésillement de bonheur qu'enfant j'éprouvais chaque fois que l'on me promettait le voyage vers l'océan.

Nous partîmes de Toulouse de bonne heure par cette autoroute que j'avais empruntée des centaines de fois. Villefranche, Castelnaudary, Carcassonne, Lézignan, puis à Narbonne la bifurcation vers Barcelone, Sigean, l'aire de service de La Palme et, huit cents mètres plus loin, la sortie vers Leucate. Une dizaine de kilomètres dans un paysage que l'on aurait dit volé au cœur du Japon et planté là par erreur, en bordure d'une côte désespérante de laideur. Des touffes de pins, de la rocaille blanchie, des taches de garrigue, et ce lac apaisé, éclatant de lumière, qui, vers le sud, semblait s'enfoncer jusque dans le ventre du Canigou au sommet crémeux de neige. À certaines heures, surtout, vers le soir, lorsque la lumière brunissait la terre et faisait flamber les épaules de ce petit Fuji-Yama, on pouvait voir tout l'échantillonnage de la beauté de ce monde. Puis la tristesse côtière reprenait ses droits sur une route que l'on eût dite clouée au sol de peur qu'elle ne se défilât, lasse de servir et desservir ce village aux misérables façades marinisées, symbolisant le suicide méticuleux et appliqué de l'architecture vacancière.

C'était dans ces eaux qu'était amarré *Sherbrooke.* Dans le bassin nord, le plus agréable, près du carré des pêcheurs et de la zone technique.

Le vent souffle souvent à Port-Leucate. Nord-ouest ou sud. En hiver, avec le facteur éolien, une température de 10 ou 12 °C peut tomber à 3 ou 4. Certaines rafales vous arrachent la tête, et il n'est pas rare que des tempêtes vous malmènent et grignotent vos nerfs pendant dix jours de rang.

Ce matin-là, il y avait un chaud soleil de fin d'hiver, pas un souffle d'air et, du bateau amarré, on entendait juste le tuyau d'arrivée d'eau qui, sur le ponton, fuyait et gouttait dans la mer. À cette époque de l'année, on ne croisait presque personne sur les quais hormis les professionnels de la zone et des gens qui promenaient leurs chiens. Tous ces gens se ressemblaient. Leurs chiens aussi. Tous donnaient l'impression de trouver le temps long, la journée interminable.

Dans une quinte de fumée bleutée, le MD2B démarra avec sa nonchalance coutumière, un cylindre après l'autre. Mon père me demanda de prendre la manœuvre et, comme chaque fois que j'étais à la barre de ce bateau, mon cœur battit plus fort. Lorsque nous quittâmes le port, en évitant soigneusement de passer devant le « casino flottant » de feu Charles, Alexandre était à mes côtés, assis, silencieux, les mains croisées, les yeux fixés sur la ligne indigo de l'horizon. Nous naviguâmes ainsi un bon quart d'heure cap à l'est, puis mon père me tapota le bras :

– Coupe le moteur, il faut qu'on parle.

L'air était sensiblement plus frais que dans l'anse du port et une brise piquante se chargeait de nous rappeler que, malgré l'illusion d'un ciel bleu, nous étions encore loin des beaux jours. On entendait le clapot battre sur les lèvres des clins et les boiseries du bateau grincer discrètement.

– J'ai un certain nombre de choses à te dire. Des choses qui vont peut-être te choquer et te surprendre. Coupe le contact.

Je tournai la clé sur le tableau de bord et le voyant vert s'éteignit.

– Tu sais mieux que quiconque que j'ai fréquenté l'église toute ma vie. Je ne crois pas avoir manqué une messe. Quand tu étais gamin, je t'obligeais à dire tes prières et à aller au catéchisme. Ta mère et moi ne mangions pas de viande le vendredi ni pendant la semaine sainte. Et ton oncle se moquait de ma bigoterie. Tu es d'accord. Alors voilà : je n'ai jamais eu la foi. Je n'ai jamais cru en rien. Tu entends, en rien. Chaque dimanche je suis entré dans une église, j'ai assisté à la messe, je me suis mis à genoux, je me suis signé et j'ai prié à voix haute et à voix basse. Je priais dans le vide, je savais qu'il n'y avait rien à attendre, ni à espérer. J'ai reçu la communion de prêtres que je méprisais, que je haïssais même sans doute davantage que ton oncle ne les détestait. Voilà ce que j'ai fait pendant plus de soixante-dix ans.

– Qu'est-ce que tu racontes ?

– La vérité, fiston. La pure vérité. Et tu n'imagines pas le foutu bien que ça fait de lâcher ça.

– Mais pourquoi t'es-tu infligé une chose pareille pendant tant de temps ?

– Ça, c'est mon affaire. Je ne veux pas en parler. Il fallait simplement que je te le dise. Que tu saches que ton père était un athée. Un putain d'athée depuis toujours.

Il me semblait entendre la parole, la voix, les mots mêmes de Charles. J'étais abasourdi par cette rétroconfession, sidéré devant le visage rayonnant de cet homme qui était mon père et que j'avais de plus en plus de mal à reconnaître.

– Un jour j'ai lu une phrase qui m'a beaucoup plu. Elle disait à peu près ceci : dites à un type qu'il y a 300 millions de planètes dans le ciel et il vous croira sur parole, ajoutez que le banc devant lui vient d'être repeint de frais et il ne pourra pas s'empêcher de le toucher du doigt pour vérifier. Toutes ces religions de merde ont bien compris ça, plus l'histoire est énorme, plus elle paraît inconcevable, et plus ça marche.

– Mais bon sang, qu'est-ce qui t'a obligé à jouer cette comédie depuis le début ?

– Je t'ai déjà répondu. Je ne veux pas en discuter. Disons juste, et cela clora le sujet, que ta mère y était pour quelque chose.

– Qu'est-ce que maman a à voir là-dedans ?

– Je t'ai dit que le sujet était clos. À propos de ta mère, il faut que je te dise autre chose. Voilà : je ne l'ai jamais aimée. Je veux dire vraiment aimée. J'ai eu pour elle de l'estime et de l'affection. C'était une femme respectable, intelligente, loyale, mais il nous a toujours manqué quelque chose. À l'un comme à l'autre, d'ailleurs. Je me souviens parfaitement du jour où je suis devenu vieux. Et cette prise de conscience n'avait rien à voir avec mon âge ou mon état physique, mais découlait d'une décision que je venais de prendre : celle de me marier avec Isabelle. Au moment où j'ai fait ce choix, j'ai su que je renonçais à ce après quoi on court tous : le bonheur.

– Qu'est-ce que c'est que toutes ces histoires...

– Je suis désolé. J'imagine que, pour un fils, ce sont des choses désagréables à entendre. Mais c'est comme ça.

– Tu es vraiment bizarre depuis la mort de Charles.

– Tu ne crois pas si bien dire. Après la crémation de ce salaud, je me suis mis à réfléchir, jour et nuit ça tournait dans ma tête. Pendant que Charles brûlait, j'ai senti l'odeur de la mort, une puanteur que j'étais apparemment le seul à renifler. C'était un avertissement, et j'ai eu peur. J'ai commencé à fouiller en moi comme un chien qui creuse le sol avec ses pattes. Et ce que j'ai trouvé au fond du trou ne m'a pas plu. Pas du tout.

– Pourquoi tu as changé le prénom de maman ?

– Qu'est-ce que tu racontes...

– Pourquoi Isabelle au lieu de Christine ?

– Tu m'emmerdes ! Je te parle des angoisses, des saloperies, des terreurs qui remontent en nous à la fin d'une vie et tu me fais chier avec une histoire de prénoms ? Mais putain, tu as quel âge ? Tu veux savoir la seule véritable erreur que j'ai commise avec ta mère ? C'est d'avoir cru absurdement que, dans la vie, les choses un jour finissent par s'arranger.

Et l'on n'entendit plus que le bruit du clapot sur les flancs du bateau. Et le froid de l'hiver s'immisça à travers la trame de mes vêtements. Et mon père prit son air buté qui n'annonçait jamais rien de bon. Et une mouette passa au-dessus de nous pour voir à quoi nous ressemblions. Et elle se dit que nous n'étions qu'un père et un fils emmêlés dans les cordages de la vie. Et je remis le contact. Et la petite lumière verte s'alluma. Et le MD2B secoua ses 25 vieux chevaux qui nous ramenèrent vers la côte et le port, tandis que le soleil infléchissait sa course vers les crêtes glaciales des Pyrénées.

Durant les deux jours qui suivirent notre sortie en bateau, je fus incapable de me concentrer sur quoi que ce soit. En l'espace de quelques semaines, mon père était devenu une énigme, un personnage imprévisible, un inconnu intimidant. Ce n'était pas tant la nature de ce qu'il m'avait dit qui me perturbait, que la façon dont il avait formulé ces révélations. S'agitant sur son siège, utilisant un vocabulaire inhabituel chez lui, il m'avait paru fiévreux et agressif. Au travers de ma personne, innocent destinataire de sa colère, il m'avait donné l'impression de régler des comptes avec ceux, justement, qui ne pouvaient plus lui en rendre. Privé d'Isabelle et maintenant de Charles, peut-être se sentait-il profondément seul à l'approche de la mort.

En tout cas, le contentieux avec ses fantômes le préoccupait plus que la fragile santé d'Anna, l'inquiétude bien réelle de son fils ou le bonheur éventuel de ses petits-enfants.

Pour ma part, je passais beaucoup de temps avec les miens, les deux garçons de Jules et Fujita. Aux yeux du fils unique que j'avais été, Louis et Arthur incarnaient les valeurs naïves de la fraternité, un réconfort que je n'avais pas connu. Ainsi, le petit admirait le grand, le suivait les yeux fermés au bout du monde, tandis que l'aîné, conscient de sa responsabilité, s'efforçait de déblayer le terrain pour faciliter l'avancée de son cadet. C'était sans doute stupide mais, avec ce que je vivais en ce moment, les voir ensemble, côte à côte, solidaires, en train de s'épauler à fonder leur jeunesse, me faisait monter les larmes aux yeux. Plus les années passaient, plus j'aimais ces enfants pour de bonnes raisons. À la mesure de leur âge, ils possédaient la grâce, la dignité et cette façon respectueuse, saine et joyeuse de traverser la vie. « Parfois, lorsque je le regarde comme ça, je pense que cet enfant a déjà été vieux », me confiait Jules à propos de son aîné. Je comprenais ce qu'il voulait dire. Au cours de plusieurs voyages que mon petit-fils et moi avions accomplis à travers l'Europe, nous avions eu de longues conversations sur des sujets qu'ignore généralement l'enfance. Je me souvenais qu'à six ans, en Allemagne, dans un restaurant de Sarrebruck, Louis m'avait livré, jusque tard, l'idée qu'il se faisait de la tristesse et du suicide. La finesse d'analyse et la maturité de cet enfant me stupéfiaient. Nous éprouvions l'un envers l'autre une infinie confiance, au point que je le considérais comme mon meilleur et mon plus fidèle ami. Passionné d'échecs, il avait disputé son premier tournoi à l'âge de six ans et me proposait régulièrement des parties pour se faire la main. À ma grande honte, je n'avais jamais pu le battre. Et dès que le face-à-face était sur le point de basculer en sa faveur, il m'en avertissait d'une phrase qui avait l'art de m'exaspérer : « Je crois que je vais devoir te prendre du matériel. » Je lui interdisais d'employer le mot « matériel », qui me paraissait impropre et déplacé. Mais c'était, paraît-il, le langage approprié, celui dont on use dans les clubs. En tout cas, face à lui, mon matériel n'a jamais tenu longtemps.

Tout à l'heure, Arthur – qui semblait attentif au moindre détail de ce monde – et Louis avaient fait un saut à la maison. Ces enfants possédaient le merveilleux pouvoir de me débarrasser de moi-même, de m'apaiser. Cette fois ils étaient même parvenus à extraire Anna de ses limbes chimiques et à ramener des sourires sur son visage. En voyant les deux frères redonner ainsi la vie autour d'eux, je pensais à mon père et à Charles. Peut-être eux aussi, à leur âge, avaient-ils été solidaires, unis, fraternels et heureux. Peut-être l'aîné avait-il déblayé le terrain pour Alexandre. Qui sait si, le moment venu, gagné par l'inquiétude, je n'aurais pas, moi aussi, des révélations à faire à mes propres enfants, d'indicibles vérités familiales à vomir sur le pont d'un bateau ?

Nous étions à la mi-mars, un mois à peine avant le premier tour, et les choses commençaient à devenir sérieuses. Chaque fois qu'un institut livrait le résultat de ses sondages, le téléphone sonnait et je devais subir les considérations paternelles sur le cours fluctuant du marché présidentiel.

– Je n'en reviens pas. Ça se resserre de plus en plus.

– Et Dumbo est en train de remonter.

– Tu te rends compte, il est à deux points de la Sainte. 24 % contre 22. Il va tous les enfumer, tu vas voir.

– Ça a l'air de te faire plaisir.

– Absolument. Je déteste la Sainte et j'abhorre Miga Bocsa. Elle, c'est tout sauf une socialiste et l'autre, il est marteau. Attends, on le voit tout de suite que ce type a un grain. Il ne s'agit plus de politique, là.

– Ça m'étonne de toi.

– Quoi ? Que je le trouve marteau ?

– Non. Que tu aimes Bayrou. Après tout ce que tu m'as dit sur le bateau, je m'attendais plutôt à ce que tu m'annonces que, depuis trente ans, tu étais une taupe trotskiste.

– En politique, fiston, je n'ai jamais varié d'un iota. Centriste depuis le berceau.

– Et toi, l'athée de toujours, ça ne t'embête pas de voter pour un vrai catholique ?

– Ça n'a rien à voir.

– Comment, ça n'a rien à voir ? Bayrou, c'est l'archétype du croyant pratiquant. Il est toujours fourré à l'église.

– Et alors ? Moi aussi j'étais fourré à l'église, ça ne m'empêchait pas d'être athée.

Mon père n'était plus à une cabriole intellectuelle près. J'avais peine à imaginer l'organisation de son cerveau et la nature des hiérarchies qui le structuraient. En tout cas, dans des moments pareils, il exsudait la mauvaise foi.

– Fiston, laisse-moi te dire une chose : je leur conseille de s'accrocher, parce que le type de Bordères, il va leur envoyer la musique.

– Bordères ?

– La ville natale de Dumbo, imbécile. Dis, tu n'oublieras pas demain de me conduire à l'aéroport ? Je compte sur toi. Tu m'écoutes ?

Depuis deux mois, celui qu'il surnommait Dumbo était la nouvelle marotte de mon père. Il avait acheté trois de ses livres, qu'il ne lirait sans doute jamais – *Relève, Au nom du tiers état* et *La Troisième Voie.* Mais je ne doutais pas qu'il eût parcouru leurs quatrièmes de couverture pour apprendre l'essentiel : le plus fameux résident de Bordères s'enorgueillissait d'être un Borderais et habitait dans une demeure modestement appelée « la maison blanche ».

Lorsque j'aperçus mon père faisant les cent pas en bas de chez lui, je fus sidéré par sa tenue. On aurait dit un propriétaire d'écurie de course en visite dans son haras. Veste et casquette de tweed, petit gilet écossais, chemise en oxford avec foulard glissé dans l'encolure, pantalon de velours côtelé, bottines de cuir marron et sac de voyage assorti. Quand il monta dans la voiture, la panoplie fut complétée par les effluves d'un parfum ambré, une eau de toilette ni très moderne, ni très discrète, ni très agréable. Durant le trajet, Alexandre m'expliqua qu'il devait mettre de l'ordre dans les affaires de Charles et se rendait à Paris pour la première fois depuis sa disparition. Je savais qu'en réalité il s'agissait de sa troisième rencontre avec John-Johnny depuis la crémation. Cette « femme à tout faire », pour reprendre l'élégant qualificatif de Charles – maîtresse, quartier-maître, comptable, trader, infirmière, secrétaire, chauffeur –, avait dû mal prendre le fait de ne se voir couchée dans aucun testament, elle qui pendant plus de trente ans avait partagé tantôt la chambre, tantôt l'antichambre de mon oncle. Je ne voulais nullement me mêler de ce qui ne me concernait pas, mais je souhaitais que mon père la traitât avec respect et générosité. Elle m'était toujours apparue aussi soumise que fidèle, scrupuleuse, et d'une nature douce et tolérante. Quelles que fussent les circonstances et l'ampleur des disputes familiales auxquelles elle était mêlée, elle gardait beaucoup de distance et de réserve, comme il sied à une observatrice bien élevée. J'avais été très choqué d'apprendre que mon oncle n'avait rien préparé pour elle, rien laissé, même si cela n'était pas surprenant venant de cet être à l'égoïsme aveugle.

Tandis que l'avion dans lequel se trouvait mon père passait déjà au-dessus de ma voiture prise dans les embouteillages, je me demandais pourquoi cet homme, à son âge, se mettait ainsi à me mentir en me cachant des choses sans importance, comme ses voyages à Paris. La réponse était évidente : mon père m'avait menti toute sa vie.

La mort a d'étonnants pouvoirs. Surtout sur les vivants, dont elle peut du jour au lendemain remodeler l'existence, la conscience, les espérances ou les perspectives. Il est impossible de prévoir la nature et l'ampleur des dégâts collatéraux qu'elle engendre. Le faible peut résister à son souffle dévastateur, et le fort être emporté au-delà de ses craintes. En apparence, Alexandre n'avait pas bronché quand Charles avait disparu. Pas la moindre émotion, aucune larme, le contrôle total. Un mois après, je prenais la mesure du traumatisme et des lésions internes que ce décès avait provoqués.

Pour ma part, j'étais, depuis quarante-huit heures, aux prises avec un autre diable, celui de la tentation. Une singulière proposition de travail, à un bien curieux moment de ma vie.

Chamando Contepomi, un producteur pour qui j'avais écrit quelques adaptations, me proposait de m'atteler à une nouvelle histoire. Le seul problème éventuel était que le lieu de travail se situait à Hollywood, dans les studios de la Paramount auxquels il était associé sur ce projet. Pour des raisons qui m'échappaient – le long métrage n'avait été ni un chef-d'œuvre ni un succès –, la compagnie américaine avait racheté les droits d'un vieux film produit par Contepomi intitulé *Désarticulé*, et souhaitait le retourner avec des acteurs américains. L'intrigue relatant les mœurs feutrées, assassines et complexes du monde de l'édition, les producteurs américains avaient curieusement demandé la présence d'un *French script doctor* pour ce qui deviendrait de toute façon un film américain à suspense comme les autres.

Dans ce qu'il est convenu d'appeler une autre vie, en 1981, j'avais travaillé pendant huit mois à Los Angeles pour une entreprise française d'électronique musicale, qui m'avait engagé, à la demande d'un commanditaire dont je ne connus jamais le nom, pour écrire un invraisemblable rapport sur « Les studios d'enregistrement californiens : leurs besoins, leurs modes de fonctionnement et les technologies nouvelles ». J'ignorais ce qu'était devenu le document de 354 pages que j'avais remis et à qui il avait pu être utile. Mais durant près d'une année, de San Francisco à Los Angeles en passant par Monterey, Fresno ou San Diego, il m'avait permis de découvrir d'exceptionnelles grottes musicales où des ingénieurs du son s'échinaient à purifier des fréquences acoustiques extrêmes qu'à vrai dire eux seuls étaient à même d'entendre.

D'un strict point de vue professionnel, la proposition de Contepomi n'avait aucun intérêt. Avec la plus grande franchise, il m'avait prévenu que ma contribution consisterait essentiellement, selon ses termes, en une « figuration intelligente ». Comme un consultant dévoué. « Contente-toi d'assurer une présence française » : en clair cela voulait dire être là et, par principe, se coucher devant les Américains, collaborer au pire sens du terme, cautionner *a priori* tous les choix du réalisateur et des scénaristes locaux, fussent-ils malheureux, discutables ou même aberrants. Si le contenu n'était guère stimulant pour l'esprit, la proposition financière encourageait la réflexion. Et ce travail m'offrait une issue de secours. Je tenais là l'occasion de prendre mes distances avec un père perdu et une femme endormie. *Désarticulé*, malgré tout, pouvait me sauver, m'épargner la vue et les blessures de la réalité, me conduire au seuil d'un monde amorti par l'indolence de la fiction.

Je parlai de ce projet à Jean, Jules et Marie, qui m'incitèrent à accepter. Mon père, héritier déroutant, cavalant sur les tapis volants de sa nouvelle vie d'ultracentriste athée, s'inventerait vite un autre partenaire avec qui désosser les carcasses des derniers sondages. Il me fallut trois jours pour rassembler le courage d'en parler à Anna. Elle m'écouta sans manifester la moindre surprise ni la moindre émotion. Y compris lorsque je lui fis part de mes réticences à la laisser seule pour une telle durée. Puis, subitement, semblant sortir d'un long hiver, elle se redressa sur la méridienne, ramena ses cheveux en arrière, posa ses yeux transparents au fond des miens et d'une voix grave, presque enrouée, dit : « Je te connais bien, Paul. Je sais que tu n'es déjà plus là. Tu as pris ta décision à l'instant même où tu as raccroché ton téléphone. Et c'est très bien. Il faut que tu partes d'ici. Pourquoi resterais-tu ? Pour ressembler à un père octogénaire qui s'habille en jockey ? Pour veiller une femme qui dort ? Tu te souviens depuis quand nous n'avons plus de sexualité ? Je ne sais pas ce que tu vas faire là-bas mais l'histoire que tu vas y écrire, si banale soit-elle, sera toujours plus présentable que celle que nous vivons ici. Et que crois-tu ? Qu'après ton départ je vais me jeter par la fenêtre ou sur mes médicaments ? Que la maison va s'effondrer ? Mais non, Paul, la vie continuera sans toi parce que tu ne sers à rien ici. Je ne te dis pas cela par méchanceté, mais parce que c'est vrai. Certains jours je ne sais même plus si tu es là. Le plateau-repas m'indique que tu es monté dans la chambre, c'est tout. Et ça m'est égal parce que je n'ai pas faim. Je n'ai jamais faim.

Quand tu seras parti, je continuerai de dormir de la même façon. Tout ira très bien. Si j'ai besoin de quoi que ce soit, je demanderai aux enfants. Voilà. Maintenant il faut que je te dise une chose : je ne veux plus jamais t'entendre parler de ma maladie. Je ne suis pas malade. Je suis simplement arrivée à un moment de ma vie où je ne vois plus les choses et les gens de la même façon. Ce n'est pas une maladie, c'est une modification des perspectives. Sache que tu n'es pas très loin de l'endroit où je me trouve. Tu es vraiment à deux pas. Mais tu ne t'en rends pas compte. Tu penses que je suis folle et que dans cette famille tu incarnes la raison et l'équilibre. Non, Paul, tu es tout près de moi. Il s'en faudrait de peu pour que j'embarque dans ta vie ou que tu bascules dans la mienne. Ne te laisse pas abuser par les effets des antidépresseurs. Quand je dors, j'ai les yeux grands ouverts. Le Seroplex et la Moclamine, c'est pour le confort, et Grandin, pour parler de quelque chose à quelqu'un. Je ne suis pas malade, Paul. Seulement il y a des choses que je souhaite ne plus voir, ni entendre, ni vivre. Alors je te demande de partir. De faire ce que tu as à faire. Et je m'occuperai de moi. »

AVRIL

Lorsque je voyageais seul sur de longues distances, l'avion représentait pour moi un sas de décompression, un caisson de décontamination, comme si cette retraite en altitude offrait à mon cerveau l'occasion de se reconditionner, de réévaluer l'importance de ses inquiétudes et l'ordre de ses priorités. Durant les onze heures de vol, se mettait en place un protocole mental qui nettoyait les données obsolètes, les fragments de passé décomposé et les remplaçait par des pensées fraîches. La distance possédait un pouvoir apaisant selon une règle d'une simplicité mécanique : plus on s'éloignait de ses problèmes, plus ceux-ci diminuaient en taille et en intensité. Je vérifiais une fois de plus cette règle : à la verticale de l'Islande, j'étais convaincu d'avoir fait preuve de clairvoyance en acceptant ce travail ; au nord du Québec, mon père était devenu un vieil homme de mer débordant d'un nouvel élan vital ; au-dessus des Rocheuses, les problèmes d'Anna m'apparaissaient comme des troubles conjoncturels dont Grandin ferait certainement son affaire ; et lorsque les roues de l'Airbus touchèrent la piste de l'aéroport de Los Angeles, le plan de l'adaptation de *Désarticulé* était au point dans mon esprit, y compris son titre anglais : *Dislocated.*

Désarticulé, je l'étais par les neuf heures de décalage horaire. Je laissai filer le restant de la journée avant de m'endormir après avoir avalé six ou sept cachets de mélatonine censés recaler mon horloge biologique. Le médicament s'acquitta de sa tâche avec un tel zèle que je sombrai trente heures d'affilée, me réveillant au milieu de la nuit suivante, déboussolé, fatigué et hagard dans une chambre sentant le désinfectant. J'avais des nausées, mal à la tête et je ne me souvenais plus de la façon dont j'étais arrivé au Magic Castle Hotel.

Compte tenu de la durée de mon séjour, j'avais obtenu de Contepomi de rentrer à Toulouse de temps en temps et, à Los Angeles, de vivre dans une maison plutôt que dans un appartement.

La Paramount se trouvait sur Melrose Avenue, au numéro 5555. Des entrées pharaoniques – la Bronson Gate, les doubles arches de la New Paramount Gate –, des palmiers, des hangars, des studios, des bureaux et toutes sortes de gens qui allaient et venaient, à pied, en voiture, parfois à cheval et souvent en voiturette de golf. La maison qui m'était allouée se situait à cinq minutes de là, sous la voûte de vieux arbres bordant North Mansfield Avenue. Contrairement à ce que sa dénomination pouvait laisser entendre, cette « avenue » n'était en réalité qu'une rue bordée de buissons et de petits pavillons réaménagés et entretenus avec un goût inégal. J'héritai d'une jolie villa doublée sur l'arrière d'un jardin d'inspiration japonaise, planté de bambous et de splendides conifères nains taillés en nuages. J'avais, pour mon usage, un salon, une chambre, un bureau et une cuisine. Et, dans le garage attenant, une voiture hybride, une Toyota Prius, mise à ma disposition par les studios. Cela me convenait parfaitement, à un détail près. Toutes les pièces, pourtant repeintes de neuf, sentaient le poulet grillé. Le garage aussi. Plus étrange, le jardin lui-même empestait la même odeur.

Un régisseur latino, Agustin Almeida, s'était occupé de mon installation et m'avait fait faire le tour du 5555. Nous nous étions garés juste en face de Lucy Park, un jardin d'agrément entouré de bungalows qui fut autrefois la propriété des studios Desilu.

Mon bureau était à deux pas de ces pelouses, dans un bâtiment à l'architecture hésitante, confit de toutes sortes de génoises. Un couloir principal desservait une vingtaine de box, vides pour la plupart, séparés par des cloisons vitrées. Dès que j'eus franchi le seuil de mon nouveau domaine, je pris la mesure de ce que Contepomi m'avait expliqué à propos de mon rôle dans cette production. Je n'avais qu'à regarder autour de moi et l'essentiel était dit : je n'entrais pas dans un espace dévolu au travail ou à l'écriture, mais bien dans un décor censé rappeler la pratique de ces activités conçues par un ensemblier de plateau. Sur le verre cathédrale de la porte, on avait déjà collé avec soin, en splendides caractères de type Snell Roundhand Bold, le nom du nouvel occupant : *Paul Stern*.

Mon bureau semblait avoir été récupéré sur le tournage de *Fenêtre sur cour* ou de *Vertigo* : canapé Chesterfield, photos murales encadrées d'acajou et fauteuil de bois tournant. En me dévoilant d'un mouvement lent et circulaire de la main l'ensemble de mes possessions, Agustin Almeida afficha un sourire amical. Son geste, son attitude semblaient me dire : « N'aie pas peur, entre, tout ça n'est que du cinéma. »

Le premier coup de fil que je donnai de cette pièce fut pour Anna. Je voulais savoir comment elle allait et surtout lui communiquer le numéro de téléphone de la maison de Mansfield ainsi que celui de mon bureau à la Paramount. Mais mon appel résonna dans le vide avant d'échouer dans la nasse de notre répondeur.

En milieu d'après-midi, Agustin revint me voir accompagné d'une femme les bras encombrés de dossiers, qu'il me présenta comme l'assistante du « pool des auteurs ». Elle prendrait mes appels et tiendrait mon agenda, et si j'avais besoin de quoi que ce soit, elle était à trois portes. Elle s'appelait Tricia Farnsworth, était d'origine anglaise, avait de faux airs de Tippi Hedren, époque des *Oiseaux*, et couvait quelque part une réserve d'eau chaude pour un thé qu'elle n'hésitait pas à rehausser d'un filet de bourbon, lorsque son organisme réclamait son quota de Four Roses.

Tricia Farnsworth me tendit un livret, sorte de vade-mecum de la compagnie, avec plans, numéros de postes, services, horaires, règlement intérieur et toute une série de mises en garde, dont une page entière consacrée aux conduites à tenir pour ne pas s'exposer à des accusations de harcèlement sexuel. Le document, imprimé sur un papier de couleur miel, était surmonté de ce qui avait dû être autrefois l'un des slogans du 5555 : « *If it's a Paramount Picture, it's the best show in town.* »

Elle fouilla dans un dossier bleu et me remit un badge plastifié ainsi qu'une pastille autocollante à fixer sur le pare-brise de la Prius. C'était ma pièce d'identification et le laissez-passer pour le parking. Agustin me serra chaleureusement la main :

– Maintenant vous faites vraiment partie de la boîte.

En rentrant le soir, je fus à nouveau saisi par l'odeur de poulet grillé – un fort relent de barbecue sans la moindre fumée. J'allumai la télévision en mangeant une part de gâteau au chocolat fourré d'une confiture à la framboise anormalement acidulée. Aux informations de la nuit, sur KTLA News, on ne parlait que d'une tragédie brutale, à la mesure de la violence qui est le véritable patrimoine de cette ville : l'histoire de Benjamin Waines. Elle avait connu son épilogue la veille dans un studio de Culver City où se déroulait le tournage d'un film publicitaire. D'après les commentateurs, elle avait commencé à la fin des années 80, lorsque, sans explication, du jour au lendemain, Waines avait abandonné sa femme et son unique fils, alors âgé d'à peine cinq ans. Cet homme avait disparu pendant plus de deux décennies. Le soir de Noël, en 2006, comme si rien n'était arrivé, Benjamin Waines avait téléphoné à son fils, Carl, en lui expliquant qu'il voulait renouer des liens avec lui. Carl, jeune cinéaste spécialisé dans les tournages de publicités et de clips musicaux, avait très mal vécu cette réapparition. La réconciliation, au début inenvisageable, puis délicate, avait demandé du temps, une année pleine. Elle était intervenue trois jours plus tôt et avait été officiellement entérinée à l'occasion de l'anniversaire de Carl. La veille, dans l'après-midi, sans prévenir son fils, Benjamin Waines s'était rendu au studio où celui-ci tournait. À l'entrée il avait simplement dit être le père de Carl, et on l'avait laissé passer. Ensuite, il avait emprunté le couloir menant aux plateaux et disparu dans un recoin isolé, à l'écart des techniciens et des projecteurs. Carl Waines demanda plusieurs prises de la même scène et la séance s'éternisa. Quand il fut satisfait du plan, on ralluma les lumières et, dans la cruauté des halogènes, le fils découvrit le corps de son père allongé sur le sol, la gorge tranchée avec un cutter. Il s'était suicidé.

Cette histoire me dérangeait, essentiellement parce que je ne la comprenais pas. L'acte de Benjamin Waines résistait à l'analyse. Comment un père pouvait-il infliger pareil supplice à son fils ? Que s'était-il passé entre le soir de l'anniversaire et le jour de la mort ? Depuis combien de temps Benjamin Waines vivait-il au fond de son tunnel ?

Le destin de cet homme me fit peur. Comme un enfant perdu dans la nuit, j'éprouvai l'impérieux besoin d'appeler mon père, d'entendre sa voix, de savoir que tout allait bien. J'avais envie de lui dire que je l'avais trouvé formidable dans son costume de jockey-club, que l'athéisme lui allait bien, qu'après tout Isabelle valait Christine, que la mort n'avait pas d'odeur, qu'il n'avait rien à craindre, que les chiens n'étaient pas faits pour fouiller la mémoire, que le MD2B était le moteur d'une vie et qu'il entendrait encore longtemps battre son cœur d'acier.

– Je suis content de te parler.

– Il est quelle heure, chez toi ?

– Une heure du matin.

– Tu ne dors pas ?

– Non, je regardais la télévision.

– Je te l'ai dit cent fois, la nuit c'est fait pour dormir, pas pour regarder la télévision. Comment ça se passe, là-bas ?

– Normalement.

– Ça ne veut rien dire, « normalement ». Si tu étais normal, à une heure du matin, tu dormirais depuis longtemps. Tu comprends ça, fiston ?

– Bon, écoute, je voulais juste te dire que tout allait bien et que je t'avais faxé mes numéros de téléphone de la maison et du bureau.

– Je sais, je les ai eus. C'est à cause du décalage ?

– Quoi ?

– Que tu ne dors pas.

– Sans doute, oui, j'en sais rien. Tu as des nouvelles d'Anna ?

– Oui. Je suis passé la voir hier soir.

– Et alors ?

– Elle dormait.

L'odeur était là. Prégnante, permanente, écœurante. Je m'étais réveillé avec ce remugle de volaille dans la chambre, gâchant mon petit déjeuner. J'avais aéré, mais en vain. L'esprit encore marqué par le destin de Benjamin Waines, j'allumai l'ordinateur et écrivis un petit mot à chacun de mes enfants, mais aussi à Louis et Arthur, simplement pour leur dire que je pensais à eux et que je les aimais. J'adressai à Anna une lettre plus longue, plus neutre aussi, dans laquelle je lui parlais de ces choses sans importance qui alimentent souvent les conversations ordinaires entre mari et femme. Je lui décrivis la curieuse décoration de mon bureau, le style du quartier où j'habitais, la maison avec son jardin, ses arbres taillés en nuages, et cette invraisemblable odeur qui, nuit et jour, rôdait autour de moi. En envoyant le courriel, je n'espérais pas de réponse d'Anna. Je voulais seulement qu'elle ait ce mot à portée de main lorsqu'elle se réveillerait.

Au moment où j'allais sortir, on sonna à la porte. C'était un homme d'une cinquantaine d'années, habillé d'une combinaison de couleur crème et coiffé d'une casquette sur laquelle étaient brodées trois initiales: DPR – sigle de la compagnie Dog Poop Removal. L'employé me demanda si j'avais un chien et, sans tenir compte de ma réponse, se lança dans la description des services qu'offrait sa société:

– Nous nettoyons les déjections que votre chien laisse sur votre propriété. Cela comprend les pelouses de façade, le tour de la maison et le jardin. Nous ramassons tout ce qui se trouve dans l'herbe, désinfectons les parties cimentées systématiquement avec un antiseptique diffusé à haute pression et nous pouvons nous déplacer de une à cinq fois par semaine. L'abonnement est mensuel. Par exemple, si nous venons une seule fois, c'est 50 dollars. Si vous nous demandez d'intervenir tous les jours du lundi au vendredi inclus, c'est 180 dollars le mois. Vous pouvez interrompre le service quand vous le souhaitez. Je vous laisse notre plaquette. Si un jour vous avez un chien ou des amis que ça peut intéresser, on ne sait jamais. Je m'appelle John Kazinski. Ravi d'avoir fait votre connaissance.

Il remonta dans sa camionnette, démarra et s'arrêta cinquante mètres plus loin, devant la maison suivante, qui était aussi la dernière de la rue, avant Melrose Avenue. Et c'est là que j'aperçus la grande enseigne lumineuse accrochée à la façade de la boutique: « GRILLED CHICKEN SHOP, 24 H ». Avec une grande libéralité, le système d'extraction des fumées – bien identifiable de l'extérieur – répandait ses miasmes sur les quatre ou cinq villas qui l'entouraient. On m'avait donc logé à deux pas d'un crématorium pour gallinacés qui, nuit et jour, grillait des ailes, des pilons et des filets de volaille en les aromatisant d'une marinade aux herbes – mais cela je l'apprendrais plus tard – qui les rendait si délicieux.

Mrs. Farnsworth sembla agréablement surprise de me voir passer au bureau aux alentours de quinze heures alors que je n'avais rien à y faire et qu'aucun rendez-vous ne m'attendait. J'en profitai pour bavarder un peu avec elle. Tricia me raconta que la plupart des scénaristes travaillaient chez eux et ne venaient au 5555 que pour des réunions durant lesquelles la production réorientait ou au contraire confortait leurs axes de recherche. « Recherche » était sans doute un bien grand mot si l'on se référait aux titres des derniers scripts, provisoires ou définitifs, que l'invisible équipe avait affinés dans ses caves: « Winston et Peter Pan », « Miami est en feu », « Mars a disparu », « La mère du Président ». Sans préjuger du contenu de ces œuvres, ni sous-estimer le savoir-faire de cette brigade californienne, je me demandais ce qu'il adviendrait de la fragile structure de *Désarticulé*, une fois passée entre les mains de ces chercheurs polyvalents capables d'éteindre des brasiers à Miami et de remettre la main sur des planètes volatilisées. Tricia me parut beaucoup moins stricte que la veille. À en croire ses sourires moqueurs et les pointes d'un humour acéré par une jeunesse passée à Southwark, dans l'East End de Londres, elle nourrissait fort peu d'illusions sur l'industrie qui l'employait. En revanche, en bonne professionnelle, elle connaissait parfaitement le milieu. À l'écouter, on aurait pu penser qu'elle avait un accès permanent aux officines de la Fox, de la Warner, de TriStar ou d'Universal.

– Vous n'oubliez pas votre rendez-vous avec Walter Whitman, ce soir. C'est l'un des producteurs les plus importants de la maison. Sans doute aussi l'un des plus âgés. Il ne s'embarrasse pas de précautions oratoires et passe pour être, disons, cruellement franc. En outre, il ignore tout de la ponctualité. Être à l'heure est pour lui, je crois, une impossibilité physique. En tout cas, il est censé vous attendre ce soir à dix-neuf heures trente, chez Musso & Frank.

Ce grill, fondé par John Musso et Frank Toulet, avait pour particularité d'avoir été le premier restaurant bâti dans cette ville en 1919, autant dire, pour un Californien, la naissance du monde. Sa proximité avec la Guilde des écrivains, située à trois rues de là, en avait fait ensuite le lieu de rendez-vous de tout ce que le pays comptait comme auteurs attirés par les lumières de l'Industrie. Et l'on enregistrait des réservations de tables au nom de MM. Fitzgerald, Parker, Hammett, O'Hara, Chandler et Hemingway. Faulkner, lui, avait même pour habitude de préparer ses cocktails derrière le bar. Quand les romanciers sortaient par une porte, c'étaient les acteurs et les producteurs qui entraient par une autre : Bogart, Goddard, Chaplin, Lawford, les frères Warner. Aujourd'hui, à l'image du bureau que l'on avait reconstitué à mon intention, le restaurant ressemblait à un décor de plateau oublié par le temps dans une ville où la mémoire s'effaçait à chaque lever du jour.

En m'installant à la table réservée par Whitman, le garçon, dans son gilet écarlate, dit ce qu'il avait pour consigne de répéter tous les soirs : « Vous êtes à la 28. Celle que demande toujours M. Pacino. » Je souris en hochant la tête. C'était la première fois de ma vie que l'on me traitait comme un touriste japonais.

À vingt heures, Whitman n'était toujours pas arrivé. À vingt heures quinze, le maître d'hôtel me fit savoir que l'on me demandait au téléphone. C'était mon hôte. Sans doute à l'autre bout du monde. Il ne parlait pas, il hurlait ses phrases.

– Monsieur Stern, désolé, vraiment. J'ai un problème sérieux. Vous m'entendez ?

Ce que j'entendais, c'était surtout, en bruit de fond, le vacarme, les cris et la musique d'une techno party.

– Ce que je vous dis, c'est que je ne vais pas pouvoir venir. J'ai un empêchement. Un imprévu, c'est ça. Est-ce que vous me comprenez ? Bon, alors écoutez. Commandez ce que vous voulez. Ne m'attendez pas. Je dis : ne m'attendez pas, mangez. Et si vous voulez, on se retrouve demain, même endroit, même heure. C'est d'accord ?

Au lieu de me rasseoir à la table de Pacino, je commandai un poisson au comptoir, installé face à l'énorme gril sur lequel grésillaient des pièces de viande et des steaks d'espadon. La chaleur des braises irradiait les visages des dîneurs solitaires qui, sur leur siège, semblaient attendre quelque improbable événement.

J'étais couché dans le noir. Sans doute toujours incommodé par les effets du décalage horaire, incapable de m'abandonner au sommeil, j'écoutais les bruits diffus de la rue. Et je pensais aux poulets que l'on débitait à deux pas de là. Pourquoi, dans cette ville repue, les gens ne cessaient-ils donc jamais de manger ?

La taie d'oreiller était imprégnée de l'odeur ambiante. Les serviettes de bain également. Tous les textiles de la maison donnaient l'impression d'avoir séché au-dessus des fumées grasses et bleutées d'un barbecue dominical. J'avais beau tenter de relativiser la gêne occasionnée, l'existence du Grilled Chicken Shop rendait impossible tout espoir d'amélioration. À moins d'une épidémie de grippe du poulet, le mal était incurable, enkysté à deux pas de chez moi. Je me demandais depuis combien de temps ce commerce empestait le quartier et comment faisaient les voisins. Pour ma part, c'était décidé : je quittais North Mansfield Avenue.

En attendant que la fatigue me submerge, je fermai les yeux, une voiture démarra bruyamment dans la nuit, j'essayai d'imaginer à quoi allait ressembler ma vie dans les mois à venir. À trois heures du matin, j'étais toujours dans le même état de tension, électrocuté au cœur d'une insomnie tenace. J'eus envie d'appeler Toulouse, la maison, de retrouver un lien avec Anna, fût-il aussi ténu que téléphonique. Elle décrocha à la troisième sonnerie. J'en fus tellement surpris que, l'espace d'une seconde, comme un enfant pris en défaut, je faillis raccrocher.

– Tu ne dors pas ?

– Je n'y arrive pas.

– Tu n'y es jamais arrivé. Les anxieux dorment mal.

La voix semblait assurée, le ton raffermi, délivré de ses langueurs dépressives.

– Comment es-tu installé ?

– Je ne sais pas. La maison est bien, mais elle empeste le poulet grillé.

– Je sais, j'ai eu ton message.

– Elle est à deux pas d'un restaurant, c'est pour ça.

– Je crois que ton père est passé.

– Tu ne l'as pas vu ?

– Non, je n'ai pas répondu. Quand tu l'auras au téléphone, dis-lui que ce n'est pas la peine de venir. Je vais bien.

– En tout cas, tu as une bonne voix.

– C'est ce qu'on dit aux gens malades, qu'ils ont une bonne voix.

– Ne te fâche pas, c'est vrai, tu as l'air en forme.

– Je vais te laisser dormir.

– Je n'ai pas sommeil.

– Prends un cachet.

– Non. Tu sais ce qui me ferait du bien, là, vraiment du bien ? De fumer une cigarette. Comme avant. Par moments, tu n'imagines pas combien fumer me manque.

– Tu n'avais qu'à pas arrêter.

Je ne répondis rien. Débarrassée de sa gangue pâteuse, la langue d'Anna avait retrouvé toute sa sécheresse et son tranchant. Je lui dis que je l'embrassais, lui souhaitai une bonne journée, et, comme un vieil amant éconduit, vaguement déçu, je raccrochai.

J'avais relu le scénario original de *Désarticulé*. Pourquoi Hollywood s'intéressait-il à cette histoire maladroite, insignifiante, prévisible ? L'idée même de sa transposition en Californie relevait de la perversion mentale. Comment pouvait-on porter le nom immaculé de Walter Whitman et prêter attention à ce que la cinématographie française produisait de plus misérable ? Si l'homme qui détestait les montres n'était pas à nouveau empêché, j'espérais avoir ce soir un élément de réponse.

Je garai la Prius sur le parking à l'arrière du restaurant et entrai par le petit couloir longeant les cuisines. Non seulement Whitman était à l'heure mais, cette fois, c'est lui qui patientait à la table qu'il avait réservée la veille. Il buvait quelque chose qui ressemblait à un martini en lisant *The Hollywood Reporter*, le journal de la profession. Il m'accueillit avec une grande amabilité, s'enquit de mon installation, de mon confort, commanda un rafraîchissement avant de se lancer dans l'inévitable historique du lieu qui l'ennuyait tout autant que moi, et pour conclure me dit :

– Je suis certain qu'hier ils vous ont fait le coup de la 28. « La 28, la préférée de Pacino, et la 27, celle que réserve toujours Tom Selleck. » Ça fait partie du service. Je vais vous avouer une chose : les acteurs et les écrivains ne m'ont jamais impressionné. Savez-vous pourquoi je viens ici depuis plus de quarante ans ? Parce que rien ne change. Ni le décor, ni le personnel, ni le menu. Comme ça je peux toujours manger la même chose : consommé en gelée, toast au fromage et foie grillé. Je suis ce que vous appelez, chez vous, un conservateur.

Les manières un peu brusques cohabitaient avec une agréable agilité intellectuelle. Walter Whitman possédait un charme naturel que, visiblement, il veillait à renforcer par le soin qu'il portait à sa tenue. Rien de trop strict ni d'excentrique, mais du bon goût et de belles matières. Sa stature était impressionnante, et il sautait aux yeux qu'il n'avait jamais eu besoin d'en jouer.

Au fil du dîner, il m'apparut comme une évidence que le producteur de la Paramount repoussait l'instant où nous devrions évoquer le destin de *Désarticulé*. Lorsqu'il jugea le moment venu – après le *jellied consommé* et le *welsh rarebit* –, il aborda le sujet avec une surprenante désinvolture :

– Réglons tout de suite cette histoire de scénario. J'ai vu le film il y a quelques mois. Je vais vous dire ce que j'en pense : c'est une merde. Pourquoi je produis son adaptation en Amérique ? C'est bien simple : j'ai un gros, un très gros projet en cours avec les Français qui ont subordonné leur participation, et c'est normal, à un certain nombre de conditions. L'une d'entre elles, posée je crois par votre centre du cinéma, était qu'une œuvre française soit transposée et tournée aux États-Unis. Afin de maintenir l'image de marque de votre cinéma, prouver sa capacité à s'exporter, et aussi atteindre un quota, enfin quelque chose comme ça. Et voilà comment je me suis retrouvé avec ce *Désarticulé* sur les bras et l'obligation d'engager un scénariste français pour garantir la « touche » de votre inimitable style national.

Walter Whitman avait beau maîtriser l'art de la conversation et celui de la comédie, je devinais que seul l'intéressait l'instant où il m'entretiendrait de la cuisson de la tranche de veau qu'il avait dans son assiette.

– Cela dit, ce n'est pas la première fois que la Paramount se lance dans une aventure avec les Français. J'ai vu qu'il y a fort longtemps on avait tourné un film qui s'appelait *Marius*, un autre *Topaze*, et un dernier dont le titre était, je crois, *La Famille Duraton*. Vous avez le choix, Paul. Soit vous passez six mois ici à prendre le soleil à Manhattan Beach ou à Santa Monica en supervisant de loin les rafistolages des scénaristes que je mettrai là-dessus, soit vous croyez en l'honneur national et pratiquez l'acharnement thérapeutique sur un film, à mon avis, perdu d'avance. Vous êtes en quelque sorte mon invité, c'est à vous seul de décider. Maintenant puis-je vous donner un conseil ? Quand vous reviendrez ici, commandez du veau grillé.

Au début, je pensai qu'il avait des difficultés à intégrer le mécanisme des fuseaux horaires, puis je m'aperçus qu'il n'en était rien. Mon père m'appelait à son heure, quand l'envie le prenait, sans se préoccuper de ma fatigue, de mon degré d'éloignement du méridien de Greenwich, de la courbure du globe ni de la course du soleil. Il me traitait comme si nous vivions sur une terre plate, un univers repassé où jamais la distance n'influerait sur le temps, et il me contactait en général en fin de matinée pour m'entretenir de ses soucis, des problèmes de bateau ou de succession. À trois heures du matin, en fils modèle, j'écoutais le verbe de papa, non qu'il me fût particulièrement cher, mais parce que je n'avais rien de mieux à faire. Avec la proximité du premier tour de la présidentielle, il m'arrivait de recevoir trois ou quatre appels d'Alexandre dans la même journée.

La chute de Bayrou dans les sondages fut pour lui une sévère désillusion. Il vécut mal la baisse de forme de son favori, qu'il commença à critiquer à la façon d'un turfiste déçu par un cheval qu'il savait maintenant irrémédiablement lâché par le duo de tête. « Il se plaint d'avoir été désavantagé et boycotté par les médias. Mais moi, je crois que la course était trop longue pour lui, qu'il avait les pattes trop courtes. »

Le 20 avril, deux jours avant le premier tour, je déménageai, ce qui me fournit un honorable prétexte pour me tenir à distance des dernières considérations paternelles. J'habitais désormais près de Sycamore Avenue, au bout d'une rue qui desservait uniquement le restaurant japonais Yamashiro et une vingtaine de bungalows de bois montés sur pilotis et accrochés au versant de la colline. Ces logements, petits parallélépipèdes largement vitrés, dataient des années 50 et s'inspiraient du fameux programme architectural Case Study House, qui mettait en œuvre des techniques simples et des matériaux bon marché afin de permettre aux moins fortunés d'accéder à un habitat confortable.

Le lotissement comprenait aussi une grande piscine au carrelage très ébréché, à flanc de colline, offrant aux rares baigneurs qui la fréquentaient le privilège de se rafraîchir en rêvassant au-dessus des brumes ensoleillées de la ville.

Au fil des décennies, l'ensemble avait vieilli avec une certaine grâce, résistant à plusieurs incendies et à quelques tremblements de terre, et il offrait aujourd'hui, outre sa fonctionnalité originelle, l'un des plus vertigineux points de vue sur la ville. La nuit, devant la baie vitrée, sur le petit balcon de planches, on se croyait à bord d'un aérostat survolant Hollywood et Los Angeles. On pouvait contempler leur glacis de lumière jusqu'à Hermosa Beach, à trois quarts d'heure de là. Je vivais désormais dans une sorte de paradis urbain, un condominium panoramique fermé par une grille coulissante dont le code d'accès, étrangement, était ma date de naissance.

L'appartement se composait d'une chambre, d'une cuisine et d'un grand salon. La salle de bains possédait encore son sanitaire d'époque, avec une carapace d'émail étincelante, intacte, et une robinetterie dont le dessin suranné compensait le caractère grinçant et récalcitrant. Almeida, qui m'avait aidé à transporter mes maigres possessions, était sidéré de me voir aussi satisfait de ce logement, que j'avais choisi parmi trois autres offres, et qu'il considérait, lui, comme de l'hébergement temporaire.

– J'ai une surprise pour vous, monsieur Stern. Quelque chose qui va vous faire regretter la maison de Mansfield.

Almeida ouvrit une poche d'où il sortit deux boîtes encore tièdes. Dès qu'il m'en tendit une, je reconnus le parfum du Grilled Chicken Shop qui filtrait à travers l'emballage.

– Goûtez ça. Ensuite vous me direz si ça sent mauvais.

La peau était craquante, la chair, tendre et délicieusement aromatisée. Agustin mangeait debout, au-dessus du vide, accoudé au balcon. On aurait dit un rapace en train de dévorer des ailerons en plein ciel.

La veille du premier tour de la présidentielle, j'invitai Agustin à déjeuner dans un bon restaurant afin de le remercier de tout ce qu'il avait fait pour moi. Nous partageâmes un très agréable moment que mon convive mit à profit pour engloutir un *chuleton*, une énorme pièce de viande marinée aux épices cubaines, avant de me raconter comment, voilà plus de vingt-cinq ans, il était arrivé dans cette ville après un long périple à travers le Mexique au cours duquel il avait vu son frère se noyer dans les eaux du fleuve en franchissant la frontière.

– Vous savez comment m'appelait mon chef quand je suis entré à la Paramount? Le *taco bender*, le rouleur de tacos. D'après lui, j'étais juste bon à balayer et ramasser les papiers dans les allées. C'était pas un mauvais type, simplement pour lui les Mexicains étaient des moins-que-rien. Aujourd'hui, les gens ne parlent plus comme ça. C'est vrai. Je suis devenu régisseur mais, pour eux, je reste un *wet back*, un type qui a traversé la frontière à la nage, quelqu'un à qui on peut tout demander, n'importe où, n'importe quand. Il suffit de biper et Agustin arrive. Pour eux, un régisseur comme moi, c'est un homme à tout faire, tout le temps. Agustin, va chercher une voiture de location, monte ses papiers à Mr. Whitman, passe ces documents à la broyeuse, n'oublie pas les sandwichs des scénaristes à midi précis, ni, ce soir, à neuf heures, de reconduire Mr. Namara à l'aéroport. Et c'est aussi moi que l'on appelle quand la photocopieuse est en panne ou quand les aiguilles du pin, planté près du bureau, bouchent les dalles du toit. Pendant quinze ans j'ai demandé à changer de poste, à gravir les échelons comme tout le monde. On ne m'a jamais répondu. À part ça, tout le monde est gentil avec moi. Même si je trouve qu'il y a des types qui parfois exagèrent dans ce métier.

– Quel genre de types ?

– Par exemple ceux qui veulent changer de maison parce qu'elle sent le poulet.

Je savais comment les choses allaient se passer. Et le moment exact auquel la sonnerie retentirait. J'étais, face à la baie, assis devant le téléphone, un soda frais posé sur la table. À perte de vue, la ville crayeuse se délayait dans la pâleur de la brume.

Il appela à onze heures du matin. À l'instant même où en France les chaînes annonçaient leurs premières estimations. Il avait une petite voix, sans enthousiasme ni réelle conviction, une voix de vieil homme à la fois déçu et inquiet de ce qui pouvait advenir. J'imaginais mon père devant son téléviseur, le visage bleui par la lumière de l'écran, décryptant ces chiffres minuscules comme s'il s'agissait de cours périmés d'une Bourse lointaine.

– Un et deux : la Miga et la Sainte. 31 et 25. En trois, Dumbo, à peine 18, et Benito, trois fois rien. Qu'est-ce que tu veux qu'on fasse de ça... Tu te rends compte ? Tu parles d'une finale... Ils disent quoi sur CNN ?

– J'en sais rien.

– Tu ne regardes pas la télévision ?

– Non.

– C'est vrai que toi tu ne l'allumes que la nuit. Tu es vraiment bizarre. Enfin, je crois que cette histoire est pliée et qu'on va avoir une *miga* comme président. Tu sais quoi ? Je crois que mon putain de frère serait heureux s'il voyait ces résultats. Je l'entends d'ici ricaner : « Ça, c'est bon pour les affaires. »

– Et Bayrou ?

– Je me suis trompé sur ce type.

– Besancenot, il fait combien ?

– Rien. Tu m'emmerdes avec tes gauchistes.

Porté par une brise d'est, remontait le bruissement lointain de la ville, une rumeur sourde, indistincte, le fourmillement de millions de gens affairés à affirmer et préserver leur illusoire unicité.

– Tu sais ce que j'ai pensé ce matin ? Que c'était peut-être la dernière présidentielle que je vivais. Cinq ans, à mon âge, c'est loin. Et pourtant je n'ai jamais été aussi attiré par la vie qu'aujourd'hui. Comme si j'avais du retard à rattraper. Tu m'entends ? Par moments j'ai l'impression de parler dans le vide.

– Je t'entends très bien.

– C'est bizarre. Ils ont tous fait une déclaration, sauf la Sainte. Tu trouves ça normal, toi, de ne jamais rien faire comme les autres ? Je crois que cette femme aussi a un grain. Elle me met mal à l'aise. Je ne sais pas pourquoi mais je la vois bien à Fatima. Ou à Lourdes, avec un foulard sur les cheveux, debout devant la grotte. Elle ne me plaît pas du tout.

– Tu vas voter pour qui au second tour ?

– Ça ne te regarde pas.

J'avais toujours autant de mal à m'endormir. Une lueur réprobatrice veillait sur moi comme une lampe de chevet, c'était sans doute ce que l'on appelle la mauvaise conscience. Malgré la fraîcheur, j'allais de plus en plus souvent sur le balcon de bois regarder ces myriades de phares d'automobiles qui sillonnaient les rues. Je pensais aux cigarettes qui autrefois m'accompagnaient dans l'insomnie. Il y avait si longtemps que je n'avais pas fumé – neuf ans – que je ne me souvenais plus de la richesse de leur arôme. En revanche, les yeux fermés, je pouvais retrouver sous mes doigts la texture vernie de l'emballage et l'exacte forme de leur paquet. Je m'entendais aussi, au mot et à l'intonation près, formuler ma demande quotidienne au buraliste : « Un paquet de Dunhill bleues international, s'il vous plaît. » Ce soir, après une nouvelle journée inutile, j'étais resté dans mon lit et j'avais lu. Le roman se terminait ainsi : « … la grande ville grouille de monde, quelques personnes très chic, beaucoup qui ne le sont pas, quelques personnes très belles, beaucoup qui le sont moins, toutes réduites, par la hauteur des bâtiments, à la taille d'insectes qui courent et se pressent dans le soleil laiteux matinal, animées par un projet, un espoir qui leur est cher, une raison de vivre un jour de plus, toutes empalées vivantes sur l'épingle de leur conscience, obsédées par leur mieux-être, leur perpétuation. Par ça et rien d'autre. »

Je posai le livre à côté de moi, éteignis la lumière et gardai les yeux grands ouverts dans le noir. Je pensai aux liens indéfectibles qui unissent un père à son fils et au gouffre qui, malgré tout, toujours, les séparera. Je pensai aux derniers jours de Benjamin Waines, aux raisons qui l'avaient empêché de « vivre un jour de plus ». Une forme d'inquiétude que je n'avais jamais ressentie m'enveloppa. J'entendis un animal galoper sur le toit. Il me semblait que chaque seconde qui passait m'éloignait un peu plus de ma propre vie. « Sache que tu n'es pas très loin de l'endroit où je me trouve. Tu es à deux pas. » Cette phrase d'Anna rôdait sans cesse dans mon esprit. Je commençais à comprendre ce qu'elle avait voulu dire.

Walter Whitman était parti à Chicago et New York pour une semaine. Cela reculait d'autant la désignation de l'équipe chargée de travailler sur *Désarticulé*. Je passais chaque jour au bureau en début d'après-midi avec des viennoiseries pseudo-françaises dont Tricia raffolait et que j'achetais du côté de Sunset Plaza, énormes croissants aux amandes et pains aux raisins bourrés de fruits et trop crémeux. À chacune de mes livraisons, avec son émouvant accent britannique, Tricia me récompensait d'un compliment suranné : « Vous êtes un vrai gentleman, monsieur Stern » ; « Voilà la perle des hommes » ; « Méfiez-vous, monsieur Stern, on ne va pas vous laisser repartir ».

De manière un peu ostentatoire, j'avais posé le scénario original du film au centre de mon bureau. Le document m'apparaissait comme une facétie, l'ultime élément factice rapporté dans ce décor. Il m'arrivait de le parcourir, mais mon courage m'abandonnait au bout de quelques pages. J'allumais alors l'ordinateur et lisais la presse française sur Internet. De temps à autre, des acteurs de séries télévisées qui tournaient sur des plateaux voisins passaient dans le couloir et échangeaient quelques mots avec Tricia Farnsworth et les rares scénaristes qui travaillaient dans leurs bureaux.

La Paramount était finalement une usine comme les autres, avec son administration, ses ateliers, ses entrepôts, ses chaînes de production, ses *wet backs*, ses contremaîtres. Comme dans les charbonnages ou les tréfileries, chacun s'employait ici à transformer de la matière première en produit fini. La seule différence était que, sur ces chantiers, l'on croisait des ouvriers de luxe qui s'appelaient Daniel Day-Lewis, Brad Pitt et Philip Seymour Hoffman.

Les échanges que j'avais avec mon père étaient très déstabilisants. Au fil d'une même conversation, il pouvait faire preuve d'enthousiasme, de curiosité, déborder de vitalité et, l'instant d'après, sombrer dans l'introspection la plus déprimante. Hier, alors que je lui demandais s'il était récemment retourné au bateau, il m'avait fait cette étrange réponse :

- Non et ça me manque. Pas tant de naviguer, tu vois, mais simplement d'être dessus. D'être à bord, tout seul. Toute ma vie j'ai gardé les papiers du bateau avec moi, dans mon porte-documents. Le carnet de francisation, l'assurance, tout ça, je ne m'en suis pas séparé une seule journée. Tu sais pourquoi ? Parce que cette petite vedette, comme je dis, représentait pour moi la possibilité d'une fuite.

Je ne demandai pas d'explication supplémentaire mais j'en déduisis – sans doute hâtivement – qu'au fond de lui Alexandre Stern avait peut-être envisagé de nous planter là, ma mère et moi, pour embarquer vers une autre vie. Dans ces conditions, je comprenais mieux le lien particulier qu'il entretenait avec ces 6,50 mètres de polyester et les raisons pour lesquelles il vantait avec tant d'insistance la fidélité de son Volvo MD2B. Finalement, mon père avait été une sorte de fuyard velléitaire, un Benjamin Waines resté à quai. Et j'étais son médiocre héritier, moi qui avais abandonné la charge de la réalité pour fuguer vers une irréelle destination transatlantique. J'avais fait ce que mon père n'avait jamais osé faire. J'avais délaissé une femme souffrante au prétexte de réanimer des caractères de comédie. Comme tous les fugitifs, je me persuadais que je serais bientôt de retour.

En attendant, je me fondais dans cette grande ville qui sans cesse recyclait des multitudes de vies, j'avançais en rythme avec la foule mouvante, tentant de m'en sortir avec mon lot d'espoirs et de remords. Et, comme disait Tricia, j'étais « la perle des hommes ».

MAI

Quelques heures à peine après son retour de New York, Walter Whitman convoqua d'urgence sa brigade de scénaristes. J'appris plus tard que les réunions de travail improvisées dans une atmosphère de tension fiévreuse étaient l'une des marottes de cet homme singulier. Tricia avait eu pour consignes de battre le rappel et, comme chaque fois, de s'occuper avec Almeida des problèmes d'intendance : sodas, sandwiches, thé, eau minérale et café. Sans oublier l'essentiel : les languettes de gingembre confit que le patron grignotait à longueur de journée. Je n'avais pas été officiellement convié, mais Mrs. Farnsworth m'avait fait comprendre que, « compte tenu de ma position », ma présence, sans être impérative, serait appréciée. Tout en roulant dans le silence de ma voiture propulsée, la plupart du temps, en ville, par son moteur électrique, je me demandais quelle idée Tricia pouvait bien se faire de ma « position ».

Whitman arriva avec une demi-heure de retard et l'exaspérante décontraction de ceux qui n'ont aucun compte à rendre à quiconque. Il serra la main de ses collaborateurs et prit place derrière un bureau aménagé pour la circonstance. Il sortit un bout de journal canadien de sa poche, une colonne grossièrement déchirée, la brandit comme une preuve et se mit à la lire :

> *Ivan Phillips est un véritable cow-boy du Nouveau-Mexique qui a eu un jour une idée improbable. Constatant que beaucoup d'hommes américains sont seuls et que beaucoup de femmes mexicaines cherchent le grand amour, il s'est lancé en affaires. Pas de grosses affaires brassées dans un énorme bureau avec des employés, une toute petite PME avec un panneau sur le bord d'une route qui annonce : « Vous cherchez une femme ? Contactez le cow-boy d'amour. » Le cow-boy d'amour, c'est lui. Son travail consiste, pour 3 000 $, à amener de l'autre côté de la frontière des Américains qui cherchent une femme et à leur faire rencontrer des Mexicaines qui ont répondu à son annonce « Gringo cherche Mexicaine ». C'est aussi simple que ça. Et ça marche. Phillips, entremetteur nouveau genre, conseille ses clients et leur apprend ce qu'il est préférable de dire et de ne pas dire. Avec ce côté terre à terre qu'on retrouve chez les Américains, il explique qu'une relation de couple « devrait d'abord être une affaire. L'amour vient plus tard », même si un de ses clients nous dit, dans sa grande candeur, qu'il « aimerait bien éprouver quelque chose en rencontrant une femme, comme un coup de foudre ». Le grand paradoxe de toute cette histoire, c'est que Phillips a lui-même toutes les difficultés du monde à maintenir…*

– Bon, le reste n'a aucun intérêt. Vous vous rendez compte des millions d'entrées que l'on peut faire avec un truc pareil ? *Le Cow-Boy d'amour* à Tijuana, c'est un *Pretty Woman* transculturel. Je pense que je n'ai pas besoin de développer. Donc j'envoie quelqu'un tout à l'heure rencontrer ce Phillips pour lui faire signer une exclusivité. Ensuite, deux d'entre vous se mettront au travail et je veux dix pages de synopsis la semaine prochaine. On va inviter ici ce Phillips, le soigner, le dorloter, le gaver de donuts et lui faire raconter ses histoires de « cow-boy d'amour ». Ce projet est la priorité des priorités. Tant qu'on ne l'a pas verrouillé, pas un mot à quiconque. Je veux ce film. Je le veux absolument.

Un attroupement de courtisans s'était formé autour de Whitman, chacun espérant être choisi pour piloter le scénario. Les nouveaux impératifs de la cellule d'écriture et les bouleversements de planning qui allaient s'ensuivre avaient pour moi une conséquence immédiate : Whitman n'était pas près de procéder à la désignation de l'équipe chargée de travailler sur *Désarticulé*.

Le lendemain matin, après une nuit aussi courte qu'exécrable, j'eus le privilège de voir le jour se lever. Lentement, la lumière dorée repoussa vers l'ouest les fines nappes de brume venues du Pacifique et, au loin, enflamma une à une les tours miroirs de la ville. Comme un homme qui a une idée en tête et un endroit précis où se rendre, je glissai quelques affaires dans un sac, montai dans ma voiture et roulai vers le levant, en direction du désert.

À mesure que je m'éloignais de la ville, je me sentais plus détendu, plus à mon aise, comme si je récupérais la conscience et l'usage de membres jusque-là engourdis. Mon esprit recouvrait, à son tour, le goût de l'espace, et courait d'une idée à l'autre, à la façon d'un chien que l'on a détaché de sa chaîne et qui bat la campagne, grisé par sa liberté. Bien que couvert par le murmure des pneumatiques, je percevais le bruit rémanent de pensées contradictoires et têtues qui se frottaient les unes contre les autres. Ainsi le père, celui des cendres et du bateau, éternel menteur, ce père, donc, avec son charabia existentiel, répétait au fils qu'il n'avait jamais trouvé sa place en ce monde, ni compris le rôle qu'on lui demandait de tenir dans cette misérable histoire. Voilà bientôt quatre-vingts ans qu'il marchait avec les autres sans savoir où il allait. Pourtant, plus souvent qu'à son tour, jurait-il, il avait eu envie de s'arrêter, de se ranger sur le côté, de rebrousser chemin, ou de décamper au loin, pour regarder enfin tranquillement passer les heures, et les jours, et les années. Laisser s'éloigner cette femme et cet enfant. Se contenter d'entrouvrir les paumes remplies de sable et de le sentir s'écouler. Le rendre au désert et retourner soi-même à la poussière. À la putain de poussière que fabriquent les crématoriums. Il avait procréé ? Et alors ? Il s'était reproduit presque par hasard, malgré lui, dans un lit qui n'était pas prévu pour ça, un lit qui avait mal tourné. Et il l'avait payé toute une vie. Il en avait assez, le père, il ne voulait plus désormais être regardé ni jugé, par qui que ce soit. Sa mort le terrifiait, et tout autant la vie qu'il avait menée.

La Vallée de la Mort. On l'appelle ainsi mais il n'émane de l'endroit aucune morbidité. Au contraire. Il offre même une forme d'abri naturel à ceux qui se laissent aller, ceux qui n'ont rien à espérer ou à cacher et qui s'enfoncent simplement en son sein.

Par endroits, le goudron avait fondu et l'on devinait le sable dans les failles de sa croûte ramollie. La route, sinueuse, descendait dans les entrailles de cette terre asséchée, brûlée par le soleil. Le bout de l'enfer, le fond de ces abîmes, s'appelait Furnace Creek et grillait lentement 54 mètres au-dessous du niveau de la mer. Le thermomètre géant planté dans le sol indiquait une température de 39 °C, ce qui était peu à côté des relevés que l'on enregistrait ici au plus fort de l'été. 50 °C constituait la norme. Mais on était allé jusqu'à 56,7 °C le 10 juillet 1913. C'était la plus forte chaleur jamais enregistrée dans le monde. Une plaque commémorative rappelait cette excentricité météorologique. Et les rares habitants de la région n'en étaient sans doute pas peu fiers, comme ils devaient s'enorgueillir d'entretenir ce golf arrogant, insulte verdoyante tracée dans les couloirs de cette Mort où le vent s'engouffrait en arrachant les pierres et en grillant tout. À l'ombre d'une véranda, je regardais, au loin, les golfeurs avancer les uns à la suite des autres, aller de drapeau en drapeau, effectuer des gestes similaires pour envoyer des balles identiques dans des trous communs. Certains étaient venus de loin, juste pour jouer sur la plaque brûlante de ce four que l'on arrosait nuit et jour dans l'espoir de donner à quelques carrés d'herbe la force de résister jusqu'au lendemain.

J'essayais d'imaginer cette journée du 10 juillet 1913, quand l'enfer était descendu sur cette terre. Les autochtones timbishas gardaient-ils un souvenir particulier de cette date ou bien, pour eux, se noyait-elle dans le continuum d'une fièvre coutumière ? J'attendais 177 pieds sous terre que le soleil disparaisse derrière la montagne qui peu à peu l'éteignait. Un silence patient tombait sur la vallée et n'était interrompu, de loin en loin, que par le bruit sec des clubs de golf au contact des balles et le souffle striduleux des arroseurs. Je mangeai un guacamole tiède et une étrange omelette habitée par toutes sortes d'ingrédients dont il était difficile de définir la provenance. Je n'avais aucune envie de rentrer à Los Angeles et pas davantage le désir de passer la nuit dans l'une des chambres de cette hacienda du divertissement. Je pris la voiture et retournai dans le désert. Je roulai ainsi une demi-heure avant de me garer sur le bord de la route qui s'effilochait sous le soleil.

J'entendis les claquements du moteur thermique de la voiture qui finissait de refroidir. Pas une maison à des dizaines de kilomètres à la ronde, plus de véhicule, plus aucun passage désormais.

Au bout d'une heure, couché sur une couverture, attentif à la nature qui m'entourait, je perçus les bruits de la vie nocturne qui se mettait en place autour de moi, le va-et-vient des insectes, des animaux, qui, la fraîcheur revenue, cherchaient de quoi survivre un jour de plus.

Longtemps je demeurai ainsi, le corps détendu, l'esprit souple, disponible, prêt à reconsidérer tout ou partie de ma vie, à remettre en cause l'ensemble de mes choix. Le seul problème, c'est que je ne savais pas par lequel commencer.

Le 6 mai, l'appel que je reçus de Toulouse fut assez tardif puisqu'il était déjà 16 heures – une heure du matin là-bas – lorsque le téléphone sonna. C'était comme si mon père s'était efforcé de différer au maximum l'annonce de la mauvaise nouvelle et les péripéties qui l'avaient accompagnée. Entre autres cette soirée de gougnafiers et de gandins, cette piteuse nouba fondatrice de la République de gaudriole que nous allions vivre.

– Tu ne le croiras pas, mais je te jure que c'est vrai. Ce gars est élu avec 53 % des voix et deux heures après il commence la tournée des bistrots. Le Fouquet's, un saut à la Concorde où, avec sa ribambelle de zouaves, il entonne des chansons d'ivrognes, et ensuite tout le monde en boîte de nuit. Je n'en reviens pas. Je t'assure que je n'en reviens pas. Souviens-toi de ce que je te dis ce soir : ce type-là va nous en faire voir. C'est un vrai baltringue. Il finira comme Deschanel. En pyjama sur une voie ferrée.

Comme lorsque j'étais enfant, je me surpris soudain à boire les paroles de mon père, à guetter ses intonations, et ses partis pris. Il avait une façon si particulière d'exprimer les choses, de me faire partager ce qu'il pensait, que durant ma prime jeunesse j'avais accordé beaucoup de crédit à ses paroles. Et je dois reconnaître, Deschanel mis à part, que le président qu'il était en train de me décrire, celui dont il fustigeait, depuis le début, l'insignifiance et qui, dès les premières heures de l'exercice de sa fonction, se vautrait dans les bauges de la vulgarité, allait repousser bien au-delà du pensable les limites, pourtant déjà largement bousculées, de l'indignité française.

– Avec tout ça, j'ai oublié de te parler d'Anna. Je suis passé la voir dans l'après-midi. Je l'ai trouvée bien. Bien mieux qu'à ma dernière visite. Elle était en train de lire. Un livre qui n'est peut-être pas tellement indiqué dans son état. Le titre, ça m'a marqué, c'était *De la maladie* de Virginia Woolf. Enfin bon, on a parlé de choses et d'autres. Elle m'a dit que Jean l'appelait régulièrement et que Marie lui avait offert une de ses trouvailles, un coffret à bijoux, très laid, qui déclenche un éclat de rire ou un sifflement dès que tu passes devant. C'est affligeant. Il paraît que ça se vend à tire-larigot.

Je n'avais pas la moindre idée de ce qu'était un larigot. Anna lisait *De la maladie* et semblait en meilleure forme. Cela faisait partie des mystères de nos vies. De l'image aussi parfois trompeuse que nous donnions aux autres pour mieux dissimuler le mal qui était en nous. Cette amélioration, que mon père avait constatée, ne m'avait pas frappé lors de mon dernier entretien téléphonique avec Anna. Au contraire, elle s'était montrée distante, absente, s'exprimant avec sa mauvaise voix, ce timbre ébréché qui trahissait chez elle la faillite du corps. À deux reprises j'avais essayé de joindre Grandin, mais il ne m'avait pas rappelé.

J'avais décidé d'attendre encore quelque temps, et si, ici, rien n'avançait, de rentrer une semaine à la maison, auprès d'Anna. Même si cela ne servait à rien, même si les molécules d'escitalopram étaient, selon Grandin, plus neutres et performantes qu'une encombrante présence maritale. Anna faisait partie de ces femmes ignorant l'innocence de la joie ou la griserie des plaisirs, mais qui, dans le malheur, jamais ne vous lâchaient, quelle que fût l'ampleur de votre naufrage, et vous ramenaient coûte que coûte sur la rive. Elle m'avait donné maintes occasions de connaître son courage et sa détermination. En regard de tant de fidélité, que pouvais-je, de mon côté, faire valoir depuis mon départ ? Deux appels en direction de Grandin. Deux timides appels inaboutis.

Pour être franc, je croyais qu'Edward Waldo-Finch était mort. À tout le moins depuis longtemps retiré des affaires du monde et du cinéma. Ce réalisateur avait connu quelques minutes de gloire au début des années 80, principalement avec deux films intitulés *Guizmo* et *THC*. Je n'avais vu ni l'un ni l'autre. Si le titre du premier ne me fournissait aucune indication sur la nature de son sujet, celui du second, en revanche, s'appuyant sur l'acronyme du delta-9-tétrahydrocannabinol, semblait plus explicite. Je me souvenais surtout qu'à l'époque *THC* avait surtout valu par sa bande originale composée par Michael Franks. Il fallait vraiment que le cas de *Désarticulé* fût désespéré pour que Whitman pense à ressusciter Waldo-Finch. « Rencontrez-le, m'avait-il dit. Vous verrez, c'est quelqu'un de très intéressant, un réalisateur qui n'a pas eu ce qu'il méritait. D'abord il est libre comme l'air, il n'est pas cher et puis, autant qu'il m'en souvienne, ses films ont une petite sensibilité européenne qui pourrait nous aider. Avec cette histoire de cow-boys, je n'ai pas eu le temps de m'occuper des scénaristes, mais je vous ai peut-être trouvé le metteur en scène. Rencontrez-le et on en reparle ensuite. »

Tricia avait donc organisé un rendez-vous, non pas à mon

bureau de la Paramount mais au bar du Roosevelt Hotel, périmètre historique où, autrefois, se réglaient l'allure et la vie du cinéma. Parfois, un producteur ruiné se jetait par la fenêtre du vingt et unième étage pour s'écraser dans les eaux émeraude de la plus vaste piscine de la ville. À deux pas du Chinese Theatre, le Roosevelt accueillait aujourd'hui beaucoup d'Asiatiques et de Russes qui avaient mieux à faire que basculer dans le vide.

L'arrivée d'Edward Waldo-Finch ne passa pas inaperçue. Non que quiconque eût reconnu le créateur de *Guizmo*, mais parce que le vieil homme s'assit à ma table avec le visage et les vêtements ensanglantés. Le col de sa chemise entrouverte était taché et une plaie profonde lui barrait le cuir chevelu et la partie supérieure de l'oreille. Waldo-Finch appela le serveur pour lui demander des serviettes en papier mais il ne lui vint pas à l'idée d'aller nettoyer sa blessure et son visage aux toilettes. Il se contenta de quelques excuses pour le léger contretemps.

– Je viens de me fracasser la tête contre l'angle de la malle de ma voiture. Juste là, sur le parking. C'est vraiment trop bête. En tout cas, je suis ravi de vous rencontrer, monsieur Stern.

L'homme de *Guizmo* était un jeune septuagénaire, dont la seule coquetterie se résumait à la culture d'abondants implants capillaires qui se dressaient comme autant de palmiers nains. Tandis que Waldo-Finch me parlait de ses relations avec Whitman, le sang coulait de son crâne, souillant les serviettes les unes après les autres. Une bonne dizaine de ces pansements de fortune s'entassaient déjà sur le tapis du hall, et le col de sa chemise brunissait à mesure que le sang séchait. Il me parlait de ses souvenirs, de l'époque flamboyante de l'Industrie, du temps où les majors étaient de grandes et estimables maisons. Tout en continuant de s'éponger l'oreille et la joue, Waldo-Finch sortit d'une sacoche la copie de *Désarticulé* que lui avait donnée Whitman. Il me posa, à propos du film, toutes sortes de questions pertinentes ou bizarres, auxquelles j'étais le plus souvent incapable de répondre. Je le voyais tourner et retourner machinalement le manuscrit entre ses mains, si bien qu'au bout d'un moment le document était maculé d'empreintes sanguinolentes. À la vue de cette scène, n'importe quel enquêteur aurait conclu que Waldo-Finch venait de poignarder quelqu'un pour lui dérober le texte.

– Ce script est pour moi un mystère, voyez-vous. Il me semble totalement inabouti et à la fois porteur d'une histoire très forte sur la course à la gloire et aux honneurs. Comment dire... on est très proche, mais aussi aux antipodes, du *Bûcher des vanités*.

Et cette hémorragie qui ne voulait pas cesser, ce sang, partout, dont je finissais par sentir l'abominable odeur, ce barman qui me lançait des regards méfiants, et l'autre, qui continuait de pérorer comme si de rien n'était. Jusqu'au moment où quelqu'un l'invita courtoisement à le suivre à l'infirmerie de l'hôtel. Cinq minutes plus tard, débarbouillé, mais à peine plus présentable, Waldo-Finch me rejoignit. Visiblement on avait colmaté ses plaies à la va-vite avec le genre de pommade cicatrisante qu'utilisent les boxeurs.

Pour se réconforter, Waldo-Finch avait commandé un bourbon, puis un deuxième, et un troisième. Il avait oublié le scénario, s'était replongé avec délices dans ses souvenirs d'un cinéma qui n'existait plus et dont il était l'un des derniers survivants. Bien droit dans son fauteuil, avec sa chemise ensanglantée, parlant et parlant sans cesse, il me faisait penser à un accidenté que l'on aurait assis là après l'avoir ramassé au milieu de la route.

Voilà un mois et demi que j'avais quitté la maison. Je m'accommodais peu à peu de cet éloignement. Mon père était une sorte de fil conducteur qui me reliait au Vieux Continent, j'appelais mes enfants et mes petits-enfants une ou deux fois par semaine, et Internet et les courriels se chargeaient d'atténuer le manque, de réduire le temps, de colmater l'espace. La distance n'était plus ce qu'elle avait été. Les astuces de la modernité avaient grignoté ses privilèges. Sauf pour Anna, qui demeurait à des années-lumière. Le décalage qui nous séparait était bien réel. Mais, étions-nous véritablement plus proches lorsque j'étais à la maison ?

Comme à son habitude, Whitman avait mené l'affaire Ivan Phillips au pas de charge. L'émissaire de la Paramount était revenu à Los Angeles avec en poche l'exclusivité d'une bluette supplémentaire, un western des temps modernes et ses cow-boys de l'amour. Quant à mes occupations – le mot « travail » me paraissait inapproprié –, il me semblait que quelque chose s'était passé ces derniers jours, comme si mon étrange rencontre avec Edward Waldo-Finch, personnage inattendu, supplicié surgi d'un autre temps, ayant une certaine idée du cinéma, m'avait fait prendre conscience de la désinvolture avec laquelle nous traitaient Whitman et les siens. C'est ainsi que m'était venue l'envie de faire véritablement équipe avec lui, de reconstruire l'histoire page après page, de sortir le film de terre, de l'extraire du néant auquel il semblait voué. J'ignorais si cela serait possible mais l'expérience méritait d'être tentée. Elle aurait au moins le mérite de ressusciter Waldo-Finch l'espace de quelques mois.

Le dernier coup de fil de mon père remontait à deux jours. Il était surexcité par une affaire qui, paraît-il, agitait toute la France : la femme du président n'avait pas voté au second tour des élections et un journal qui détenait l'information avait aimablement choisi de la considérer comme trop intime pour la publier. Mon père avait bobiné là-dessus pendant presque une heure, vilipendant la presse par-ci, fustigeant Bocsa et les siens par-là. Je n'osais pas dire à Alexandre que cela ne m'intéressait guère.

– Remarque bien, tu en connais beaucoup, toi, de femmes qui, dans la vraie vie, et dans un isoloir, voteraient pour leur mari ?

– Désolé, je vais devoir te quitter, j'ai un rendez-vous.

– Avec une actrice ?

– Non, un cinéaste.

– Comment il s'appelle ?

– Edward Waldo-Finch.

– Jamais entendu parler.

Quelques jours plus tard, je confirmai à Whitman ma volonté de reprendre le script et de travailler avec son réalisateur. Il était satisfait de pouvoir considérer le problème comme réglé, mais aussi vaguement inquiet du fruit de cette association qu'il avait pourtant initiée.

– Pas de folies, hein, Paul ? Je compte sur vous.

– Qu'est-ce que vous voulez dire ?

– Je veux dire qu'on est dans du petit, du très petit budget. On est d'accord ? Serrez le scénario. Je connais Edward, il s'emballe vite. Tenez bien votre histoire. Un script avec le moins d'extérieurs possible. Pour l'écriture, je vous fais confiance, occupez-vous de tout. Pour le tournage, en revanche, mais là on a le temps, je mettrai quelqu'un dans les pattes d'Edward. Il n'a plus vingt ans et il n'a pas dirigé une équipe depuis longtemps. Vous faites quoi ce soir ?

– Rien de spécial.

– Alors accompagnez-moi. J'ai une soirée chez Nicholson.

Avec une demi-heure de retard, Whitman passa me prendre chez moi. À la façon dont il regardait les pilotis, la structure porteuse, on voyait qu'il était décontenancé par l'allure de mon logement. Il observa le panorama, jaugea le voisinage proche, et tapa du pied sur le plancher du bungalow comme s'il voulait en éprouver la solidité :

– Vous rigolez ou quoi ? Foutez le camp d'ici avant que ça s'écroule.

La Lexus nous ramena vers la ville pour mieux basculer dans le versant luxueux des collines. Durant le trajet, j'écoutais Whitman me parler de ses relations anciennes avec l'acteur halluciné de *Shining* qui avait débuté dans le cinéma à dix-sept ans comme employé de bureau à la Metro Goldwyn Mayer.

– Vous êtes déjà allé aux toilettes chez Nicholson ? lui demandai-je soudain.

– Lesquelles ? Il doit bien y en avoir deux cents chez lui

– Ses toilettes personnelles.

– Non, pourquoi ?

– Si vous y allez, ce soir, vous verrez que la lunette est transparente et que trois beaux crotales sont coulés dans le plastique du siège.

– C'est une blague ?

– Pas du tout.

– Vous voulez dire que Jack s'assoit sur des serpents pour chier ?

– Exactement.

Whitman me regarda, avec une moue qui exprimait à la fois le dégoût, l'incrédulité et la méfiance, comme si j'étais un inconnu plutôt louche qu'il venait de ramasser sur le bord de la route.

Située sur Mulholland, la maison de l'acteur ressemblait à celles qui l'entouraient. Vaste, solennelle, protectrice, conçue pour vivre à l'abri des ennuis. Une cinquantaine de personnes étaient là, qui bavardaient. Whitman me présenta à notre hôte et à quelques convives, mentionnant simplement que j'étais un *script doctor* français de Toulouse, précision superfétatoire. En revanche, chacun retint son souffle à l'arrivée de Kathleen Meyer, l'auteur d'un précis de cent quarante pages qui avait été vendu à plus d'un million d'exemplaires, *How to Shit in the Woods* (Comment chier dans les bois). Dans ce que Meyer définissait comme une « approche environnementale d'un art perdu », on pouvait lire d'étonnantes pages typiquement californiennes et new age sur la défécation. Mais aussi découvrir un traité scientifique, un guide pratique des conduites à tenir, et une ode quasi ethnologique réhabilitant cette activité de plein air : « La volonté de sauvegarder la nature ne vient le plus souvent que de ceux qui l'apprécient réellement. C'est ainsi à nous qu'il échoit d'apprendre et d'enseigner aux autres où et comment chier dans les bois. » Un tel intitulé ne pouvant décemment pas alimenter une conversation mondaine, chacun s'interdit de l'évoquer.

La soirée fut donc confortable, par moments spirituelle, presque reposante. J'eus même le plaisir de me retrouver, par hasard mais ravi, au cœur d'un véritable petit gynécée dont les quatre membres évoquaient l'habileté et les mérites comparés de leurs chirurgiens plasticiens. « Comparés » était bien le mot puisque ces dames se palpaient mutuellement pour juger de l'élasticité de leurs implants mammaires. Même s'il n'y avait pas le moindre érotisme dans leurs attouchements, un spectateur non averti aurait pu voir dans ce tableau les prémices d'une discrète orgie de lesbiennes mondaines. « Il m'a garanti que ça tiendrait au moins cinq ans. » « Un mois après, j'avais tellement mal que je prenais encore six Tylenol par jour. » « Je lui ai montré les nichons d'Emi Devarga et j'ai dit : je veux les mêmes. » De temps à autre, un zéphyr délicat mêlait quelque parfum féminin aux odeurs aromatiques du jardin. Au milieu de ce monde reconstitué, de cet univers immuable, qui donnait le sentiment de tout posséder, jusqu'aux plus infimes parcelles du temps, Jack Nicholson promenait ses énigmatiques yeux de chat.

Peu avant que nous quittions cette aimable assistance, je vis Whitman s'éclipser discrètement, s'engouffrer dans le grand hall et emprunter l'escalier qui, je l'imaginais, devait conduire dans la partie la plus privée de la demeure. Il en redescendit quelques minutes plus tard, pensif, visiblement troublé. Me prenant par le bras, il me conduisit à l'écart des invités.

– Je les ai vus. Je les ai vus ces putains de crotales. Trois, exactement comme vous les aviez décrits. Comment saviez-vous ça ? Vous connaissiez Jack ? Vous étiez déjà monté là-haut ? Comment un *script doctor* de Toulouse peut savoir une chose pareille ?

Je souris d'un air évasif, ravi de mon effet, et très étonné par la précision de ma propre description. D'après un ouvrage consacré aux marginaux de la littérature américaine, c'est à la demande de l'écrivain Jim Harrison qu'un certain Ray Turgent, alias Ray Snake Den, bricoleur du Dakota du Sud, vivant à Mission, avait, pour cent dollars, attrapé une poignée de serpents et réalisé cette lunette reptilienne pour les cabinets privés de Jack Nicholson.

Aux alentours de minuit, Whitman et moi prîmes congé de notre hôte. Nicholson salua chaleureusement Walter, puis, contre toute attente, s'approcha de mon cou, me renifla et dit avec une gourmandise de matou :

– Mmhh… Vous sentez bon la France.

Whitman me raccompagna chez moi sans m'adresser la parole. Lorsque nous nous arrêtâmes devant le bungalow, il lissa ses paupières d'un geste las et, tournant le visage vers moi, dit :

– Très fort, le coup des crotales. Très fort.

Maintenant que notre association était officialisée, mes rencontres avec Edward se déroulaient le plus souvent dans mon bureau. Bien que cela n'entrât pas dans ses attributions, nous étions convenus de réfléchir ensemble aux développements que nous pourrions intégrer au scénario. Mais je voyais bien que, dans l'immédiat, la seule chose qui comptait pour Waldo-Finch était son retour à la Paramount : entrer par la Bronson Gate et garer sa voiture en épi sur le parking, comme autrefois. Tricia, qui avait beaucoup de respect pour le vieil homme, lui avait obtenu une pastille pour son automobile et un laissez-passer « staff » qu'il s'était empressé d'accrocher autour de son cou avec une fierté non dissimulée. Pour Edward, c'était une renaissance, un bain de jouvence, une merveilleuse surprise du destin. Il m'avait fait faire le tour de quelques-uns de ses souvenirs. Passant devant des façades de quartiers entiers de New York reconstitués, Edward s'était arrêté au coin de l'une de ces rues factices, dans lesquelles on continuait de filmer de nombreuses séries. De la main, il m'avait désigné l'endroit exact, le bout de trottoir où, à la fin de *THC*, trente ans auparavant, s'était effondré Barry Jenkins, le héros de son opus. À mesure que nous cheminions dans les allées de cette manufacture d'images, Waldo-Finch me désignait les maisons qui avaient servi de loges aux vedettes.

– Je ne sais pas si j'ai vraiment aimé cette compagnie. Mais j'y ai fait convenablement mon travail. Je veux dire que, chaque fois qu'on m'a fait confiance, j'ai donné le meilleur de moi. Je ne crois pas que ce genre de comportement soit beaucoup apprécié dans l'Industrie. Hollywood n'aime ni la discrétion ni la loyauté. Ici, un caractériel, un emmerdeur qui gueule après tout le monde aura toujours sa chance.

Edward parlait sans haine, prêt à jurer qu'il disait la vérité, toute la vérité, en levant parfois la main droite pour me montrer un boudoir de curiosités où l'on avait conservé toutes sortes d'accessoires ayant contribué, à leur modeste façon, à l'histoire du cinéma. Il était attentif à chaque chose, relevait le plus petit changement, la disparition d'un arbre, le nouveau dessin d'une pelouse, la moindre modification architecturale, un peu comme un homme qui rentre chez lui après une trop longue absence et remarque au premier coup d'œil la nouvelle disposition des meubles et le vide laissé par chaque objet déplacé. J'aimais ce genre de guetteur absolu, de gardien vétilleux de la mémoire.

– Est-ce qu'on vous a raconté le mystère du logo de la Paramount ? Personne ne sait d'où sort son pic enneigé. La légende veut qu'il ait été griffonné par l'un des patrons de la Paramount en personne, William Wadsworth Hodkinson, pendant une réunion où il s'ennuyait ferme en compagnie d'Adolph Zukor, le fondateur de la compagnie. Et c'est là que l'affaire se complique. Selon les historiens de la maison et les géographes les plus affûtés, cette montagne – qui n'est d'ailleurs pas la même selon qu'il s'agit du dessin ou de la bande-amorce des films – serait pour les uns le Cervin, dans les Alpes suisses, pour d'autres le mont Ben Lomond, en Utah, où Hodkinson avait grandi, et enfin, pour les puristes, les 6025 mètres de l'Artesonraju, au Pérou, dans la Cordillère. Quant aux vingt-quatre étoiles qui couronnent la montagne, elles représentent les vingt-quatre vedettes que le studio avait sous contrat à sa création.

Edward émit un soupir de soulagement. Il venait de préciser quelques points d'histoire et, surtout, de retrouver sa place parmi les siens. À dix-sept heures précises, Tricia lui offrit une tasse de thé, que bien sûr il accepta.

Désarticulé. Que pouvait-on conserver de cette histoire en la transposant des pavés de Saint-Germain aux palmiers de Melrose ? Un écrivain talentueux, mais aux ventes modestes, mourait dans un accident de scooter. Quelque temps avant de disparaître, il avait confié les manuscrits de ses trois prochains romans à son éditeur. Lequel s'apercevait très vite que personne, dans l'entourage de la victime, ne semblait au courant de leur existence. Après un prudent délai de « viduité », l'éditeur contactait l'un de ses auteurs à succès, incapable d'écrire depuis plusieurs années, et lui proposait d'endosser la paternité des trois œuvres en déshérence. L'association de malfaiteurs fonctionnait au-delà de leurs espérances puisque la trilogie remportait prix littéraires, gloire et fortune. Le titre du film trouvait sa justification dans la toute fin, qui montrait la séquence de l'accident de l'auteur disparu, remontée sous divers angles, jusqu'au plan fixe sur le corps de la victime, désarticulé.

Si *Désarticulé* était entré dans leurs plans, je savais parfaitement ce que Whitman et les siens auraient fait du script : un gigantesque accident de moto. La référence de la collision. Le paradigme du crash test. Deux bolides et une intersection. Kawasaki *versus* Crossfire. Cent quarante-trois plans du choc, vingt bonnes minutes de ralentis sur fond d'adagio de Barber, une voix off pour agrémenter les flash-backs de la vie de l'accidenté pendant son vol plané, la tête qui frappe l'angle du caniveau, le sang qui lentement recouvre le goudron, l'arrivée des secours, la police, la civière à roulettes, la course au travers des portes à battants des urgences, quelqu'un qui crie : « On le perd », dix minutes de réanimation et, à l'instant de la mort, l'image, à l'autre bout de la ville, de la meute des journalistes et des caméras entourant un type fier de lui qui vient de remporter l'oscar du meilleur scénario avec un script qu'il n'a jamais écrit. Ensuite, les choses sérieuses pourraient commencer.

Pendant que tombait sur la ville une épaisse pluie de printemps et que de lointains éclairs illuminaient les tours de *downtown*, je passai la soirée devant la télévision à regarder les DVD des films d'Edward. Je les trouvai touchants, comme venus d'un autre monde. Ambitieux et déroutants, aussi, avec leur facture complexe, leurs ruptures narratives. Waldo-Finch utilisait une caméra mobile avec laquelle il filait d'interminables plans-séquences. Il avait l'élégance de filmer la médiocrité des êtres de manière aérienne et d'ausculter leurs sentiments de façon quasi endoscopique. De tout cela émanait une sincérité qui créait une tension réelle et donnait à croire que le cinéaste avançait pieds nus sur le fil du rasoir. *Guizmo* et *THC*, même s'ils traitaient de sujets différents, et même si le premier était plus noir et nihiliste que le second, tenaient des propos d'une sombre lucidité sur le renoncement, sur l'apaisement qu'on peut trouver à abandonner, à ne plus s'accrocher à une corde, un travail, une ambition, un rêve, un homme, une femme, et même, dans le cas de *THC*, à la vie.

Il était impensable que de tels films aient pu, moins de trente ans auparavant, être tournés dans ces studios qui aujourd'hui cavalaient derrière des « cow-boys d'amour ». Et pourtant c'était bien au pied du Cervin, de l'Artesonraju ou du Ben Lomond que tout cela avait commencé. Je n'avais aucune idée de ce à quoi ressemblerait un *Désarticulé* californien tourné par Edward, mais, comme me l'avait dit Whitman avec une certaine condescendance, j'étais convaincu qu'Edward Waldo-Finch « n'avait pas toujours eu ce qu'il méritait ».

La foudre claqua sèchement sur une colline proche, puis le bruit de l'averse couvrit peu à peu les grondements du tonnerre qui roulaient en s'éloignant sur les flancs détrempés de la montagne. La lumière vacilla avant de s'éteindre complètement comme si quelqu'un tournait le rhéostat. Presque aussitôt le courant se rétablit et, avec lui, retentit la sonnerie du téléphone.

– Tu dormais ?

– Non, je regardais des films.

– Tu peux voir un film après l'autre comme ça ? Tu es vraiment un drôle de type. Aller au bout du monde et, à ton âge, passer ses soirées à regarder des cassettes, quand même.

– Des DVD.

– C'est pareil. Bon, tu vas comment ? Normalement, j'imagine ?

– Non, là j'ai plutôt une bonne nouvelle : je pense avoir trouvé un cinéaste intéressant avec qui travailler.

– Bon, c'est bien. Moi, en revanche, je t'appelle parce que j'ai une mauvaise nouvelle à t'annoncer. Baxter est mort.

– Baxter ?

– Quoi ? Toi, tu ne connais pas Baxter ? Tu te fous de moi ou quoi ? Baxter, l'épagneul de John-Johnny.

– Tu vois John-Johnny, toi ?

– Ça m'arrive. Eh bien, figure-toi qu'il s'est fait écraser hier par une voiture. Rue de la République.

– John-Johnny est à Toulouse ?

– Elle y est passée.

– Tu n'as jamais supporté les animaux. Depuis quand tu t'intéresses aux chiens de la compagne de ton frère ?

– Depuis qu'il est mort. Et c'est mon affaire. Je voulais te dire aussi qu'Anna n'est pas très bien. Je l'ai vue hier, elle m'a semblé droguée au dernier degré. Je me demande si elle n'exagère pas avec les médicaments. Tout ça ne tourne pas rond. Tu devrais revenir la voir comme tu l'avais dit, c'est le moment.

J'écoutai la pluie s'écouler sur le toit et l'orage qui, au loin, continuait de tourner dans la vallée. Allongé dans le noir, je repensais au coup de fil de ce père incapable d'ordonner ses sentiments, mêlant la disparition d'un chien et la santé de ma femme. Sans compter qu'il voyait John-Johnny. Je fermai les yeux et, en attendant le sommeil, laissant les choses en l'état, je m'imaginai grimpant tout là-haut, au sommet du Cervin, de l'Artesonraju ou du Ben Lomond.

JUIN

La sécheresse n'avait pas encore imprimé sa marque sur le jardin, les végétaux affichaient leur vernis printanier, mais l'on devinait, selon les espèces, quelques signes de flétrissement associés à des attaques parasitaires. Je m'étais tellement occupé de l'endroit, de l'herbe, des fruitiers, de tous ces arbres d'ornement que, d'un simple coup d'œil, je pouvais deviner d'imperceptibles prémices de maladies. Personne, en mon absence, n'avait déposé les pièges à phéromones dans les marronniers pour les protéger de la ponte d'un papillon qui en quelques semaines asséchait et détruisait leur feuillage. Le mal était là et, dès le printemps, ces grands arbres commençaient à brunir. Personne ne s'était occupé non plus de tondre ce que j'appelais la pelouse mais qui n'était en fait qu'un mélange robuste et sauvage d'herbes des prés. Je sortis la Rotor du garage, il faisait un temps magnifique, la machine démarra dès les premières compressions.

La première tonte de l'année avait un parfum unique, profond, organique, qui remontait du ventre de la terre. Une première tonte, cela s'opérait généralement en mars. Elle avait une grande puissance symbolique car elle marquait, pour moi, le début d'un nouveau cycle. La lumière changeait, les jours rallongeaient, on recommençait à vivre dehors et il y avait une certaine joie à ressortir les tables de jardin, les chiliennes, les askas, et à planter le socle pointu des arroseurs. Je n'avais jamais effectué une première tonte en juin. Cela avait quelque chose d'anachronique, comme débuter des vacances au bord de la mer à la fin de l'été.

Loin de Walter Whitman et d'Edward Waldo-Finch, patiemment, méthodiquement, j'allais et venais dans le quadrilatère du jardin, laissant, derrière ma machine, une surface plissée, rayée par les ourlets d'herbe tranchée que recrachait l'orifice d'éjection. Anna était assise au soleil sur le balcon du premier étage. Elle me regardait faire. De temps à autre, je lui adressais un signe de la main qu'elle ne me rendait pas. Après le coup de téléphone de mon père, et n'ayant encore aucune échéance précise à l'égard du studio, j'avais décidé de revenir une dizaine de jours à Toulouse. L'état de santé d'Anna n'avait guère varié depuis que j'étais parti. Peut-être avait-elle un peu maigri, mais son élocution comme son point de vue sur le monde n'avaient pas sensiblement dérivé. J'en avais conclu que mon père s'était alarmé pour rien et qu'il avait dû la voir dans un mauvais jour.

Pour essayer de donner à ce retour le caractère le plus innocent possible, j'évitais de questionner Anna et tentais de la distraire. Mais elle semblait avoir tiré un rideau de fer devant son visage, une grille qui la coupait du monde, de l'ancien comme du nouveau.

– Je ne comprends pas pourquoi tu es rentré. Ce n'était pas nécessaire, dit-elle rêveusement.

– J'avais simplement envie de te voir, d'être avec toi.

– Mais non. Tu ne peux pas dire ça. Tu te faisais du souci pour moi, ce n'est pas la même chose. Tu ne peux pas avoir envie d'être ici, ni de me voir. Je sais que tu te sens coupable. Tu as tort. Personne n'est coupable de rien. De toute façon, il va falloir que l'on règle ce problème. On ne peut pas continuer indéfiniment comme ça. Cela n'a plus aucun sens. Voir les enfants m'est devenu indifférent. Tu arrives du bout de monde après deux mois d'absence et je n'éprouve rien. Je veux dire que c'est à peine si je te vois, si je t'entends. Dans ma réalité, c'est à peine si tu es là. Crois-moi, il faut régler ça.

Anna leva vers moi ses yeux transparents et je les vis s'emplir de larmes qui s'accrochèrent désespérément à la lisière de ses paupières.

– Je vais demander un internement volontaire. Commencer par un mois. Une cure de sommeil. J'en ai parlé à Grandin. Il est d'accord. Il peut me faire admettre dans sa maison de repos. J'ai besoin d'être prise en charge. Besoin d'être débarrassée de moi et de vous tous. Te parler comme je le fais en ce moment, rassembler mon énergie, tenter d'être intelligible, me demandent un effort surhumain. Or je n'ai plus de forces, Paul. Plus de forces du tout. Il faut que tu comprennes ça.

Anna s'essuya les yeux et laissa aller sa tête en arrière. Il fallait que je dise quelque chose, mais j'avais beau chercher, je ne trouvais pas.

Mon esprit semblait avoir gelé. J'avais le plus grand mal à envisager les conséquences de la décision d'Anna et à admettre que, après avoir passé tant d'années côte à côte, nous étions à ce point distants qu'il ne nous était même plus naturel de nous enlacer en un moment pareil.

Mon retour était programmé dans une semaine. Je devinais que le départ d'Anna était, lui, imminent.

Le lendemain, à force d'insister, j'obtins un rendez-vous avec Grandin et ses lunettes à monture bleue. Le psychiatre était moins sûr de lui et de ses médecines que durant nos derniers entretiens, et il se montra même embarrassé face au désir d'internement volontaire d'Anna. Ce qui le gênait le plus dans cette démarche – je le compris plus tard –, c'était qu'elle l'obligeait implicitement à reconnaître l'échec de ses méthodes et de son traitement. Non seulement son état ne s'était pas amélioré, mais elle voulait désormais régler elle-même l'allure et le pas de sa cure. Réclamer cette espèce de mise en repos de l'esprit demandait à la fois un grand renoncement et un douloureux effort de lucidité.

– Qu'est-ce qu'on va lui faire dans votre maison de repos ?

– Ce qu'elle vous a dit. Lui permettre de s'« absenter » pendant quelque temps, lui accorder le repos qu'elle demande.

– Et après ?

– Je ne travaille jamais dans l'après, monsieur Stern. Mon travail consiste d'abord à rendre le présent supportable. Surtout s'agissant de votre femme. Durant son internement, je ne sais pas si elle vous a prévenu mais elle m'a demandé de la maintenir à l'écart de sa famille. Ce qui veut dire qu'on ne lui passera aucune communication téléphonique. En revanche, je vous donnerai un numéro de poste où vous pourrez obtenir de ses nouvelles dès que vous le souhaiterez.

Chaque parole de cet homme m'écorchait. Je prenais soudain toute la mesure du malheur qui nous frappait. Voilà ce qu'il en coûtait d'habiter dans des collines lointaines, de regarder le monde au travers d'une baie coulissante, de jouer avec la peau des crotales, de ressusciter des inconnus, d'écrire sur des histoires mortes, de vivre loin des vivants, de ne plus leur parler qu'au téléphone, et ensuite, l'esprit libre, d'aller manger des tacos sur des jetées au bord du Pacifique.

« Dans ma réalité c'est à peine si tu es là. » Cette phrase me hantait. Je voulais interroger Grandin sur cette réalité, justement, sur ces liens invisibles qui nous reliaient les uns aux autres, qui faisaient que nous étions tous censés avoir envie de vivre un jour de plus. Et que, pour cela, nous étions prêts à tous les compromis, tous les accommodements raisonnables. Il me fallait une réponse de spécialiste, une réponse immédiate à une question que j'étais incapable de formuler. Au moment où, pourtant, je m'y hasardai, je sentis ma poitrine céder et je fondis en larmes.

La maison de repos se trouvait à une trentaine de kilomètres de Toulouse, sur les coteaux du Lauragais exposés à l'autan. C'était une vieille bâtisse aux allures de château dont l'architecture avait été en partie remodelée selon les normes esthétiques de la Santé publique. De grands cèdres ombraient un parc touffu tandis que des rangs de cyprès s'efforçaient de protéger les façades exposées au vent d'est. Avant qu'Anna y séjourne, Grandin m'avait autorisé à me rendre à la clinique psychiatrique des Coteaux. On me montra donc une chambre désespérante, quelques pièces communes fonctionnelles, une salle de télévision et une sorte de gymnase. Pour accueillir les familles, il y avait aussi un foyer, dont les murs étaient tapissés de toute la tristesse du monde.

Aux Coteaux, on dispensait un large éventail de soins allant de la cure libre à la psychiatrie lourde en passant par les traitements de désintoxication pour alcooliques, héroïnomanes et dépendants de toutes sortes. Fallait-il qu'Anna soit à bout de forces morales pour demander à entrer ici. Je n'avais rien vu, sur ces visages ni dans ces couloirs, qui fût porteur du moindre espoir, d'un quelconque réconfort. Chacun, soignant comme malade, semblait résigné à tenir son rôle aussi longtemps qu'il le faudrait. Une infirmière me remit une brochure trompeuse, avec des documents de prise en charge, un plan de l'établissement, les tarifs des prestations complémentaires, le règlement intérieur, les numéros d'appel et les horaires des visites. Je reçus tout cela en vrac, hébété, conscient du désastre qui tranquillement se mettait en place.

De retour à la maison, je montai au premier étage et trouvai Anna endormie, un livre à la main. Elle ouvrit les yeux, me regarda un instant et les referma doucement. Je prononçai la seule phrase qui me vint alors à l'esprit, les seuls mots qui valaient : « Ce n'est pas possible, tu ne peux pas faire ça. » Dans son demi-sommeil elle hocha la tête pour me signifier que si, bien sûr, elle le pouvait.

Je n'oublierai jamais cette dernière nuit auprès d'Anna avant son entrée en clinique. Je ne dormis pas et restai auprès d'elle comme on veille un enfant. Cela ne me demanda pas d'effort. Le sommeil n'avait sur moi aucune prise. Assis sur le fauteuil, près de la table de nuit, je regardais reposer ce visage fatigué, ce corps amaigri. À certaines heures je maudissais les approximations du psychiatre, à d'autres je voulais encore croire aux bienfaits de sa cure. En vérité je pensais que Grandin appliquait aveuglément des protocoles, qu'il était indifférent, qu'il n'était pas l'homme de la situation, mais je me raccrochais à lui, convaincu que n'importe quelle lumière valait mieux que l'obscurité. Lorsque, vers minuit, je m'allongeai auprès d'Anna et la pris dans mes bras, je sentis contre moi son corps glacé qui m'était presque devenu étranger. À ce moment, pourtant, j'aurais tout donné pour que les choses demeurent ainsi, que la vie se détourne et nous laisse un peu de répit. Je ne demandais rien de plus que rester éveillé auprès de la femme que j'aimais, la garder intacte dans son sommeil jusqu'à ce qu'elle guérisse. Guérir était le plus beau mot de toutes les langues. Je le murmurai plusieurs fois à l'oreille d'Anna. Puis je la serrai plus fort contre moi.

Au pied du lit, Anna avait préparé quelques affaires dans un sac de voyage. Juste le nécessaire, ce qui était indispensable lorsque l'on s'« absentait ». Un mois pour commencer, avait-elle dit. Un mois. Où en serions-nous dans un mois ?

Lorsque nous montâmes dans la voiture, je fus surpris qu'Anna boucle sa ceinture de sécurité. Précaution étonnante pour qui semblait ne plus avoir le moindre égard pour sa vie. Je mis cela sur le compte de ces réflexes conditionnés, anges gardiens instinctifs qui, même aux pires moments, accompagnent notre habitude d'être.

En une singulière procession, les enfants étaient passés à la maison embrasser leur mère avant son départ. Des deux garçons, c'est évidemment Jean qui parut le plus affecté. Il parla longtemps avec sa mère et elle lui caressa les cheveux comme lorsqu'il était enfant. Marie, elle, se montra plus réservée, mais observa Anna avec une attention constante, comme si elle essayait, jusqu'au dernier moment, de trouver sur son visage les réponses aux questions qu'elle se posait. Elle lui remit aussi une boîte en carton contenant une machine qui reproduisait le bruit des vagues, la pluie, l'orage, le chant des oiseaux, et même un ruisseau et des grillons, la nuit en été.

Curieusement, cela me rassurait de savoir cet objet auprès d'Anna. Comme si tous ces échantillons de vie, cette rumeur familière des origines, concouraient à garder Anna auprès de nous, à lui rappeler qu'elle appartenait à un monde où tout cela était à portée de main.

Chaque fois que nous débouchions au sommet d'un coteau, les bourrasques d'un violent vent d'autan tentaient d'infléchir la trajectoire de la voiture. Anna serrait dans ses doigts la boîte que Marie lui avait offerte. On eût dit une enfant tenant un jouet.

Tout en conduisant, je caressais son bras comme je l'avais fait souvent. Elle prit ma main et la garda dans la sienne jusqu'à ce que nous ayons passé les grilles de la clinique.

Anna sortit de la voiture et s'éloigna dans le vent, avec, à la main, son sac de voyage. Tandis qu'elle avançait vers le perron de la clinique, elle s'arrêta brusquement comme si elle avait oublié quelque chose, avant de reprendre sa marche et de disparaître à l'intérieur du bâtiment.

J'étais perdu. Ne sachant que faire ni où aller, je regardai longtemps la façade de la clinique dans l'espoir d'apercevoir Anna au travers de l'une des fenêtres de l'étage. Je devinais à quoi allait ressembler sa vie. Cette femme que j'avais vu rire, vivre et plonger dans tous les océans de la terre, allait maintenant dormir nuit et jour, en écoutant sur un simulateur le bruit de vagues échantillonnées dans les manufactures de Taiwan ou de Shanghai.

Au moment où la porte de la maison se referma, j'éprouvai pour la première fois de ma vie le sentiment qu'un veuf doit éprouver en rentrant du cimetière, lorsqu'il se retrouve seul dans un monde qu'il a lui-même construit et que, soudain, il ne reconnaît plus. N'être chez soi nulle part, perdre l'appétit, retarder l'heure du coucher, avoir froid tout le temps, ne plus parler, et vivre avec cette sensation d'infirmité, ce manque permanent qui vous accompagne heure après heure où que vous soyez, quoi que vous fassiez. C'était cela.

J'avais accepté l'invitation d'Alexandre. Dîner avec mon père ne pouvait être pire que de rester dans une maison vide, face à un jardin tiré à quatre épingles dont personne désormais ne profiterait. Lorsque j'arrivai, mon hôte était tout à sa cuisine, surveillant des filets d'empereur au citron qui finissaient de griller au four avec des pommes de terre Roseval. Il flottait dans l'air une discrète odeur d'épices. Mon père portait un tablier ridicule, rouge, avec en son centre une énorme tête d'orignal sous laquelle on pouvait lire «*Do not feed the moose*». Je ne lui demandai pas d'où il tenait pareil accoutrement. Sans doute cet accessoire appartenait-il à l'affligeante collection que, depuis des années, il consacrait à l'orignal, l'animal, selon moi, le plus rustre et le plus disgracieux qui se puisse trouver. Tandis qu'Alexandre répondait à un appel téléphonique, je passai au salon. Et c'est là que je les vis. Côte à côte. Bien en vue sur son bureau. Disposés de part et d'autre du portrait de ma mère. À droite, une photo de John-Johnny, en robe de cocktail, prise, de toute évidence, une bonne dizaine d'années plus tôt, et, à gauche, le cliché d'un épagneul – qui ne pouvait être que le défunt Baxter –, courant sur une plage.

Sans doute parce que cette journée ne se prêtait pas à ce genre d'explication, peut-être aussi en raison d'une certaine discrétion qu'un fils doit à son père, je n'abordai pas, ce soir-là, le sujet de la dame et de son animal. Pourvu qu'il ne me mêlât pas à ses chagrins canins, après tout, il était libre de disposer autour de ma mère le cercle photographique de ses nouveaux amis.

Mon père occupa le plus clair du dîner à s'apitoyer sur son sort. J'étais fatigué. Je le regardais manger. Malgré son héritage, il ne se nourrissait pas encore avec la décontraction d'un homme fortuné, mais plutôt à la façon d'un mammifère inquiet, redoutant la survenue d'un prédateur et pressé de finir son assiette. Que s'était-il passé dans notre vie pour que cet homme me semblât si différent et que cette maison où j'avais grandi me devînt si étrangère?

– Tu pars à la fin de la semaine? Alors accompagne-moi à la mer, demain. Tu me donneras un coup de main pour les manœuvres.

Comme dans la boîte de Marie, les grillons chantaient dans le jardin et l'on percevait de subtiles odeurs végétales à mesure que l'on progressait entre les massifs de lavande, de thym, de romarin et les pieds de glycines qui colonisaient une partie du garage et la façade ouest de la maison. Je montai dans la chambre chercher un oreiller et m'allongeai sur le canapé du salon, où je m'endormis, épuisé, comme un parent en visite logé à la hâte dans sa famille éloignée.

Tout au long du trajet, je gardai le silence, songeant à Anna et aux interdictions qui nous barraient l'accès de sa chambre. J'étais inquiet de savoir comment elle avait passé sa première nuit dans son nouveau monde, de connaître son état d'esprit, au réveil. Regretterait-elle sa décision ou bien les perfusions l'avaient-elles placée hors d'atteinte, dans ces limbes inaccessibles où l'on ne différencie plus les rythmes nycthéméraux ?

La petite route au travers des pins. Les chemins de pierres blanches. Le glacis du lac marin. L'alignement des parcs à huîtres. Au loin, les Pyrénées. Et chaque fois l'envie de vivre ici, au bord de cette route, à l'endroit exact qui englobe tous ces éléments, sans doute modestes si on les considère distraitement, mais qui chaque fois, pour peu qu'on les détaille, embrasent le regard.

Ce qui me surprit d'abord, ce fut l'emplacement où mon père avait garé son Honda Shuttle. À trois ou quatre quais de l'endroit où nous avions nos habitudes et où *Sherbrooke* était amarré. Après avoir vidé tout le matériel de son monospace, il me demanda mon aide pour transporter tout cela jusqu'au bateau. Je compris alors qu'Alexandre Stern, oubliant sans doute les vertus proverbiales des 25 chevaux du modeste MD2B

« moteur d'une vie », s'était converti aux ronflements des deux fois 400 chevaux de l'Arcoa Mystic, à ses 44 pieds d'excellence, ses 13,70 mètres d'insolence. *Sic transit gloria mundi.*

– Qu'est-ce qu'on fait là-dessus ?

– C'est mon nouveau bateau.

– Toi, tu prends le bateau de ton frère ?

– Absolument.

– Après tout le mal que tu en as dit ?

– C'est de mon frère que je disais du mal, pas de l'Arcoa.

– Tu es quand même gonflé. Et tu t'en sers depuis quand ?

– Avril, je crois. J'ai fait les papiers il y a un mois.

– Et *Sherbrooke*, c'est fini ?

– Fini. Je te le donne. Il est à toi.

Mon père me fit ce cadeau en prononçant ces mots de la même façon que Charles aurait pu les dire, avec ce même contentement de soi dans la voix, ce frétillement d'orgueil que peut procurer la puissance. Il m'apparut aussi – mais peut-être étais-je dans un état de susceptibilité excessive – qu'il me l'offrait en échange de mon assentiment sur sa nouvelle conduite, un peu comme on achète la voix d'un opposant.

Au moment de monter à bord de l'Arcoa, et tandis que je hissais son paquetage, j'aperçus le nouveau nom de la vedette, fraîchement peint en lettres anglaises sur sa poupe : *Johnny*.

C'était un autre univers, une autre philosophie de la navigation de plaisance. Les matériaux, les équipements, la technologie ravalaient notre petit bateau au rang de pirogue. Le tableau de bord du *Sherbrooke* se composait en tout et pour tout d'un compte-tours émotif, d'un indicateur de température d'eau approximatif, d'un voyant de charge, d'un autre de pression d'huile, d'un vieux sondeur à éclats et d'un horamètre en panne depuis 1981. Sur l'Arcoa, au contraire, les LED pétulantes le disputaient aux afficheurs numériques et aux innombrables cadrans. Un écran indiquait la poussée des moteurs, l'éventuelle activité, au port, des propulseurs d'étrave, la vitesse, la profondeur, la température de l'eau, et le cap qu'un guidage GPS permanent se chargeait de maintenir. À cela s'ajoutait une jungle d'interrupteurs, de boutons à bascule commandant des trappes, des trims, des flaps, bref une infinité de choses qui m'étaient inconnues et que mon père prétendait maîtriser du seul fait qu'il avait apposé son nom sur le certificat du bâtiment. « Bâtiment » était le mot qui convenait, tant cette vedette était imposante, lourde et difficile à manœuvrer. J'étais convaincu que mon père serait incapable de sortir seul ce monstre du quai, il fallait au moins un matelot pour manier la gaffe, sortir les bouées pare-battage et rouler les cordages. Lorsqu'il lança négligemment le moteur, Alexandre me regarda d'un air satisfait qui voulait dire : « Voilà, c'est aussi simple que ça. » Mais je vis très vite qu'il n'était pas à son aise quand la masse commença à se mouvoir, et je dus maintes fois manier la gaffe pour écarter *Johnny* du ponton. Alexandre manifesta la même inquiétude jusqu'à ce que le bateau soit dans le chenal, libre de ses mouvements, dans une étendue d'eau plus en rapport avec sa masse.

Dès la sortie du port, mon père retrouva son assurance et enfonça les manettes de gaz. L'Arcoa s'envola. Il décollait de l'eau avant de la fendre à nouveau, cassant chaque fois la mer avec plus de violence et laissant derrière lui la cicatrice d'un sillage démesuré. Agrippé à mon siège, effaré devant tant de puissance et de violence conjuguées, je retenais ma respiration, ne relâchant ces longues apnées que lorsque la coque volante s'enfonçait dans le ventre des vagues.

Je n'avais pas été élevé ainsi, et cet usage de la mer et des bateaux à moteur, que mon tuteur avait toujours conchiés, m'apparaissait véritablement obscène. Il y avait quelque chose d'irrespectueux, d'insolent à cravacher sans but dans le vacarme des combustions, à faire gueuler ses tuyères, à fracasser la mécanique au cœur de ce monde immense, vivant et silencieux.

Alexandre, apostat flamboyant, passé en quelques semaines des pets de la pagode antique aux exhalaisons de la turbopropulsion, et de l'urticant livret A aux douceurs du CAC 40, oublieux de toute la philosophie janséniste qu'il avait si souvent professée, débutait, sur le tard, une déplaisante carrière de branleur antipathique, de sauteur de banlieue, de gigolo des mers.

Tout a une fin, surtout les réservoirs d'essence. Mon père fut vite contraint de réduire ses régimes moteur s'il voulait ramener son nouveau jouet vers sa base. Il jeta l'ancre en appuyant sur un bouton et m'expliqua fièrement que, en inversant la commande, le guindeau électrique se chargerait, tout à l'heure, de la remonter automatiquement. Puis il coupa le contact, pivota sur son siège et tourna les paumes vers le ciel, l'air de dire : « Voilà le travail. » J'imaginais sa joie depuis qu'il avait compris que la mer ne pouvait plus rien contre lui, ni en descendant vers le sud, ni en remontant vers le nord. En changeant de bateau, il avait pris du grade et se sentait anobli par ses Caterpillar, qui lui permettaient désormais de traiter d'égal à égal avec n'importe quel marin. Il ne résista pas au plaisir de me raconter qu'il avait passé le cap Creus qu'il avait longtemps redouté. Sur le bateau de son frère. Grâce aux moteurs de son frère. Avec, à ses côtés, la compagne de son frère. Que John-Johnny fût à bord ce jour-là fut sans doute sa plus belle prise, sa plus éclatante fortune de mer. Puis j'eus droit à une visite des moteurs, une brève remise à niveau mécanique et un interminable récapitulatif du manuel de l'utilisateur. Je connaissais mon père. Cette logorrhée n'avait d'autre but que de repousser le moment où il m'entretiendrait du véritable sujet qui le préoccupait : la réorganisation de sa propre, unique et seule vie.

– Il faut que je te parle de John-Johnny... Voilà... On s'est revus après la disparition de Charles. Je t'en avais... bon, et... comment te dire... depuis... disons que... on se voit.

– Tu me l'as déjà dit au téléphone.

– Oui... mais là... on se voit vraiment. Je veux dire qu'on sort ensemble.

– Je sais, j'ai vu sa photo sur ton bureau. J'ai remarqué aussi que le bateau porte maintenant son prénom, c'est on ne peut plus clair.

– Je voulais juste te le dire. Que ça ne te paraisse pas bizarre... enfin... moi et la femme de mon frère. Je tiens beaucoup à Johnny. C'est quelqu'un de très bien. Et crois-moi, elle a beaucoup souffert avec l'autre. Elle a eu une sacrée vie et m'a raconté des choses que tu ne peux même pas imaginer.

– Je suis ravi que tu sois heureux.

– Je crois que je ne l'ai jamais été à ce point. C'est pour ça qu'avec Johnny on a décidé de se marier dans un mois, vers la fin juillet. J'espère que tu pourras revenir. Et qu'on pourra faire une petite fête avec Anna – si elle est rétablie bien sûr – et les enfants. Ça ferait très plaisir à Johnny en tout cas. Elle me l'a dit. Elle t'adore, tu sais.

Que de chemin parcouru en quelques mois. C'était ahurissant de constater comment, en si peu de temps, un veuf rigoriste et dévot s'était mué en ce futur époux jouisseur et flambeur. Le mariage de mon vieux père était la chose la plus inconcevable au monde. Qui plus est avec cette femme de l'ombre, aujourd'hui transfigurée en mère de toutes les douleurs, attentive et aimante envers une famille qui n'était pas la sienne. Je n'avais rien contre John-Johnny. C'était mon père que j'avais du mal à comprendre et à suivre dans cette course qu'il semblait avoir engagée dans le but d'échapper à la mort.

J'avais un père heureux qui bandait à nouveau et une future belle-mère aimante qui avait beaucoup souffert. Tant de changements s'étaient opérés si rapidement, d'une manière tellement inattendue et saugrenue, que je n'éprouvais aucun sentiment à l'annonce de ce mariage fulgurant. Plus je regardais mon père à la barre de son nouveau style de vie, plus je lui trouvais de ressemblance avec un personnage de fiction qu'aurait adoré Walter Whitman.

Nous rentrâmes au port de la même façon que nous nous en étions éloignés, manette des gaz à fond, compte-tours dans le rouge et pression d'huile à bloc. Après avoir manié la gaffe et abattu les bouées pendant l'accostage, je laissai mon père ranger ses affaires dans les armoires de sa vedette et me rendis à pied à l'autre bout des quais.

Avec sa proue démodée, son profil norvégien et minimal, *Sherbrooke* ressemblait à un bateau dessiné par un enfant. Je montai à bord, dégrafai son taud d'hiver et m'installai devant la barre, roue à l'ancienne, vernie, hérissée de tétines de vache. Je retrouvai mes marques, ma place dans un monde familier baignant dans la vieille odeur qui remontait de la cale, âcre mélange d'eau de mer et de diesel rassis. Je connaissais chaque recoin de la coque et de la cabine qui m'avait presque vu naître. J'étais soudain très ému d'en être le nouveau propriétaire, plutôt le dépositaire, presque le conservateur. À la différence de mon père qui s'en était brutalement dépris, j'aimais encore profondément cette petite vedette, comme il disait autrefois. Elle correspondait à l'idée que je me faisais du bonheur sur l'eau, elle portait dans ses flancs ma jeunesse et une bonne partie de ma vie. J'avais envie qu'elle sache que j'étais là et que jamais je ne la laisserais tomber. Je restai à bord jusqu'à ce que le soleil affleure, vers l'ouest, le sommet des montagnes, puis retournai vers le Shuttle, ce monospace que mon père, comme à son habitude, avait bourré jusqu'à la gueule.

Alors que la nuit tombait, il me tardait que nous arrivions à Toulouse: plus nous roulions, plus mon père me vantait de manière explicite les mérites de sa nouvelle compagne. Et nous nous trouvions bien souvent à la lisière de la confidence intime sur la sensualité de cette dame et son pouvoir de raffermir les chairs.

– … enfin, je ne vais pas te faire un dessin. C'est une vraie femme, quoi. Tu vois ce que je veux dire. Elle vient près de toi et, deux secondes après, hop… tu es comme une rampe d'escalier, pareil.

Jamais mon père ne s'était exprimé ainsi, avec de tels mots, de telles images. Jamais il ne m'avait confié quoi que ce soit qui regardât de près ou de loin sa vie sexuelle. Jamais il n'avait évoqué, fût-ce avec humour ou pudeur, ses attirances charnelles ou les arrangements avec le plaisir qu'il avait dû se ménager depuis la disparition de ma mère. Et là, en moins de cent kilomètres, j'avais le sentiment d'en avoir appris plus sur l'usage qu'il comptait faire de son sexe durant les semaines à venir que ma mère n'en avait su durant toute une vie.

En arrivant à la maison, je pris conscience que je n'avais rien mangé depuis vingt-quatre heures. Tout était arrivé si vite, de manière tellement inattendue. Depuis mon retour, j'avais été balayé par un souffle qui m'avait vidé, emportant tout, jusqu'à ma fatigue et au décalage horaire dont je n'avais presque pas subi les effets. Je décongelai une pizza et la mangeai assis dans le jardin, parmi les plantes et les grillons, mastiquant une pâte molle, tiède et vaguement fromagée.

J'avais très peu pensé à Anna durant la journée, mais la nuit il en alla différemment. Chaque pièce de la maison semblait me reprocher son absence.

Je consacrai la matinée suivante à mes enfants, que j'allai visiter l'un après l'autre. Avant de prendre l'avion, le lendemain, j'avais sans doute besoin de leur annoncer que leur grand-père était un futur marié. Et, plus sérieusement, de leur dire, à ma façon, que je n'étais pas un fuyard, que je n'abandonnais pas leur mère, que je l'aimais toujours et qu'elle serait bientôt de retour à la maison. J'étais loin d'être convaincu par mon propre discours, mais je l'énonçai comme l'on m'avait appris qu'un père se devait de le faire dans les périodes difficiles de la vie. Sous prétexte de leur porter soutien, c'est moi, en réalité, qui venait chercher du réconfort auprès de mes enfants. À ce jeu, mes petits-fils se montrèrent les plus habiles, et ils eurent tôt fait de me ramener dans le sillage de leur vie bouillonnante. Avant de partir, Louis me proposa une partie d'échecs. Quelques coups après l'ouverture, son armée déjà déployée en ordre de bataille, il se gratta la tête, porta lentement la main vers son fou et, l'air faussement contrarié, dit :

– Je crois que je vais être obligé de te prendre du matériel.

Lorsque, sur les coteaux, le vent cessait, les arbres comme les maisons donnaient l'impression de se reposer des efforts permanents consentis pour résister aux bourrasques. Ces crêtes, je les avais traversées en roulant à toute vitesse, les muscles tendus, impatient, nerveux, prêt à bondir de la voiture. J'avais éprouvé l'irréfragable besoin d'aller à la clinique pour voir Anna, me rendre compte de son état, lui dire un mot et entendre un brin de sa voix. Je me foutais des procédures, du règlement, des horaires, de Grandin, de sa monture bleue, je voulais seulement embrasser ma femme, la prendre dans mes bras, lui dire que je l'appellerais tous les jours, même si elle ne pouvait pas répondre, même si elle était enfermée dans son sommeil.

– Vous savez bien que c'est impossible, monsieur Stern. Le docteur vous l'a expliqué.

– Je veux simplement la voir deux minutes. Vous pouvez comprendre ça. Je dois partir demain pour une longue période.

– Non. Je vous ai dit qu'elle dormait et que tout allait bien. Je ne peux rien faire de plus pour vous. Elle a besoin d'un repos complet et est placée en zone isolée. Ce qui veut dire qu'elle ne peut recevoir aucune visite. Ni parents ni amis. Ce sont les ordres du docteur Grandin.

Cela faisait maintenant une heure que j'étais assis dans ma voiture garée sur le parking. Une heure que je ne pouvais me résoudre à quitter l'endroit, à accepter le code de cette psychiatrie dormitive. Je regardais les fenêtres de la façade, derrière lesquelles allaient et venaient des hommes et des femmes. Certains passaient sans un regard pour l'extérieur. D'autres, au contraire, se postaient devant la vitre et attendaient qu'une voiture quitte le parking pour la suivre des yeux sur la route, jusqu'à ce qu'elle disparaisse de l'autre côté de la colline.

JUILLET

Au bureau, on ne parlait plus que de cela. Whitman avait disparu. Injoignable depuis soixante-douze heures. Du jamais-vu chez cet homme qui ne se séparait jamais de ses téléphones cellulaires. La veille de mon retour à Hollywood, il s'était envolé, fou de colère, pour le Nouveau-Mexique, à la recherche d'Ivan Phillips, lequel avait non seulement refusé de prendre l'avion jusqu'à Los Angeles, mais de signer un protocole d'accord avec les émissaires de la Paramount. Tricia Farnsworth était inquiète, répétant à qui voulait l'entendre que « Walter n'était jamais resté aussi longtemps sans donner de nouvelles ».

Dès mon retour, Waldo-Finch, lui, s'était précipité pour me rendre visite. Sans doute avait-il craint que je ne revienne pas, que j'abandonne le projet. Ma présence dans ce bureau proclamait le miracle que j'avais initié. L'aventure continuait bel et bien et il était encore à sa tête, plus ressuscité, ardent et résolu que jamais. Edward me parla des idées qu'il avait eues pour replacer *Désarticulé* dans une « perspective nord-américaine ». J'écoutai ses propositions d'une oreille absente, incapable de me concentrer, fatigué, perturbé par les épreuves de ces derniers jours.

– Je pensais qu'on pourrait tourner les extérieurs dans les

décors qu'on a visités l'autre fois, vous savez, à côté du bloc B, ce quartier de Brooklyn reconstitué où ont été tournés *Brooklyn Bridge* et *Les Incorruptibles.* Comme ça Whitman sera content. On réalisera un de ses fantasmes : ne pas sortir de la Paramount pour filmer les extérieurs.

À l'instant précis où Edward prononça son nom, Walter Whitman surgit dans la pièce. Lui, d'habitude si soigné, était dépenaillé et hirsute. Cependant, il rayonnait. Sa pommette droite brunie par un large hématome, son nez et son front portés au rouge vif sous l'effet d'un flamboyant coup de soleil attestaient d'un voyage agité. Whitman envoya son sac devant une armoire de dossiers et s'affala dans le premier fauteuil qui se présenta à lui. Tricia lui apporta une tasse de thé de sa fabrication :

– Ma chère Tricia, tout est réglé. Ce con a enfin signé. Quel animal… Quel animal, bon sang ! En tout cas, le contrat est dans ma serviette. Ça m'a coûté la pire cuite de ma vie. Ce type ne boit que du lo-moï vietnamien. Vous ne savez pas ce qu'est le lo-moï ? C'est de l'alcool de riz. Soixante degrés au compteur. Soixante putain de degrés made in Hanoï. Il disait tout le temps : « Si tu bois, je signe. » Ça a duré toute la nuit, jusqu'au matin. Quand le jour s'est levé et qu'il a fallu que je lui donne les papiers, je ne savais plus me servir de mes doigts, j'étais incapable de bouger les lèvres. Ensuite, je me souviens que je suis tombé. Quand je me suis réveillé, j'étais par terre, en train de cuire au soleil, dans son jardin. Au Nouveau-Mexique, ça ne pardonne pas. Un coriace, ce Phillips. Jamais vu cela. Ah, Edward, tu es là aussi. C'est bien. Je ne sais pas ce que vous préparez tous les deux, ni comment vous allez m'arranger ce film, mais je vous le répète, et j'insiste là-dessus, gardez toujours à l'esprit qu'on est dans du tout petit budget.

De la clinique je n'obtenais que des nouvelles lénifiantes. Les infirmières de service s'en tenaient à des formules creuses et convenues dont on ne pouvait tirer aucune information précise ni aucun réconfort. Tout allait toujours très bien. Évidemment, Grandin n'était jamais là pour prendre mes appels.

Je passais des journées entières assis au soleil, les yeux vagues, le scénario ouvert devant moi. Le *script doctor* était malade. La lecture de *Désarticulé* me donnait l'impression de flotter sur une mauvaise houle, de subir un mouvement ondulatoire qui me renversait l'estomac. Pour échapper à mes nausées et apaiser mes inquiétudes, je m'en remettais, comme je l'avais souvent fait, à la pratique du sport. Je grimpais à vélo dans les collines jusqu'à ce que mon cœur éclate. Ou bien je roulais sans répit sur l'interminable piste cyclable qui longeait le Pacifique d'Hermosa Beach aux limites territoriales de Malibu. Afin de mieux expier, je choisissais les heures les plus chaudes de la journée.

Pour piloter le projet, qu'il avait rebaptisé du nom de code de « Lo-Moï », Whitman avait finalement choisi le plus jeune, le plus prétentieux et le plus antipathique de ses scénaristes. Il s'appelait Eric Balshaw et possédait la beauté nébuleuse caractéristique de ces médiocres acteurs dont on ne se rappelle jamais le nom. Il était à l'âge charnière où l'on pouvait encore deviner l'enfant imbuvable qu'il avait été et voir déjà poindre le sale con qu'il s'apprêtait à devenir. Balshaw avait pris ses quartiers dans notre baraquement et réquisitionné trois bureaux dans le prolongement du mien. Trois bureaux, c'était au moins ce qu'il fallait pour mener à bien une tâche d'une telle ampleur. Assis dans mon fauteuil tournant face à ma table vide, j'avais tout loisir de contempler l'éclosion de ce petit métayer qui se voyait à la tête du domaine alors qu'on lui avait seulement confié, à titre provisoire, les clés de la grange. Tricia détestait Balshaw, et Waldo-Finch l'évitait ou plutôt l'ignorait avec l'élégant mépris que l'âge peut conférer. Percevant sans doute l'hostilité de ses aînés, Eric s'était tourné vers moi et ne manquait pas une occasion de me manifester sa sympathie. Ainsi faisait-il semblant de s'intéresser à mon travail et à ce scénario auquel, lui avait-on dit, « le studio tenait beaucoup », ajoutant, sur le ton de la confidence, que Whitman répétait partout que j'étais l'un des meilleurs *script doctors* européens. Rien de cela n'était vrai, mais ce garçon avait compris que l'un des meilleurs lubrifiants des relations humaines reste la flagornerie. Et il était maître dans l'art d'user de la burette.

Cependant, une qualité – si tant est que cela en fût une – ne pouvait lui être retirée : sa capacité de travail, et surtout son aptitude à régenter celui des autres pour obtenir un rendement optimal. Depuis son arrivée, notre paisible maison de retraite s'était transformée en salle des urgences où se succédaient des palanquées de collaborateurs traitant à la volée toutes sortes de dossiers plus princeps les uns que les autres. Tout ce petit monde entrait, sortait, se réunissait cinq fois par jour, fonçait dans le couloir, frôlait le bureau de Mrs. Farnsworth, troublant la quiétude de ses *five o'clock* théinés jusque-là partagés entre gens posés.

Il ne me déplaisait pas au fond que Balshaw, en néobarbare productiviste, emportât tout sur son passage. Au moins ne remarquait-on pas qu'à la lisière de cette tornade je dessinais rêveusement – comme je l'avais toujours fait dans ma vie pour tromper mon inquiétude – des boulons vissés à leurs écrous, en trois dimensions, sur les feuilles de mon bloc-notes.

Un matin, après n'avoir obtenu, une nouvelle fois, aucune information tangible de la part des sbires de la clinique, je m'installai à mon bureau d'opérette et rédigeai un courrier électronique destiné à Grandin. Derrière la cloison, la fourmilière attaquait sa troisième réunion avec une fraîcheur et une gourmandise qui m'étonnaient toujours. Ils étaient une douzaine, rassemblés autour de leur gourou, prenant des notes, émettant une idée ou racontant ce qui leur passait par la tête. Avec la meilleure volonté, je n'arrivais pas à comprendre que les aventures braguetières d'une paire de cow-boys célibataires parachutés à la frontière mexicaine puissent susciter autant de ferveur. En revanche, je devais admettre que la Paramount et Walter Whitman avaient vu juste en confiant le projet à ce gang de fumistes : ils faisaient peut-être n'importe quoi, mais ils le faisaient vite.

Je voulais que Grandin me rende compte de la santé de ma femme, et qu'il m'informe sur la façon dont évoluait son internement. J'envoyai le message et levai la tête de l'écran. C'est alors que je la vis passer dans le couloir, entrer dans le bureau voisin et prendre place parmi eux.

Une bouffée brûlante enflamma mon visage et ma poitrine se vida. Sentant venir le malaise vagal, je me retins au bras de mon fauteuil.

Selma Chantz ne ressemblait pas à Anna. Elle *était* Anna. Son incarnation parfaite. Le sosie absolu d'Anna Roca del Rey juste avant la trentaine. Anna Roca del Rey, fille de Telesforo, Anna gorgée de vie, de confiance, intacte, heureuse et qui, alors, dormait si peu. Anna dont la beauté me transfigurait, et, j'en étais certain, m'avait si souvent rendu meilleur, et apaisé. Anna et ses enfants. Anna et mon père. Anna et sa voiture en panne. Anna et nos vies. Nous formions une famille dont Anna était l'épicentre. Elle était assise à quelques mètres de moi et j'osais à peine la regarder. J'entendais sa voix. C'était bien Anna Roca del Rey et personne d'autre.

Selma Chantz était une employée du studio. Elle travaillait pour Whitman, dans un rôle assez flou d'*executive producer*, chargée de gérer les plannings, les échéances et les dépenses. Elle ne prenait pas part à l'élaboration du contenu, mais s'efforçait de chiffrer le coût de toutes les fantaisies scénaristiques avant d'en référer à Walter.

Je ne parvenais pas à concevoir une telle ressemblance. Pourtant, un de mes amis m'avait décrit une expérience analogue. Un jour où il marchait sur la plage, à la lisière des vagues, un adolescent le dépassa en courant avec son chien. Dans sa silhouette, quelque chose l'alerta sans qu'il fût capable d'identifier son malaise diffus. Il continua sa promenade et, au bout d'un moment, vit revenir vers lui le garçon accompagné de son animal. Là, pétrifié, il eut le sentiment de s'enfoncer doucement dans les sables. Ce gosse, qui avançait dans sa direction, qui était maintenant à deux pas de lui, était le clone, la copie conforme de son fils mort deux ans auparavant.

Il fallut bien deux jours pour que mon corps cesse de réagir de manière incontrôlable à la présence de Selma Chantz. Deux jours pour que m'abandonnent les brusques bouffées de chaleur, les suées sporadiques qui me barraient le front et perlaient à ma lèvre supérieure, le vide à la place de l'estomac, les accélérations du rythme cardiaque.

Le métabolisme rasséréné, ce fut le tour de l'esprit de réclamer des comptes. De déterrer la mémoire morte. De se complaire dans les plis de ce passé qui tous les matins revenait à la charge, quand, bouleversante dans son éclatante jeunesse, passait devant mon bureau l'héroïne de ces beaux jours. J'avais contribué à la résurrection d'Edward Waldo-Finch. Selma Chantz redonnait vie à un fantôme. Hollywood était bien une terre de miracles.

Selma Chantz empruntait le couloir deux fois par jour. Elle assistait aux réunions du groupe de «Lo-Moï». Elle écoutait, posait des questions, prenait des notes, pendant que, de l'autre côté du double vitrage, je la regardais en essayant de deviner à quoi ressemblait sa vie.

Le soir, dans mon bungalow, lorsque j'en avais fini avec les billevesées paternelles et que ma chambre n'était plus éclairée que par la lueur diffuse de la ville, remontaient d'autres questionnements, plus insidieux. Qu'allais-je faire de cette femme, qui à certains égards était mienne et pourtant ne me connaissait pas ? Comment côtoyer ce corps sans le toucher, se comporter comme si de rien n'était alors que tout était désormais différent ? Je n'avais rien à espérer de ces ressassements, qui me ramenaient toujours à mon point de départ et à une phrase prophétique que mon père m'avait dite le mois dernier à la barre de son nouveau bateau. « Je veux considérer ce qui m'arrive comme un cadeau du destin que je n'ai pas du tout envie de laisser passer. »

Ce matin, j'avais reçu la réponse de Grandin : « Monsieur, Vu votre femme ce soir. État stable. La cure suit son cours. Salutations distinguées. » Comme m'avait dit un jour sa secrétaire, le plus sérieusement du monde : « Vous savez, le docteur a l'art d'apaiser l'inquiétude des familles. » Je cherchai longtemps quoi répondre au psychiatre, mais ne me vinrent à l'esprit que des tournures insultantes et haineuses que je me refusai à utiliser. Je choisis de fermer ma messagerie et de lire les nouvelles du monde en attendant l'arrivée de Selma Chantz chez les « Lo-Moï ».

Edward et moi nous voyions deux ou trois fois par semaine. Mais à l'inverse de nos voisins, nos rencontres s'apparentaient à ces conversations décontractées qu'échangent, en fin d'après-midi, les membres et les habitués d'un même cercle. À propos de *Désarticulé*, il émettait quelques idées que je m'empressais de noter, puis, le calepin refermé, sentant que nous avions déjà épuisé le sujet – à moins que ce ne fût l'inverse –, nous passions à autre chose. Il me parlait alors de vrais films, de technique, d'éclairage, d'optique, bref, de cinéma, dont je découvrais qu'il était une vivante encyclopédie. Inutile de préciser que Selma Chantz devait ignorer ce qui se jouait derrière notre vitre : comme le répétait Whitman, nous étions les microacteurs d'un nanobudget. Obsédante, embarrassante, sa présence l'était au plus haut point. La voir passer devant moi sans un regard était une expérience troublante. Je devais jouer l'indifférence face à cette femme qui, dans mon esprit, connaissait tout de ma sexualité et que je ne pouvais prendre dans mes bras. Cette torture quotidienne me perturbait tant que je finis par me confier à Edward Waldo-Finch. Il hocha la tête un moment avant de me livrer son sentiment :

– Avez-vous vu *The Legend of Lylah Clare* ? *Le Démon des femmes* ? Non ? C'est un film qu'Aldrich a tourné en 1968, une attaque qui se voulait féroce contre l'Industrie et le monde du cinéma. Avec Kim Novak, Peter Finch et, si je me souviens bien, Ernest Borgnine. Le scénario avait été écrit à huit mains. DeBlasio était dans le coup, Rouverol et Butler aussi, mais je ne me rappelle pas le nom du dernier. Tout ceci est très appuyé, bien sûr, avec des situations assez caricaturales. C'est l'histoire de Lewis Zarken, un réalisateur chargé de tourner la vie de Lylah Clare, une grande vedette morte très jeune, le jour de son mariage, justement avec Zarken. Pour interpréter le rôle de celle qu'il n'a jamais pu oublier, le cinéaste, parmi toutes les prétendantes, choisit Elsa Brinkmann, qui a pour particularité d'être le sosie de la disparue. À partir de cet instant, Zarken n'a de cesse de vouloir remodeler Brinkmann pour faire revivre Lylah, physiquement, moralement, psychologiquement. Bien sûr tout cela finit très mal. *Lylah Clare* dit bien des choses sur la domination et les rapports de forces, sur les démiurges de plateau, le temps qui passe, sur le cinéma, ses mensonges, ses illusions, sa violence, et sur cette ville qui finit par confondre la réalité et la fiction, qui s'imagine qu'il suffit d'un mouvement de caméra pour revenir en arrière et ressusciter les morts. Vous venez de rencontrer votre Elsa Brinkmann, mais vous n'avez rien du terrible Lewis Zarken. Que pouvons-nous alors en conclure? Je n'en ai pas la moindre idée, Paul. Je ne sais pas ce que vous pouvez faire de tout ça.

Plus les jours passaient, plus j'appréciais la compagnie d'Edward. Il émanait de lui une franchise réconfortante doublée d'une sagesse qui tranchait avec les mœurs de certains protozoaires qui, ici plus qu'ailleurs, abusaient pour se reproduire de leur pouvoir de scissiparité. Il alla porter ses viennoiseries de cinq heures à Mrs. Farnsworth. De l'autre côté de la vitre, chez les « Lo-Moï », six scénaristes ou assimilés travaillaient sous le regard d'un Eric Balshaw qui jonglait avec ses téléphones comme une otarie de cirque. Selma Chantz n'était pas encore arrivée. L'heure de la réunion n'avait pas sonné.

Depuis quelque temps mon père ne m'entretenait plus des aléas facétieux de la politique française. Sans doute était-il trop occupé par la préparation de son mariage. Chaque jour je me demandais si j'allais endurer deux fois onze heures d'avion en trois ou quatre jours, me faire gifler par deux décalages, pour entendre mon père répéter que John-Johnny était une espèce de David Copperfield qui le transformait « en rampe d'escalier ». Mais Anna serait encore en clinique au moment de la cérémonie et il m'était difficile de laisser à mes enfants et mes petits-enfants la charge de supporter seuls le poids de cette mascarade nuptiale. L'aîné comprenait et encourageait le choix de son grand-père même s'il était sceptique sur les motivations et les sentiments réels de John-Johnny. Jean n'avait pas d'avis sur la question mais avait déclaré que, ce jour-là, sa mère lui manquerait. Quant à Marie, elle ne voulait pas en discuter, elle serait présente, c'est tout. J'avais envoyé un courriel à Grandin et à ses infirmières pour qu'ils préviennent Anna du mariage de mon père et leur demander si elle pourrait y assister. Je n'avais pas reçu de réponse.

– Vous en êtes où avec Edward ?

Whitman et moi étions assis à l'arrière de la voiture qui nous conduisait au consulat général de Corée à Los Angeles où devait être célébré un accord de coproduction entre la Paramount et Kim Ki-duk Films à propos du tournage d'une saga historique qui se déroulerait près de Séoul. Pour des raisons que j'ignorais, Walter me proposait souvent de l'accompagner dans des réceptions.

– Comprenez-moi bien, Paul. Je ne vous demande pas ça pour vous mettre sous pression, mais simplement pour savoir si tout se passe bien entre vous deux.

– Edward est quelqu'un de très agréable, de très enrichissant.

– Vous savez qu'il n'a plus un sou ? Il y a quatre ou cinq ans, il a dû tout vendre, y compris sa maison. Aujourd'hui je crois qu'il loue un petit appartement sur La Brea. L'an dernier, on m'a dit qu'il avait travaillé au supermarché Ralphs, à l'angle de La Brea, et chez Trader Joe's aussi. Il mettait les légumes et les fruits en rayon. Il vous en a parlé ?

– Jamais. Il est très discret sur sa vie. J'apprécie beaucoup Edward, et c'est un bonheur de travailler avec lui.

– Justement, où en êtes-vous de ce fameux travail ?

– Je ne peux pas dire qu'on avance vraiment. On a écrit quelques pages. La seule chose qui nous paraît évidente, c'est de transposer l'histoire à New York.

– Vous êtes fous ? Pourquoi pas à Valparaiso tant que vous y êtes ? Le budget, je vous l'ai dit et répété, c'est zéro plus zéro plus zéro.

– J'aurais du mal à l'oublier. Quand je parle de New York, je pense à votre New York, ce morceau de Brooklyn que vous avez reconstitué près du bloc B, je crois.

– Voilà une excellente nouvelle. Car, vous voyez, l'une des choses que je préfère dans le cinéma, c'est ça : tourner ces foutus extérieurs à la maison. Vous connaissez le cinéma coréen ?

– Un peu. *Memories of Murder*, *Locataires*, *A Bittersweet Life*, des choses comme ça. Kim Ki-duk Films, qui organise la soirée, doit d'ailleurs être la société de production du réalisateur de *Locataires*, et de *Printemps, été, automne, hiver… et printemps*, non ?

– Ce qui m'épate chez vous, les Français, c'est que vous savez toujours tout.

Walter Whitman et Edward Waldo-Finch étaient de la même génération et partageaient le respect de codes et de valeurs similaires. Autant Whitman était capable de tout pour économiser une journée de tournage, autant il pouvait se montrer obligeant, en toute discrétion, lorsque la situation l'exigeait. Je savais qu'il avait offert un bon contrat à Edward, le mettant à l'abri pour quelque temps. Il ne rejoindrait pas la cohorte de ces retraités qui se rendaient à leur travail à l'heure où, le soir, je rentrais chez moi. On ne dit pas assez la violence extrême et quotidienne que ce pays inflige à ses ressortissants, aux plus pauvres, aux plus faibles d'entre eux. Pour survivre, payer leur loyer et leurs soins médicaux, un nombre croissant d'hommes et de femmes cumulent deux emplois. Le jour ils embauchent dans des supermarchés ou des compagnies de nettoyage et, la nuit, les hommes gardent des parkings tandis que les femmes servent dans des *diners* ouverts vingt-quatre heures sur vingt-quatre. La ville, le pays tout entier usent ses vieux jusqu'à la corde, puis les jettent à la rue quand ils n'ont plus les moyens de se payer un logement.

Tous les journaux parlaient de la « crise des *subprimes* » qui avait commencé au début de l'année. Des gens étaient chassés de chez eux en quelques heures. On voyait de plus en plus d'histoires de ce genre à la télévision. J'étais certain que, dans l'un des studios de cette ville, le sujet était à l'étude. Confié à un scénariste résolu à mener le projet à bien, sur lequel on pouvait compter, et qui ressemblait à Eric Balshaw.

– Vous pensez vraiment arriver à adapter *Désarticulé* ?

– Je l'espère. Il y a des jours où je finis par me demander ce que je fais là.

– Paul, je vous l'ai déjà expliqué. Vous êtes le prétendu garant de quelque chose qui n'existe plus depuis longtemps : l'esprit français. Ce qui ne m'empêche pas de tenir à vous. Ça se passe bien ici pour vous ? Vous avez trouvé à vous occuper ? Vous voyez ce que je veux dire, ne prenez pas ce petit air coincé. Je vous connais bien, vous les Français, je sais comment vous fonctionnez. Il n'y a que deux choses qui vous intéressent : la politique et la chatte.

De retour chez moi, je trouvai dans ma messagerie la réponse de Grandin. « Monsieur, Nous avons posé la question à votre femme. Elle a répondu non. Son état est stable+ Salutations distinguées. » Comment pouvait-on envoyer un message aussi désinvolte ? Que signifiait un état de santé « stable+ » ? Anna allait-elle un peu mieux, récupérait-elle doucement de son épuisement ? Pourquoi alors ne pas parler d'une légère amélioration ? « Stable+ » Lorsque tout cela serait fini, dès qu'Anna ne serait plus sous sa coupe, Grandin aurait droit, je le jurais, à ce qu'il méritait.

Ce courriel me replongea brutalement dans ce qui était la réalité de ma vie. Un script en friche où ni Lylah Clare, ni Elsa Brinkmann, ni Selma Chantz n'avaient leur place. Et il s'en fallait de beaucoup que je sois Lewis Zarken. Ma femme n'avait pas disparu. Elle était simplement malade à l'autre bout du monde, harassée par le plus insidieux des maux, le dégoût de soi et la fatigue d'être. L'idée du mariage de mon père m'était insupportable. Je trouvais cette cérémonie offensante, et irrespectueuses les réjouissances qui s'ensuivaient. Le vieil homme et sa bite me dégoûtaient. Je l'imaginais se frottant sur le ventre de celle qui pendant plus de trente années avait dû sucer la queue de son frère. Lequel des deux avait la plus grosse ? Charles peut-être. Cela expliquerait la haine primale d'Alexandre. Et John-Johnny faisant don de son cul à la famille, toujours prête à s'ouvrir pourvu que ce fût un Stern. Et si d'aventure Alexandre disparaissait, il ne faisait aucun doute qu'elle viendrait à moi, pour s'accroupir devant la mire et continuer l'œuvre de sa vie. Mon père baisait tous les soirs. Pour gorger de sang les deux cylindres de ses corps caverneux, Johnny devait dire au vieil homme des choses que ma mère n'aurait jamais osé imaginer. Et le vieux adorait ça. L'oncle avait eu l'entier du service, et cela pour pas un rond ; mon père, pour une prestation équivalente, dédommageait largement Johnny. C'était en définitive la seule chose qui le différenciait de Charles, son approche plus sociale. Oui, mon père baisait Johnny tous les soirs. Et ce faisant, il baisait aussi son frère, et la mort. Il nous enfilait tous les uns après les autres, pendant que moi, l'âme triste et la chair molle, je regardais flamber la lumière des avenues auxiliaires sur un balcon de bois. Ce soir, si mon père avait eu un sou de dignité, il aurait dû venir ici, en bas de la colline, comme Benjamin Waines, s'égorger, d'un trait.

– Tu ne dormais pas, j'espère ?

– Non, je lisais.

– Quoi ?

– Rien, un journal.

– Tu as un drôle de ton. Je tombe mal, peut-être.

– Non, pas du tout.

– Tu n'es pas seul.

– Mais si, je suis seul et je lis.

– Bon. Je voulais juste savoir comment ça se passait pour toi, là-bas. Et puis te dire que tu commençais à nous manquer, ici. C'est vrai.

Quelques instants auparavant je souhaitais voir répandu le sang de cet homme, et voilà qu'il choisissait cette soirée bouillonnante de pensées parricides pour me faire des déclarations d'affection.

– Je viens de passer deux jours à la mer avec John-Johnny. Il faisait un vent à décorner un bœuf. Insupportable. Je voulais te dire aussi que j'ai téléphoné à la clinique plusieurs fois pour avoir des nouvelles d'Anna et que chaque fois je suis tombé sur la même conne qui a refusé de me passer l'autre, là, machin, Garmin…

– Grandin.

– C'est ça. Tu l'as eu, toi ?

– J'ai reçu un message où il me disait que l'état d'Anna est stable +.

– Stable quoi ?

– Plus. Le signe plus.

– Je crois que ta femme est entre les mains d'un con.

– Elle ne viendra pas à ton mariage. J'ai laissé un mot à Grandin et il m'a répondu qu'elle serait encore sous traitement.

– Je comprends. Dis-lui que John-Johnny et moi, on l'embrasse. Ah, au fait, ça n'a rien à voir, mais c'est une chose dont j'avais oublié de te parler quand tu es venu. Voilà : j'ai demandé à John-Johnny son véritable prénom.

– Et alors ?

– Françoise... T'en penses quoi ?

– Rien. C'est... normal.

– Bon sang, toi et tes « normal » ! En tout cas, moi, j'ai décidé de continuer de l'appeler John-Johnny. Ou peut-être Johnny tout court. Je trouve que ça a une autre gueule que Françoise, non ? Et puis des Françoise, y en a partout.

Plus rien, plus une goutte de sang nulle part. Comme un crime parfait, tout avait été scrupuleusement lavé, nettoyé, récuré, essuyé. Mon esprit ne portait plus la moindre trace de souillure. Pas la moindre preuve de mes mauvaises pensées. Tout était rentré dans l'ordre, et chacun avait repris sa place. Le père, tout en haut, assis sur le trône, et le fils, repentant et assagi, accroupi à sa droite.

Le staff des « Lo-Moï » m'invita en fin d'après-midi, sans doute en tant que plus proche voisin, à boire une coupe de champagne californien – dans un gobelet en plastique – pour fêter l'anniversaire d'un collaborateur de l'équipe. Quand arriva Selma Chantz, tous les symptômes émotionnels que j'avais, jusque-là, jugulés avec plus ou moins de bonheur de l'autre côté de la cloison se démultiplièrent. Balshaw me la présenta et, à l'instant où ma main entra en contact avec la sienne, je sus parfaitement ce qu'avait ressenti Lewis Zarken lorsqu'il avait aperçu Elsa Brinkmann. Le contact d'une peau, fût-ce celle d'une paume, était la meilleure chose qu'il pût m'arriver ce soir-là. C'était comme si ce simple toucher m'arrimait soudain à la réalité, me rappelant que la mémoire n'est qu'un artefact de l'évolution, et que la vie n'est jamais aussi vraie et intense qu'à l'instant où on la sent glisser entre ses doigts. Je tenais le double d'Anna dans le creux de ma main. J'avais tout loisir de l'examiner et il fallait que j'en convienne : la copie était aussi troublante, aussi parfaite et désirable que l'original avait pu l'être en son temps. Il me sembla que l'horizon se dégageait devant moi, que le destin me tendait une perche, et qu'en bon Stern il ne tenait qu'à moi de la saisir.

Un à un, les membres du gang des « Lo-Moï » quittèrent le baraquement, laissant derrière eux les reliefs de leurs maigres réjouissances. Par habitude, Balshaw donna encore quelques coups de fil avant de s'éclipser comme un homme qui a mal à la tête.

Selma Chantz et moi continuions de parler, tels deux employés de bureau sans obligations familiales, disponibles, laissant venir à eux l'intimité du soir. Selma s'intéressait à la nature de mon intervention sur *Désarticulé*, un projet dont l'avait sommairement entretenue Whitman. Et je m'étais lancé dans le récit d'un scénario que j'improvisais et remodelais tout en le racontant. Ce n'était pas la première fois que je le constatais, mais cela me surprenait chaque fois : l'esprit n'est qu'une matière inerte, un moteur découplé. Pour fonctionner il lui faut un carburant terriblement volatil et précieux : le désir. La magie alors opérait. Mue par cette énergie providentielle, la machine mentale produisait bien plus qu'elle ne consommait. Et c'est ainsi qu'une parcelle de cet atome – le simple calque d'une jeunesse – suffisait à balayer l'inquiétude d'une vie, l'embarras de soi, à conter des scénarios de flanelle et esquisser des films français ambitieux qui ne verraient peut-être jamais le jour. Subrepticement, je commençais à détailler le corps de Selma Chantz, à le considérer comme un tout, mais aussi en chacune de ses parties, fragments isolés d'une vaste toile érotique. Je me sentais capable de parler ainsi à cette femme pendant des jours et des nuits. C'est alors que j'entendis, au fond de moi, poindre une petite voix de Stern, un murmure insidieux : « Est-ce tromper sa femme que de baiser son double ? »

Je ne baisais ni ne trompais personne, j'étais simplement assis dans le bureau d'une compagnie cinématographique avec une jeune femme qui avait l'âge de mes enfants et le visage de leur mère.

Avant de nous séparer, je racontai à Selma que j'allais faire un aller et retour en France pour assister au mariage de mon vieux père. Elle trouva mon geste adorable et l'engagement d'Alexandre follement romantique. Nous étions garés sur le même parking. Je laissai Chantz devant un gros SUV Lincoln qui ne lui ressemblait pas. Je montai dans ma Prius et démarrai dans le silence des accumulateurs électriques, comme si la voiture et moi glissions sur un tapis volant.

Ce fut l'un des pires vols de ma vie. D'innombrables turbulences, des crises d'angoisse chez mon voisin de gauche, à droite, des séries de nausées productives, partout des gens malades et agités. Pour parachever la fresque, le système vidéo tomba en panne sitôt après le décollage et l'équipage fut incapable d'éteindre l'éclairage, qui illumina la cabine toute la nuit. La nourriture était immangeable, tant en raison des fortes secousses, qui la rendaient insaisissable, que de l'odeur étrange, acidulée et chlorée, qui s'en dégageait. Le personnel de bord semblait abandonné, livré à lui-même, incapable de répondre aux suppliques ou aux menaces des voyageurs.

À l'arrivée, la longue file de passagers haves et défaits sortant de la carlingue faisait penser à une colonne de réfugiés errant sur le bas-côté d'une route d'Europe centrale. Durant la correspondance qui me menait à Toulouse, je compris, à l'air gêné de mes voisins, que mes vêtements étaient encore imprégnés des effluves incommodants de la nuit. C'est Marie qui vint me chercher à l'aéroport. Elle me prit dans ses bras et aussitôt renifla mon épaule comme l'avait fait Jack Nicholson à Mulholland, mais ce n'était pas pour me complimenter :

– Qu'est-ce que c'est que cette odeur infecte, on dirait…

Avant qu'elle poursuive, je dis : « Tais-toi », et sortis respirer au grand air en attendant une douche et des habits frais.

Pour nous compliquer la vie, mon père avait prévu, après le passage à la mairie de sa ville de résidence, une réception qu'il qualifiait de « marine » à Port-Leucate. J'envisageais cette perspective cauchemardesque comme tout le reste, avec détachement et sérénité. Et il m'en fallut énormément lorsque, le lendemain matin, broyé par le décalage horaire, je vis surgir mon père dans un costume beurre frais, sans doute taillé pour Maurice Chevalier, canotier compris, s'avancer vers le maire au bras d'une femme sans doute séduisante, mais moulée dans une robe de taffetas blanc aux lignes emberlificotées qui mouraient vers l'arrière en une esquisse de traîne timidement inachevée. Françoise-Johnny portait un chapeau de la même matière, l'une de ces choses effrayantes que l'on ne voit plus que sur certains hippodromes britanniques, et qui retombait sur ses épaules à la façon d'un col de cygne mort. Je me demandai si c'était l'amour ou l'âge qui rendait à ce point fou et aveugle. À moins que ce ne fût les deux. L'officier d'état civil fit ce qu'il avait à faire et les déclara « unis par les liens du mariage ». Mon père se tourna vers sa nouvelle femme et l'embrassa avec ferveur, comme s'il avait vingt ans, comme s'ils étaient seuls au monde. C'était la première fois que je voyais Alexandre Stern serrer dans ses bras une autre femme que ma mère.

Ensuite il y eut la route, interminable, en pleine canicule, encombrée de vacanciers pressés. Mais tel était mon père. Libre de son temps et de ses journées à longueur d'année, il choisissait de se marier en bord de mer le dernier week-end de juillet. Accaparé par la cérémonie, Alexandre ne m'avait pas encore fait connaître son sentiment sur la libération des infirmières bulgares par le couple Nagy-Bocsa. Mais je savais que je n'étais à l'abri de rien, même si depuis quelque temps, au téléphone, je le sentais prendre des distances avec la politique et ses avatars.

Alexandre avait réservé la salle d'un restaurant où étaient conviés, outre la famille, quelques amitiés portuaires scellées au fil des années dans les chantiers navals. Les nouveaux époux avaient eu la riche idée de se changer pendant le transfert. Après sa ridicule tenue de scène, mon père paradait désormais en tongs, short à trois bandes et chemisette blanche. Ses maigres jambes ne tenaient pas en place. On aurait dit de petites bielles devenues folles, déclavetées, livrées à elles-mêmes. Plus sobre, Johnny portait une robe d'été sans manches, dégageant une poitrine dont on devinait qu'elle avait grandement contribué à conforter l'amour que lui vouait son époux. Je me sentais étranger à ce couple décomplexé qui embarquait avec une totale insouciance pour une nouvelle vie. Sans doute enviais-je leur confiance en l'avenir, leur décontraction face à l'échéance qui pouvait survenir à chaque instant.

J'attendais le moment – prévisible et inévitable – où Johnny m'assurerait de l'authenticité de son amour pour mon père, de l'affection qu'elle avait pour toute la famille et pour moi en particulier. Au lieu de quoi, je vis venir vers moi une femme distante, avec, dans le regard, une ombre de reproche, qui semblait m'avertir que les choses n'allaient pas se passer exactement comme je l'avais prévu.

– Tu dois être épuisé, non ? En tout cas, il ne te l'a peut-être pas dit, mais ton père a été très touché, moi aussi, que tu fasses un aller-retour pour le mariage, nous te remercions tous les deux. Maintenant, même si ce n'est pas le moment, je voulais te dire un mot afin que tout soit clair entre nous. J'ai vécu trop d'humiliations avec Charles pour en supporter davantage. Je suis très heureuse avec ton père, mais je sens parfaitement ta défiance et le mépris que tu éprouves à mon égard. Parce que tu penses que j'ai épousé ton père pour sa fortune. Ou pour me mettre à l'abri. Tu as le droit d'avoir ton opinion, tu es son fils et je ne peux rien contre ça. Mais respecte-moi, ne me montre pas aussi ostensiblement ce que je t'inspire. Ça me blesse.

La chaleur, le manque de sommeil, la surprise, tout cela m'empêcha de trouver les mots appropriés pour expliquer à Françoise, à John et à Johnny réunies, qu'elle se trompait, que je la respectais, que je lui souhaitais tout le bonheur du monde avec l'autre animal, même si parfois mon caractère ombrageux laissait croire le contraire. Je ne la suspectais de rien, je me moquais de l'argent de mon oncle, devenu celui de mon père et, par voie de conséquence, le sien. Sans doute était-elle pour beaucoup dans la constitution de cette fortune. Je ne lui contestais rien.

Ce tête-à-tête m'avait aussi révélé la puissante sensualité qui émanait d'elle, son tempérament radical qui avait dû contribuer à réveiller les organes de mon père. En fait, Johnny émettait simultanément deux messages subliminaux captés par l'inconscient masculin. Son visage, figé et résolu, instillait l'idée d'autorité et de menace, tandis que sa poitrine, ses seins grands ouverts promettaient le plaisir et l'abandon des chairs, une fois le pardon prononcé. La soie de la caresse et les griffes du fouet. Dans ma léthargie, incapable d'articuler le moindre mot, je m'efforçais de sourire à Johnny en hochant la tête, pour lui signifier, comme un animal primitif, que je comprenais, et que tout irait bien.

Cela faisait longtemps que je n'avais pas vu mes enfants et mes petits-enfants tous assis à la même table. Ils entouraient Fujita, la femme de Jules, et attendaient, comme des gens bien élevés, que la journée finisse pour rentrer à Toulouse. Mon père servait à boire à ses amis du port en riant et en dégustant toutes sortes de tapas. Chaque jour davantage, j'étais sidéré devant la transfiguration morale, mentale et physique de cet homme. Je n'aurais jamais imaginé que la disparition d'un frère pût à ce point provoquer de tels bouleversements chez son cadet. Qu'avait donc gagné ou perdu Alexandre pour se jeter du jour au lendemain dans la gueule de la vie, au point qu'aujourd'hui on avait du mal à savoir qui dévorait l'autre ?

Johnny avait rejoint Fujita et sans doute parlaient-elles d'Arthur et de Louis qu'elles ne quittaient pas des yeux. À moins que ce ne fût de ma femme qui était toujours en congé d'elle-même et de l'ensemble de sa famille. Louis, qui s'ennuyait fermement, vint s'asseoir à côté de moi. Il me parla de sa vie à l'école, de l'appétit immodéré de son frère qui le préoccupait, puis, changeant de ton, me demanda si je comptais rester longtemps à Los Angeles.

– Encore quelques mois.

– Tu es parti parce que grand-mère est morte, c'est ça ?

– Qu'est-ce que tu racontes ? Personne n'est mort…

– Pourquoi vous ne voulez pas me dire la vérité ? Je sais très bien ce qu'est la mort. Pourquoi vous me cachez tous la vérité ?

– Mais enfin, ta grand-mère est vivante, bon sang, comme toi et moi. Elle est simplement malade. Ça ressemble à une grande fatigue. C'est tout, je t'assure, Anna est vivante.

– Alors pourquoi on ne peut pas la voir ?

– Parce que son traitement réclame qu'on la laisse tranquille.

– Tu me dis la vérité ?

– Je te le jure. Depuis quand tu as cette idée en tête ?

– Depuis le début. Depuis qu'elle n'est plus à la maison et que tu es parti.

– Tu en as parlé à tes parents ?

Louis fit non de la tête, puis se serra contre moi et pleura en silence comme les petits garçons le font avec leur grand-père. Bouleversé, je le gardai près de moi jusqu'à ce nous repartions à Toulouse. Je le gardai tout contre moi, pour qu'il sache que je le comprenais, que je vivais moi aussi des peurs irraisonnées, que j'étais encore une part de son enfance, que je partageais cette inquiétude d'être au monde face à laquelle on se sent seul et tellement démuni. Je voulais qu'il soit convaincu au plus profond de lui que je ne mentais pas, que j'étais avec lui, là, toujours à deux pas, à moins d'une main, à l'aimer et le chérir sans doute plus que tout au monde.

En fin d'après-midi, nous nous rendîmes tous au port, afin d'accompagner Johnny et Alexandre à la lisière de leur voyage de noces. Nous aidâmes à monter à bord les provisions et les bagages, puis vint le temps de se dire au revoir, de s'embrasser et de se convaincre que l'on se reverrait bientôt. Heureux comme un jeune homme, mon père démarra les deux Caterpillar et dégagea impeccablement l'Arcoa du ponton. Ils s'éloignèrent vers le chenal en nous faisant des signes de la main. Ils partaient vers Collioure, le cap de Creus et les criques de la Costa Brava. Il était à la barre, elle veillait à ses côtés, et nous tous, regroupés sur le quai, leur souhaitions ce qui, souvent, nous faisait tant défaut : de la chance, du courage et du bonheur.

AOÛT

Finalement, les mariages ressemblent aux enterrements. Ils annoncent des changements brutaux, des redistributions de rôles et des prises de pouvoir au cœur des familles. Les Stern n'étions pas pires que d'autres. De génération en génération nous nous transmettions simplement notre compote de gènes originels. Avec l'espoir secret que tout nouvel arrivant renforçât le patrimoine. D'un point de vue génétique, il ne fallait rien espérer de l'union de mon père avec Johnny. Mais il y avait peut-être à apprendre, et un jour, qui sait, à transmettre, de la façon dont cet homme et cette femme, désormais solidement appariés, se débrouilleraient avec ce qui leur restait de vie.

Leur départ en bateau avait soulevé une interrogation en moi. J'ignorais encore laquelle. Mais je savais qu'elle surgirait à point nommé et peut-être au moment où je m'y attendrais le moins.

Le voyage n'avait pas arrangé les rouages de mon horloge biologique et, avec un sommeil de plus en plus perturbé, je commençais à payer le prix d'une existence chaotique.

Depuis mon retour, Selma Chantz n'avait assisté à aucune réunion du gang Balshaw. Ses apparitions me manquaient. Je me sentais privé de quelque chose qui me revenait de droit, d'une présence nécessaire. À sa place, c'était Whitman en personne qui assistait de temps en temps aux conférences durant lesquelles je l'entendais élever la voix. Il était patent qu'il reprenait les choses en main et remettait à leur place les petits génies du septième art.

Deux jours plus tard, comme par enchantement, Selma était de retour chez les « Lo-Moï ». Mon humeur s'en trouva changée et le rythme de mes journées se calqua à nouveau sur son emploi du temps. La longue conversation que nous avions eue avant mon départ m'autorisait désormais à échanger quelques mots avec elle à l'issue des réunions. Ces instants volés m'offraient le prétexte de l'approcher physiquement, de conforter mon trouble et ce désir que j'avais encore du mal à nommer.

La réapparition de Selma Chantz avait coïncidé avec la réception d'un courriel de Grandin, cette fois moins laconique, m'expliquant qu'Anna avait terminé sa séquence de sommeil et d'isolement et reprenait progressivement le cours d'une vie normale. Elle sortait plusieurs fois par jour dans le parc et avait entrepris une remise en forme sous le contrôle d'un kinésithérapeute. La famille pouvait dorénavant entrer en contact avec la patiente et même lui rendre visite aux horaires réglementaires. J'avais aussitôt laissé un message à mon père et aux enfants pour leur faire part de la bonne nouvelle et tenté de joindre la clinique. Je dus appeler trois fois avant d'entendre la voix d'Anna, qui semblait me parvenir de la lune tant elle était faible et peu assurée :

– J'ai l'impression d'avoir dormi dix ans. Et je suis encore fatiguée. Je me sens très faible.

– C'est normal, il faut que tu te réadaptes doucement.

Grandin m'a écrit que tu sors dans le parc et que tu prends de l'exercice.

– C'est ça. Je marche sous les arbres et je fais quelques mouvements de gymnastique. Mais je n'arrive pas à me débarrasser de cette fatigue. Et puis il fait tellement chaud ici, c'est étouffant.

– Ne t'inquiète pas, tu vas récupérer.

– Ce matin je me suis vue dans la glace. On aurait dit une vieille femme. J'ai un visage à faire peur. C'est comme ça. Et toi, dans ton monde, comment ça se passe ?

– J'essaie de me débrouiller. Le travail n'est pas terrible, mais j'ai un appartement dans les collines, avec une jolie vue.

– Grandin m'a parlé du mariage de ton père. Je ne pouvais pas, tu sais. C'était vraiment impossible.

– Je sais. Tout le monde l'a bien compris. D'ailleurs, mon père et Johnny m'ont dit de t'embrasser.

– Ton père et Johnny, c'est bizarre. Ils avaient l'air de quoi ?

– Je ne sais pas, de gens heureux sans doute.

Il y avait près de deux mois que nous ne nous étions pas parlé, depuis qu'une maladie radicale avait tranché notre vie en deux, nous envoyant dinguer chacun au bout de nos mondes, et le jour de nos retrouvailles nous entamions une conversation insignifiante. Depuis mon retour, frissonnant à l'idée du fardeau de chagrin qu'il avait si longtemps porté seul, j'avais appelé Louis trois fois et, aujourd'hui encore, j'allais le faire pour lui annoncer que j'avais eu sa grand-mère au téléphone et qu'elle était plus présente dans nos vies que jamais.

Au fur et à mesure du temps que nous passions ensemble, Edward Waldo-Finch et moi tissions des liens de complicité qui ne se traduisaient cependant pas dans l'avancée de notre travail.

Pour l'instant, à part la transposition de l'intrigue à New York et l'écriture des deux scènes d'ouverture consacrées à l'accident, nous n'avions rien de concret. À la fin de la journée, je l'emmenais parfois dîner chez Musso & Frank où l'on continuait de nous placer à la 28, table de Benjamin Ruggiero, alias Lefty, alias Alfredo James Pacino. Au cours de ces soirées, peut-être libéré par quelques verres de chardonnay, Edward aimait me raconter avec son humour si britannique ses déboires, professionnels ou sentimentaux.

– Vous ai-je dit que j'avais été pressenti en 1979 pour tourner *Atlantic City*? 7,2 millions de dollars de budget, Burt Lancaster, Susan Sarandon et votre Michel Piccoli à l'affiche. Des acteurs de tout premier ordre, un salaire indécent et un scénario brodé à la main. Pour faire le film, il suffisait d'appuyer sur le bouton de la caméra. Seulement voilà, je n'ai appuyé sur rien du tout. À l'époque, j'étais amoureux d'une splendide Mexicaine possessive et caractérielle qui refusait l'idée de quitter sa famille et de se séparer de moi. «C'est *Atlantic City* ou moi.» J'ai décroché le téléphone et j'ai dit à la production que je laissais tomber. Six mois après, Guadalupe, c'était le prénom de cette jeune femme, me plaquait pour épouser un de ses compatriotes et partir vivre à Mazatlán, «la perle du Pacifique». Et *Atlantic City* était nominé cinq fois aux Oscars et recevait le Lion d'or de Venise. Je crois que je vais reprendre un verre de chardonnay.

Edward racontait cet épisode avec la distance qu'il mettait en toutes circonstances entre lui et la kyrielle d'échecs qui avait parsemé sa route.

– Évidemment, parfois, je ne peux m'empêcher de me demander à quoi aurait ressemblé ma vie si j'avais envoyé promener la jeune dame et accepté de tourner le film. Peut-être que tout aurait été différent, que j'aurais épousé une mauvaise actrice et eu assez d'argent pour me payer de vrais implants capillaires. Peut-être que j'habiterais du côté de Malibu une de ces maisons de plage entretenues par un couple de gardiens mexicains. Peut-être même que ma femme et moi irions passer nos vacances à Mazatlán, et qu'aujourd'hui je préparerais le tournage d'*Ocean's 14*. Vous savez, Paul, je me suis longtemps demandé si je n'avais pas passé ma vie à plus ou moins tricher pour tirer la mauvaise carte, et ainsi me poser éternellement la question de savoir ce qui se serait passé si j'avais pioché la bonne.

Edward fit un signe discret de la main, quelque chose qui ressemblait au code d'une attaque dans un sport collectif, et le garçon en gilet rouge apporta immédiatement un verre de vin.

– Je crois que le manque d'argent m'a poussé à exercer les pires métiers, le plus souvent très éloignés de mon domaine de compétence. Certains étaient pénibles physiquement, d'autres abrutissants ou énervants. Mais pour autant que je me souvienne, aucun de ces emplois ne m'est apparu dégradant. Je me suis senti une seule fois humilié en gagnant ma vie. Et vous savez pourquoi j'avais été engagé ? Le tournage d'un film publicitaire pour Alka-Seltzer.

Lorsque je proposai à Edward de le raccompagner chez lui, il préféra rentrer en marchant dans la chaleur de la nuit. Il s'excusa d'avoir autant parlé de lui et attribua la responsabilité de cet excès de confidences à une trop forte chaptalisation du chardonnay. Avec l'élégance dont il ne se départait jamais, Edward s'engagea sur le trottoir et, tête haute, mains croisées dans le dos, commença, un pas après l'autre, à grignoter la distance qui le séparait de son domicile.

Au fil du temps, je m'étais habitué à mes insomnies. Je les acceptais comme un Gallois s'accommode de l'averse. J'avais installé un fauteuil sur le balcon de bois et, semblable à un gardien de phare qui attend la relève, j'espérais le sommeil en contemplant la ville, l'esprit vide. Parfois le bruit d'un hélicoptère ou d'une sirène d'ambulance me sortait de ma léthargie. Durant ces périodes d'attente, je ne voulais surtout pas réfléchir à tout ce qui, depuis des mois, s'était accumulé en travers du cours de ma vie au point d'en ralentir le flux. Et puis il y avait Selma Chantz, ce double providentiel qui m'avait transpercé comme une lame, me rappelant la splendeur du passé, et me suggérant aussi un avenir, une tangente, la possibilité d'une fuite. Comme si la réalité ne valait plus la peine d'être vécue. Comme si la vie véritable pouvait être remise à plus tard et que l'on m'enjoignait, illico, de sauter dans les tramways de la fiction, de jouir du divertissement perpétuel. Comme si je devais suivre la cadence des algorithmes, ne plus effleurer cette terre, perdre le contact avec le sol de ma mémoire, oublier d'où je venais et vers quoi je tendais. Mais si l'on y regardait de plus près, n'avions-nous pas, tous, un albédo nul pareil à ces planètes mortes ? Vivions-nous autre chose que le destin aléatoire d'une abstraction désarticulée ? Whitman et ses cow-boys, Waldo-Finch et son film en gésine, mon père et ses Caterpillar, ma femme et sa Moclamine, la Sainte et ses rosaires, et ce nouveau président ray-banisé comme un Benjamin Ruggiero astiquant son ego dans le sillage de Donnie Brasco ?

Depuis quelques jours, je travaillais matin et soir. À bonne cadence et sur deux scénarios à la fois. Avec des airs de conspirateur, Whitman m'avait demandé d'annoter un script – *Cupertino* – qui était sur le point d'être tourné mais qu'il trouvait encore infiniment faible. Plus étrange, il m'avait aussi mandaté pour juger les premiers synopsis proposés par le gang Balshaw. Si bien que j'étais dans la curieuse position de biffer les trouvailles de mes voisins de bureau, tout en les voyant de l'autre côté de la vitre s'échiner à les développer. J'avais une conscience parfaite de la duplicité de mon rôle et en éprouvais une certaine honte, un vague remords. J'étais un travailleur de l'ombre, un saboteur de propositions, corrigeant en douce des versions pour le compte d'un patron qui, par tactique, avait décidé de ne plus s'opposer frontalement à ses scénaristes.

Whitman savait mieux que quiconque renifler l'air de cette ville. Et cela faisait un moment qu'il sentait monter la tension entre la WGA, la Guilde, le syndicat des auteurs, et l'AMPTP, l'organisme des producteurs de studios et de télévision. Depuis longtemps, les premiers réclamaient aux seconds une revalorisation de leurs droits que bien sûr Whitman et ses amis refusaient au nom des règles louches et absconses de l'arithmétique des profits. Ces derniers temps, le conflit s'était envenimé. La Guilde avait durci le ton, brandi des menaces. Dans cette ambiance tendue, Walter avait choisi de m'utiliser comme une sorte d'infiltré industriel, de social-traître. En réalité je ne faisais qu'un peu d'exercice illégal de la médecine de script. J'ouvrais, examinais, enlevais ici, greffais là, et recousais le tout en vitesse. Pendant quelques jours, je me livrai ainsi à une véritable blitz-chirurgie. Bien sûr, Whitman prit toutes les modifications à son compte, et sortit grandi de l'aventure aux yeux de ses scénaristes. Il avait profité de la situation pour recadrer habilement le rapport de force.

En remerciement, Walter m'emmena une journée aux courses. Cette équipée interminable se solda, me concernant, par une déroute financière. Pas un seul cheval gagnant, ni placé, même pas un podium. Rien. Si, le comble du ridicule atteint lorsque, dans un sursaut de colère et d'orgueil, je décidai, dans l'avant-dernière épreuve, de miser sur le 17, l'outsider de tous les outsiders, un cheval avantageusement nommé Winterbottom, une énigme, une inconnue, coté à 84 contre 1. Sans doute un record au Hollywood Park Racetrack. Avant cette course d'obstacles, je n'étais pas allé voir les pur-sang tourner sur le rond de présentation. Je défiais la malchance de m'inspirer bien au-delà des apparences trompeuses des coursiers et j'attendais en tribune avec, autour du cou, nouée comme une punition, la lourde paire de jumelles que m'avait prêtée Whitman.

Tous les concurrents piaffaient déjà dans les box mais Winterbottom n'était toujours pas là. Et puis, tiré par un lad, poussé par un autre, arriva mon champion, mon 17, mon 84 contre 1, ma ruine, ma défaite. Lorsque le starter lâcha la cavalerie, et qu'à la suite des immenses foulées des favoris l'on vit Winterbottom trotter ou plutôt trottiner dans une allure désordonnée, la foule éclata d'un rire communicatif. Au saut de la première haie, l'on vit le malheureux 17 coincé au milieu de l'obstacle, les sabots dans le vide, perché sur la broussaille qu'il avait courageusement tenté de franchir, mais qui s'était révélée trop large et trop haute pour ses minuscules jambes. Il fallut le concours de cinq employés de piste pour descendre Winterbottom et le décrocher de son perchoir.

J'étais le seul à ne pas rire. Sans doute aussi le seul à avoir parié sur ce baudet et à me demander si, à l'égal de certains hommes, les chevaux connaissent la honte, ressentent l'humiliation et l'envie de fuir qui l'accompagne.

Au fil de nos conversations, désormais plus régulières, Anna me semblait récupérer lentement la force et l'énergie qui, jusque-là, lui faisaient défaut. Nous nous en tenions à des observations métaboliques, des bulletins de santé courants, nous gardant bien d'aborder la cause de ces désordres, de nous lancer dans le déchiffrage hasardeux du baromètre de l'âme. Signe supplémentaire de son renouveau moral, je devinais qu'Anna envisageait de quitter son exil hospitalier pour retrouver, tout aussi volontairement qu'elle l'avait quittée, sa maison. Elle évoquait la mi-septembre comme date possible, le temps de réveiller sa musculature anémiée par la cure.

Mon père, lui, m'avait laissé deux messages dont on comprenait tout de suite qu'ils émanaient d'un homme heureux. Le premier avait été envoyé de Sant Feliú de Guíxols, le second d'un autre port catalan dont je n'avais pu saisir le nom. Il faisait un temps magnifique. La mer était d'huile. Johnny était un amour de femme. Et le bateau, un « casino flottant ». Décidément Charles était mort au bon moment, et à la bonne saison.

Walter Whitman avait insisté pour que je l'accompagne dans une soirée mondaine. Avant d'entrer dans son parc insolent éclairé comme une piste d'aéroport, je n'avais jamais entendu parler d'Oswald Ames, fondateur de Seed Flow, la plus grosse compagnie américaine de semences, mais également propriétaire de vignobles réputés dans la Napa Valley et la Sonoma Valley. Faire quelques pas dans les jardins d'Ames suffisait pour mesurer la fortune du maître des lieux. De vastes zones végétales reconstituaient la flore des continents exotiques. Les espèces les plus rares, les plus exubérantes se côtoyaient en une accumulation vertigineuse. Toute cette verdure, ces arbres gigantesques qu'on eût dits enracinés là depuis des siècles, étaient éclaboussés d'une lumière qui jaillissait de coupoles cristallines enterrées tout au long de chemins pavés d'onyx. Des milliers de mètres cubes d'eau, des citernes de dollars étaient nécessaires pour irriguer quotidiennement ce buvard végétal, considérations factuelles qui faisaient sourire Walter.

– Ames est ce qui se fait de plus dur en termes de conservatisme républicain. À toutes les élections, il soutient les candidats les plus radicaux du parti. Plus ils se foutent de l'environnement, plus il met d'argent dans leur campagne. Oswald est un vrai milliardaire timbré. Par exemple, il a fait enterrer tous ses chiens au Hollywood Forever Cemetery, l'ancien Memorial Park, avec obsèques en grande pompe, corbillards, orchestres classiques et cercueils luxueux. Puis, le jour où il a fait construire ce palais, il a demandé que l'on exhume tous ses animaux et qu'on les coule dans les fondations. Et sa femme, vous savez ce qu'il en a fait quand elle est morte ? Il a contacté une de ces sociétés cryogéniques qui promettent l'éternité au Glycol et a fait congeler Beatrice. Cela fait une dizaine d'années qu'elle attend par moins quarante qu'on guérisse le cancer qui l'a tuée ou qu'on lui greffe ou qu'on lui clone les organes endommagés. De temps en temps, Oswald fait un saut à Santa Barbara, là où est l'usine, et il se fait ouvrir le caisson de Beatrice. Juste pour vérifier que tout est en ordre.

À ce moment-là je pensai à Alexandre. J'imaginai mon père plus fringant que jamais, navigateur impétueux, veuf mirobolant, penché sur le corps tant aimé de Johnny, embaumée dans la glace, raide, dure et droite.

– Il faut que je vous prévienne, dit Walter, que vous risquez d'être surpris par certaines choses.

– Du genre ?

– De tous les genres. Oswald Ames aime s'entourer d'excentriques. Dans ses soirées gravite toujours une cour d'hurluberlus auxquels on autorise tout pourvu qu'ils ne soient ni démocrates ni proches de Ralph Nader. Bon, enfin, vous verrez. Ce n'est pas non plus *Eyes Wide Shut*.

Au rez-de-chaussée du petit palais, il n'y avait pas grand-chose à voir sinon la mise en scène spectaculaire de quelques fantaisies du grossium et des gens qui se tournaient autour dans l'espoir inconscient et maladroit d'assurer leur perpétuation.

À l'étage, regroupée sur des terrasses couvertes ou disséminée dans les salons, s'entassait une population dont on comprenait vite qu'elle ne vivait pas dans le désir de se reproduire. À disposition sur des tables de verre, agencées en petites pyramides étiquetées, il y avait toutes les poudres de la terre et du ciel, des bongs à profusion, et des sachets d'une herbe qu'Ames ne proposait certainement pas dans le catalogue de ses semences. Chacun piochait dedans. Il régnait ici une atmosphère de paix, de libéralité et d'indifférence. Nul n'était venu pour partager autre chose que de l'ecstasy, du poppers, du speed, du gamma-OH ou du Spécial K. Cette partie du palais avait un surnom : le drugstore. Et il n'était pas usurpé.

J'avançai dans ces salons comme on flâne dans un jardin, humant l'air chargé de substances dont les molécules s'entrechoquaient en une étonnante cacophonie olfactive. Sur un canapé, Whitman conversait avec un homme rondouillard, en perpétuelle agitation, qui ponctuait ses phrases de vifs mouvements des avant-bras, un peu comme s'il dirigeait un orchestre invisible. C'était le maître des lieux, l'empereur des semences, Oswald Archibald Ames. Il semblait ne prêter aucune attention à ses invités, trop absorbé par sa conversation avec Walter Whitman. De temps à autre, il tirait sur un bong dont il inhalait la fumée refroidie par l'eau, et, au bout d'une interminable apnée, il recrachait un nuage pâle qui formait, à mi-hauteur, une nappe de brume flottante comme on en rencontre parfois à la fin de l'automne.

Ici, les gens ne se présentaient pas, chacun pouvait s'agréger à un groupe et en sortir quand bon lui semblait. Je m'étais assis près d'un couple qui expliquait avoir vu, dans le Nevada, Michael Moore au volant d'un énorme 4×4 écraser deux enfants mexicains et s'enfuir sans leur porter secours. Ils étaient certains que c'était lui, ils l'avaient reconnu. D'autres récits, tout aussi meurtriers, s'ensuivaient.

À mesure que la soirée avançait, les effets cumulatifs de cette abracadabrante confiserie se faisaient sentir. Deux individus vinrent se plaindre à moi de « l'extrême dureté de cœur de ces sales petits cons de critiques » – sans que j'aie jamais su de quoi il s'agissait, ni de qui ils parlaient – avant de s'en prendre plus généralement à la presse : « Ils ont tué Anna Nicole Smith, ces salauds l'ont tuée. » L'un des deux avait les larmes aux yeux, il semblait dévasté par le chagrin. Après avoir fait un pas en arrière, il leva son verre et me regarda fixement. Une auréole sombre se forma sur son pantalon : il se pissait dessus. Son ami le prit par le bras et ils s'éloignèrent aussi dignement que possible, laissant derrière eux un mince filet d'urine qui miroita un instant à la surface du monde avant d'être absorbé par les fibres laineuses d'un immense tapis persan.

J'avançais dans cet étrange marché, où tout était à prendre, où l'on ne vendait rien, où les acteurs fragiles, fugaces silhouettes, donnaient l'illusion de se déplacer dans un rêve. Et tout cela dans l'intimité et sous l'aile protectrice d'Oswald Ames, semencier vorace, jardinier détraqué, veuf réfrigérant.

Pourquoi les milliardaires adoptaient-ils toujours le mauvais goût des empereurs et éprouvaient-ils le besoin irrépressible, d'enluminer, de dorer ce qui déjà suintait l'argent ? J'ignorais à partir de quelle quantité de diéthylamide d'acide lysergique ce décor de péplum devenait acceptable, mais pour un promeneur néophyte il était une constante irritation oculaire. Même si, dans son genre, Ames n'était sans doute pas le pire. Pour un homme réputé compliqué, il aimait plutôt les choses simples : les colonnes hellènes, un horizon de marbre, des moulures à palmettes, les plafonds sixtiniens, un mobilier emperlouzé, des portes sculptées aux poignées poinçonnées.

Au bout du long corridor, un salon moins fréquenté semblait dévolu à un usage unique. Ici, pas de poudre apparente, ni de pilules pilées. Ici, l'on s'enfilait. Dans le désordre des sexes et le mélange des âges. Sans retenue, ni ostentation. Avec le désir commun de parvenir à quelque chose qui ne se réduisait peut-être pas à l'éclat de la chair.

Je restai en bordure de ce que j'imaginais être un tableau dépeignant les premières lueurs du monde. Je me demandais si tous ces gens se connaissaient, ce qu'ils faisaient dans la vie, s'ils votaient pour les républicains, engueulaient leurs enfants, envisageaient d'acheter une Prius et essuyaient, avant de partir, les taches sur les canapés. Tous ces rapports sexuels n'étaient pas égaux. Certains me semblaient plus aboutis ou accomplis que d'autres. Il suffisait d'être un peu attentif pour lire l'ombre de la frustration sur le bas d'un visage. Ou remarquer que certaines fellations s'épuisaient dans le doute. Et que celui-là n'irait jamais à terme, même si celle-ci simulait de son mieux. Tout cela, en définitive, ressemblait à l'ordinaire des chambres à coucher. Avec des maîtres de ballet, des reines, des princesses, mais aussi des Winterbottom, des partants qui s'élançaient à 84 contre 1 et, malgré leur courage, restaient en suspens, agitant dans le vide leurs jambes décidément trop courtes.

Je me demandai si le milliardaire venait ici en fin de nuit, faire valoir ses droits ou simplement regarder ce qui bougeait encore. Je me demandai s'il organisait de telles soirées du vivant de Beatrice, s'il la baisait à la verticale ou sur la tombe des chiens. Je me demandai si l'on pouvait vivre normalement quand on se savait attendu par sa femme dans un congélateur. Je me demandai ce que mon père, le nouveau, celui qui ressemblait à Charles, aurait fait à ma place. Je me demandai s'il serait allé rejoindre les autres avec Johnny parce que c'était son droit, que le temps pressait et qu'il y avait pensé toute sa vie. Je me demandai pourquoi nous ne faisions jamais ce à quoi nous pensions toute notre vie. Je me demandai pourquoi j'étais debout, à l'écart, dans l'angle de ce couloir. Pourquoi je n'étais pas parmi les autres. Au fond d'une femme. Le nez dans les nitrites de butyle. À prendre ma part de kétamine et de sufentanyl. Comme tout le monde.

Fatigué de moi-même, fourbu de tout ce que je n'avais pas fait, je retournais vers les terrasses quand, sur ma droite, déposée sur un canapé, près du champ des blanches pyramides désormais dévastées, je la vis. Anna Roca del Rey. Somnolente, mains molles, yeux mi-clos. Anna Roca del Rey, fille de Telesforo, et mère de Jean, Jules et Marie. Je ne comprenais pas ce qu'elle faisait dans le palais d'Oswald Archibald Ames, ni comment elle pouvait fréquenter ce monde basculé. Je m'approchai de Selma et prononçai son nom. Elle entrouvrit les yeux, fronça les sourcils comme si elle essayait de se rappeler quelque chose, puis retomba dans sa rêverie. Je pris sa main dans la mienne. Ses doigts étaient glacés, et je voyais frémir ses paupières sous lesquelles on devinait qu'il se livrait d'étranges batailles. Émergeant un instant de sa léthargie, elle regarda dans ma direction, ses doigts pressèrent faiblement les miens, puis elle sombra sous la coupe de l'anesthésique qui l'envahissait.

– Ce n'est pas la première fois. Ne vous inquiétez pas.

Walter s'assit à côté de sa collaboratrice. Le semencier, lui, regardait autour de lui comme s'il cherchait quelqu'un, en faisant rouler sa lèvre inférieure entre ses dents.

– Qu'est-ce qu'elle a pris ?

– Comme d'habitude, j'imagine. De la kétamine, ou du sufentanyl. Ça ira mieux dans quelques heures.

Ames semblait agacé, nerveux. Quand il aperçut l'un de ses employés, il fit un signe de tête et, immédiatement, l'homme vint jusqu'à nous. D'une voix de créancier, sans un regard pour Selma, le milliardaire dit :

– Montez-la dans une chambre, couchez-la sur le côté et faites-la surveiller.

L'employé s'y reprit à deux fois pour soulever Selma. Je ne pouvais rien faire sinon regarder s'éloigner cette femme qui avait été mienne, inconsciente, la tête ballante entre les bras d'un inconnu.

Je commençai à prendre la mesure de l'irresponsabilité du semencier, de sa folle prodigalité, du danger qu'il pouvait y avoir à jouer ainsi au pharaon. Ce spectacle, qui jusque-là m'avait diverti, me sembla soudain dégénéré, à la fois terriblement violent et humiliant. Je devinais le plaisir que devait éprouver le républicain à s'amuser avec sa cour, ces hommes et ces femmes qu'il ne connaissait pas pour la plupart. Il glissait parmi eux, discret, gourmand, attentif, prédateur, prêt à jouer de sa force, à jouir de leurs faiblesses, à les soumettre à la tentation, à les voir renifler, bander, pisser sur des carpettes. Et finir dans des chambres, couchés sur le côté pour ne pas mourir étouffés.

Oswald Archibald Ames, patron de Seed Flow et fossoyeur de chiens, était sans doute un être plus froid que ne le serait jamais sa femme Beatrice.

On sentait maintenant que le milliardaire en avait assez de tous ces gens autour de lui, de supporter la présence de ces parasites bruyants et inutiles. Il voulait récupérer son bien, son territoire, ce pour quoi il avait dépensé une fortune. « Ils me fatiguent. Je vais me coucher », dit-il à son ami Whitman. Puis il quitta la pièce en direction de ses appartements. Il marchait à petits pas en tripotant son chien. À le voir ainsi caresser cet animal, on mesurait à quel point il détestait les hommes.

– Qu'est ce qui peut bien vous attirer chez Ames ?

– Autrefois c'était sa femme, Beatrice. Maintenant, je m'intéresse surtout à sa fortune. J'associe régulièrement Oswald à de gros projets du studio. Le reste du temps j'aime l'écouter me raconter ses sornettes et ses marottes. Ce soir, par exemple, il m'a expliqué qu'il était indispensable d'avoir deux dentistes. L'un pour la mâchoire supérieure, l'autre pour l'inférieure. Il soutient qu'il y a des stomatologues nés pour traiter les dents du haut et d'autres pour soigner celles du bas. Ensuite, comme à chacune de nos rencontres, il m'a rappelé qu'il fallait branler ses chiens régulièrement. Négliger ce geste, c'est selon lui s'exposer à une détérioration du caractère de la bête et même à des morsures. Et c'est au maître, bien sûr, de se charger de la besogne. « La main du maître, essentielle ! ».

– Comment pouvez-vous entendre des conneries pareilles ?

– Cela fait partie de mon métier. Je vous raccompagne ?

Toute la nuit je regrettai de n'être pas resté là-bas, auprès de Selma, pour veiller sur elle jusqu'à son réveil même si rien ne me donnait officiellement ce droit, même si je n'avais aucune raison de me mêler de sa vie, qui, sans qu'elle le soupçonnât, était un peu devenue la mienne. Chaque jour, je prenais davantage conscience du cadeau qu'était en train de me faire le destin. Retrouver sa femme des origines. Identique. Préservée. Comme si toutes les années passées n'avaient pas existé. La retrouver trente ans plus tard, à des milliers de kilomètres de chez moi. Dans un bureau ridicule. À l'instant d'entamer une tâche insignifiante. Dès la première seconde j'avais su que cette femme était la mienne, qu'elle l'avait été autrefois, qu'elle le serait à nouveau.

Le téléphone sonna vers sept heures du matin. Nous étions le 25 août 2007 et Alexandre était de retour de ses campagnes maritimes. Alléluia. Et son fils devait absolument le savoir. Séance tenante. Au moment précis où il mettait pied à terre, Alexandre, le matamore du cabotage, reprenait les choses en main.

– Je ne te réveille pas, j'espère ? On rentre tout juste, avec Johnny. Tu m'entends ?

– Oui.

- Je t'appelle pour t'annoncer une nouvelle que je viens d'entendre à la radio : Raymond Barre est mort

SEPTEMBRE

Cela faisait presque une semaine que j'avais remis ma vie entre les mains de Boban Kutzurić. Au studio, il passait pour une sorte de mage capable de réduire les lombalgies, les sciatiques et d'escamoter les cervicalgies, fussent-elles, comme celle qui m'accablait, provoquées par des lésions de discarthrose intéressant le couple C4-C5. Boban Kutzurić était d'origine serbe, ce qui constituait en soi une indication thérapeutique. Dans son cabinet, installé sur La Brea, défilaient de véritables génériques de films. Les vedettes les plus célèbres venaient s'y faire débloquer, malaxer, tordre, étirer, redresser. L'endroit, sordide, plus proche de l'ergastule que du centre de soins, renforçait la touche érémitique du guérisseur. Je n'avais jamais vu Boban Kutzurić autrement que mal rasé, vêtu d'un pantalon de cuir noir et d'un tee-shirt à l'effigie de Dragan Džajić, légende du football de son pays, qui avait fait carrière comme ailier à l'Étoile rouge de Belgrade avant de sacrifier à l'héliotropisme en s'enrôlant dans le club de Bastia. Lorsque, le buste raidi par la douleur, je pénétrais dans son antre, il m'accueillait avec le même sabir :

– Toi, mieux. Moi, voir. Déshabille. À table. Sur ventre.

Boban ne composait jamais de phrases complètes. Sans doute

avait-il compris qu'une vingtaine de mots, sommairement traduits du serbe, suffisaient à l'exercice de son art. Ainsi donc, j'allais mieux, cela se voyait, je devais me déshabiller et m'allonger à plat ventre sur la table de soins. Chaque fois que je me retrouvais dans cette position, la tête enfouie dans le trou pratiqué au centre du plateau, je savais que j'avais fait une erreur mais qu'il était trop tard pour revenir en arrière. Une sorte de bombardement s'abattait sur moi et je traversais les portes de l'enfer. Le Serbe me contorsionnait, m'assenait des coups au bas du dos, secouait mes jambes l'une après l'autre, vrillait mon bassin, me tirait en arrière par les poignets, me dévissait le crâne, avant de me couvrir la nuque et les épaules de poches de ce qui semblait être du silicone bleu et brûlant. Quand je me plaignais de la chaleur excessive de ces emplâtres, Boban répondait: « Pas chaud. Bon. »

C'est sur les indications de Selma Chantz que j'avais atterri entre les mains du Serbe. Selma était en relation avec tout ce que Hollywood comptait comme ostéopathes bulgares, médecins mandchous, naturopathes mongols, iridologues népalais et lithothérapeutes birmans. Il faut croire que ces guérisseurs possédaient un certain pouvoir puisque, dès le lendemain de son « anesthésie », je croisai Selma au bureau, fraîche, aussi détendue qu'après une bonne nuit. Elle m'expliqua devoir cette rapide récupération à la prise d'une boisson à base de thé et de sucs de champignon Kombucha. Au fil de nos conversations, elle me dévoilait peu à peu un style de vie singulier, rythmé par toutes sortes de cures new age et des soirées Spécial K semblables à celles du « drugstore ».

Selma Chantz était née à Pontiac, dans le Michigan. Ses parents travaillaient chez General Motors. Lorsqu'ils s'étaient séparés, sa mère, Martha, avait emmené ses deux enfants vivre en Californie. C'est à Barstow, vers l'âge de dix-huit ans, que Selma avait découvert les effets décuplés des antidépresseurs maternels en les mélangeant avec du corn whiskey Platte Valley. Ensuite, elle était allée vivre à Los Angeles où, comme elle disait pudiquement, « les choses s'étaient enchaînées ». Selma avait un frère, studieux, paisible et même un peu timoré, que d'autres circonstances avaient poussé à s'engager dans l'armée. Son unité, la Troisième division d'infanterie, était basée à Ramadi, en Irak, à l'ouest de Bagdad. Terry – c'était son prénom – lui manquait beaucoup.

À la manière d'un profileur, j'accumulais ses confidences comme autant d'indices pour deviner la vie que menait cette Anna des studios, cette Roca du Cervin ou de l'Artesonraju, ma femme d'autrefois, désormais confrontée au souffle de la guerre, soumise aux cycloalkylarylamines, purifiée aux sucs de Kombucha et épisodiquement baisée par un acteur mystérieux vivant dans les collines, non loin de chez moi.

Depuis que Whitman lui avait fait part de mes inquiétudes à son sujet lors de la soirée chez Oswald Ames, Selma m'avait adopté et se livrait assez librement, comme on se confie à un aîné dont on n'a pas à affronter le jugement. Ainsi m'avait-elle raconté sa relation segmentée avec son fameux acteur.

– C'est une vedette, un black hyper connu. Mais je ne peux pas dire son nom.

– Pourquoi ça ?

– Il est marié. Ce con est marié et sa femme est une vraie furie. Je dis ce con parce qu'il est à plat ventre devant elle. Et elle, elle n'attend qu'une chose, c'est de le planter avec un bon divorce, de lui prendre tout ce qu'il a. Alors ça le rend paranoïaque, bien sûr.

– Vous vous voyez souvent ?

– Deux, trois fois par mois, et encore. Tu sais comment je l'appelle ? Forrest Gump. Parce qu'il passe la moitié du temps à courir pour se maintenir en forme et l'autre à galoper pour échapper à sa femme. C'est ça, je baise avec Forrest Gump.

– Tu vas chez lui ?

– Ça m'arrive. Quand sa femme part à New York. Mais il faut que j'arrive de nuit en taxi, qu'on fasse ça en quatrième vitesse sur le fauteuil du salon et que je reparte aussitôt. « On ne sait jamais, si on nous voyait... » C'est un bon coup, mais les bons coups ne manquent pas à Hollywood.

– Je vais te donner quatre noms. S'il fait partie du lot, tu me le dis et je ne poserai plus jamais de questions. Spike Lee, Denzel Washington, Will Smith, Orlando Jones.

– Tu peux continuer, je ne dirai rien.

– Danny Glover, Don Cheadle... C'est pas Marion Wayans, quand même ? Dis-moi au moins s'il est parmi les sept que je viens de citer.

– La seule chose que j'aie à dire, c'est qu'il est tard et que je vais y aller. Au fait, Boban te fait du bien ?

– Pas du tout.

À la vérité, je me moquais de savoir qui était ce Forrest Gump. Avec ce jeu enfantin de devinette, je tentais surtout, je crois, de dissimuler le malaise que je ressentais depuis que Selma m'avait annoncé qu'elle avait un amant. Aussi étrange et déplacé que cela puisse paraître, j'avais le sentiment de me retrouver dans l'inconfortable et ridicule position du mari trompé.

Pendant ce temps, à Toulouse, Anna s'apprêtait à faire son retour à la maison. Ce n'était plus qu'une question de jours. Ses efforts conjugués au nouveau traitement de Grandin la stabilisaient à un niveau de bien-être inimaginable il y a encore quelques mois. Sa voix avait retrouvé son timbre et son assurance.

– Ton père et Johnny sont passés me voir, hier, pour m'annoncer qu'ils avaient acheté un jacuzzi.

C'était bien là l'arme fatale, l'ultime fantaisie de l'ancien dévot reconverti aux bouillonnements de l'intempérance. Qui avait eu l'idée de ce bain à remous ? Elle, pour attendrir la chair, ou lui, pour noyer le poisson ? Bien sûr que je les imaginais, et je me demandais si le moment venu – c'est-à-dire bientôt – je saurais, à mon tour, faire fi de mon âge et finir en beauté, barbotant dans le bonheur des tourbillons.

– Tu sais, depuis quelque temps, j'ai hâte de quitter cet endroit, de revenir à la maison. Il me semble que quelque chose est en train de changer.

Quelques mois plus tôt, j'aurais tout donné pour entendre cette phrase porteuse de tant d'espérance. Et voilà qu'aujourd'hui elle me mettait mal à l'aise. Si quelqu'un voulait que rien ne change, c'était bien moi. J'osais à peine m'avouer cette vérité : le retour d'Anna vers une vie normale me perturbait. D'une certaine manière, son enfermement légitimait les quelques libertés que je m'étais octroyées, tandis que son retour à la maison me renvoyait à mes devoirs de mari. C'étaient là de vétilleux dosages auxquels encourageait la morale, des petites saloperies de l'âme humaine qui changeaient de couleur selon l'heure du jour et l'endroit d'où on les considérait. Tant de fois, sur de pareils sujets, le père s'était montré prolixe. Et savant. Et docte. Et tranchant. Et voilà qu'aujourd'hui, le sage infini trempait au fond du jacuzzi.

La seule chose qui comptait pour moi désormais – et voilà ce qui me troublait –, c'était que mon propre destin s'incurve, remonte le temps jusqu'aux origines, jusqu'à me faire pénétrer le ventre de Selma Chantz. Lorsque je la regardais parler, bouger, je me disais, face à tant de jeunesse, avec un certain culot et pas mal d'hypocrisie, qu'Anna n'était pas l'original mais plutôt la copie, au motif évident que, dans la chronologie de la vie, c'était bien l'image de la première que j'avais aimée et non celle de la seconde.

Je cessai d'aller chez Boban. La dernière séance avait été un calvaire et s'était soldée par de tels craquements que j'avais pensé un instant que le Serbe m'avait brisé la nuque. Les douleurs étaient devenues permanentes, parfois insupportables, et je passais de plus en plus de temps allongé, gavé de Tylenol pour calmer ces névralgies.

Accaparé par sa nouvelle vie, mon père m'appelait moins souvent et, lorsqu'il me contactait, c'était uniquement pour vanter les qualités de ma belle-mère, son charme, son esprit, et tout ce qui s'ensuivait.

– Hier, je lui racontais l'histoire de ma chute, quand j'étais gamin et que je m'étais relevé sans une égratignure après être tombé du deuxième étage. Je m'entends encore dire à Johnny que cette fois-là j'étais passé tout près. Et tu sais ce qu'elle m'a répondu ? Écoute bien, je l'ai noté pour ne pas l'oublier : « Quand la mort vous manque, il est indifférent que ce soit d'un cheveu ou d'un mille. » C'est la classe, non ? Elle m'a avoué que c'était une phrase d'un écrivain américain du dix-neuvième siècle, Richard Henry Dana. Ça te dit quelque chose ? Vraiment, cette femme m'épate tous les jours. Tu te rends compte ? Moi j'arrive avec mon histoire de gosse, et elle, boum, elle me sort Henry Dana. Ça va, toi ?

– Non. J'ai très mal à la nuque.

– Ça a peut-être un rapport avec ta scoliose. Tu te souviens, enfant, on t'a fait faire de la gymnastique corrective. À propos, tu sais que Johnny, à son âge, elle se plie en deux comme une feuille de papier ? Jambes bien droites, mains à plat collées au sol. Il faut la voir faire ses exercices.

Vanter ainsi la souplesse de cette femme au moment où je lui annonçais que mes propres vertèbres étaient en train de se souder manquait résolument de tact.

Les élancements étaient tels que je ne faisais plus que de fugaces apparitions au bureau. Whitman et Waldo-Finch n'étaient nullement affectés par le retard qu'allait prendre *Désarticulé*, d'autant que nous n'avions aucune échéance. Mon piétinement était donc théorique, comme l'était devenu ce projet.

Selma, qui me voyait dépérir, décida un jour que j'avais assez souffert. Elle prit une matinée de congé et m'emmena à la Stanley Farm, propriété de Betsy Bild. Après m'avoir infligé les humiliations serbes de Boban Kutzurić, elle voulait me soumettre aux vertigineuses sécrétions des Kombuchas, ces champignons dont on disait qu'ils faisaient même reverdir les arbres morts. Stanley Farm n'avait rien d'une ferme. Avec son jardin méditerranéen, sa piscine en contrebas, cette villa d'architecte construite sur les hauteurs de Studio City ressemblait plus à un luxueux lieu de villégiature qu'à une champignonnière. C'est pourtant là que Betsy Bild, une Allemande reconvertie aux standards existentiels de la Californie, élevait son cheptel, expédiant des milliers de moisissures miraculeuses qui allaient croître et se multiplier aux quatre coins du pays. Betsy et Selma s'étaient rencontrées dans un ashram de West Hollywood où toutes deux suivaient des séances de méditation. Selma était petit à petit devenue l'amie de celle qu'elle considérait comme la mère de tous les Kombuchas.

Le produit était sommaire. Il résultait, comme l'indiquait la notice, de « la culture symbiotique de bactéries et de levure dans un milieu sucré » : une sorte de champignon plat évoquant un pancake, flottant dans une infusion brunâtre à base de thé. La bête croissait, embellissait et se dédoublait au point que chaque semaine une « mère » donnait naissance à un bébé. Le jus de ces entrailles, une sorte de mauvais cidre, était censé remodeler l'humain et agir contre l'arthrite, le stress, la fatigue chronique, les candidae, la constipation, la diarrhée, l'indigestion, les problèmes de prostate, l'incontinence, les hémorroïdes, les symptômes de la ménopause, les excès de poids, les maladies de peau – Betsy délivrait sa liste de mémoire –, la perte des cheveux, les calculs rénaux et biliaires, le cholestérol, l'artériosclérose, l'acné, le psoriasis, le diabète, l'hypoglycémie, sans parler des usages vétérinaires, notamment le renforcement du potentiel des chevaux de course. C'était sans doute ce qui avait manqué à Winterbottom – mon 84 contre 1 –, ce jus de chique grâce auquel il aurait survolé la course. Face à cette Allemande survitaminée, je me sentais dans la peau de ce cheval, ridicule et court sur pattes. Betsy, bien prise à la taille dans son ensemble Gucci, tint à me faire visiter sa « *nursery* », sorte de cocon tropical puant la vinaigrette avariée où elle élevait des centaines de moisissures en forme de galettes avant de les expédier dans des boîtes à pizza à travers toute l'Amérique. Elle recommandait aux clients de donner un nom à leur Kombucha, de lui mettre de la musique, de lui parler car, affirmait-elle, cet organisme était aussi sensible et intelligent qu'un dauphin.

Comment Selma pouvait-elle fréquenter des gens pareils ? Hier le Serbe sans pitié, aujourd'hui l'Allemande philomycète.

– Le Kombucha est très subtil. Il sait où aller et quoi faire dans votre corps. Buvez ça.

C'était au-delà de l'infect. Le goût bien sûr, mais aussi la vue de cette « mère » flottant dans ce jus tiédi, méduse théinée, porteuse de son propre double, sur le point de mettre bas, et de perdre une nouvelle fois ses eaux réputées bienfaitrices.

– Les gens de la Food and Drug Administration se sont intéressés à ce champignon. Ils en ont analysé les sucs et vous savez ce qu'ils ont trouvé ? De l'acide glucuronique, de l'acide gluconique, de l'acide lactique, des acides aminés, des composés antibiotiques, des vitamines B1, B2, B3, B6, B12, de l'acide folique, des enzymes et 0,5 % d'alcool. Je crois que c'est clair.

Non, rien ne l'était, tout me paraissait aussi sombre et opaque que le brouet que j'ingérais sous le regard protecteur de deux femmes troublantes.

– Vous savez que la plupart des cervicalgies et des migraines comme la vôtre sont dues au stress. Supprimez la cause et vous guérirez le mal.

– Je ne suis pas tellement stressé.

– Vous ? À l'instant où vous êtes entré, j'ai ressenti les vibrations négatives que vous dégagiez. Vous êtes le type le plus tendu que j'aie vu depuis longtemps. Et le dernier dont je me souvienne à être aussi noué était justement un Français.

– Vous croyez que c'est un mal national ?

– Non. Mais vous voulez que je vous dise ? Les Français, vous n'êtes pas faits pour ce pays. Je vais vous donner un bocal avec un Kombucha et vous allez l'élever. Tous les jours vous boirez un verre de sa substance. N'hésitez pas à lui parler. Qu'il sente que vous l'adoptez vraiment. Je connais beaucoup de clients qui leur chantent des chansons. Ça doit vous paraître très américain… En tout cas, plus vous serez proche de votre champignon, plus il accédera facilement aux portes qui doivent être déverrouillées en vous. Et je parierais qu'elles sont situées bien loin de votre nuque.

Et nous nous sommes retrouvés tous les trois assis sur la terrasse de la villa, sirotant dans des verres à pied cette vase champignonnière, avec autant d'égards qu'un grand cru. Betsy racontait les derniers potins de l'ashram à Selma qui le fréquentait de moins en moins, et l'informait surtout que le Beverly Hills Juice Club, bar à jus de carottes et cocktails de fruits, était l'un des endroits les plus *hype* de la ville. Pour ma part, j'étais à ce point convaincu de mon insignifiance que, si quelqu'un avait pris une photo de notre table à cet instant, j'étais certain de ne pas apparaître sur le cliché.

Cette impression d'irréalité récurrente gâchait jusqu'à mon plaisir de côtoyer Selma, de nous imaginer comme un couple légitime en visite chez une amie, installé sur sa terrasse, regardant vivre la ville au loin tandis qu'au même instant, dans les collines, un Forrest Gump courait à perdre haleine derrière l'armée de ses fantômes.

Je ramenai Selma à la Paramount et rentrai chez moi avec mon nouvel ami. Il flottait au cœur de son bocal comme un vieux viscère dans du formol frelaté. Je l'installai dans un coin de la cuisine, entre le toaster et le four à micro-ondes, à moins d'une main de la trappe de la poubelle dans laquelle, un jour ou l'autre, il finirait.

En fin d'après-midi, je passai au bureau. Selma était en réunion avec les Balshaw Boys. D'après ce que j'observais, l'effervescence des conférences initiales avait fait place à des prises de parole plus conventionnelles où chacun se contentait d'assumer sa tâche sans désir de briller ou d'imposer ses choix. Finalement, dès le premier rappel à l'ordre de Whitman, les fumistes du « Lo-Moï » étaient rentrés dans le rang avec armes, bagages et ambitions.

Plus que les eaux troubles du Kombucha, de bonnes doses de Tylenol avaient temporairement apaisé mes douleurs. En sortant de sa réunion, Selma adressa un salut amical à Tricia et vint s'asseoir dans mon décor.

– Je suis sûre que tu as déjà moins mal.

– J'ai pris mes cachets.

– Betsy a raison, tu es trop tendu. Peut-être que, psychologiquement, tu supportes mal d'être éloigné de ta famille.

C'était la première fois que Selma me renvoyait à ma vie française. À ma condition de père, de fils, de grand-père et de mari. Autant de rôles qui ne faisaient pas de moi l'homme le mieux placé pour prétendre à la succession de Forrest Gump.

– Tu sais, c'est difficile pour tout le monde d'être loin de chez soi. Hier j'ai reçu une lettre d'Irak de Terry. Elle parle de cela, et de la guerre. Il faudrait que les journaux publient des lettres comme la sienne pour que les gens sachent à quoi pensent leurs enfants quand on les envoie là-bas. Ça t'ennuie si je te lis cette lettre ?

Selma sortit une enveloppe de son sac et, avec cette spontanéité qui me déconcertait, commença à dire les mots d'un jeune garçon dont j'ignorais tout et qui, pourtant, me parlait dans une langue familière :

« Selma chérie, comme la plupart d'entre nous ici, je me sens très loin du monde où j'ai grandi. Nous sommes tous très seuls. Mais le fait de tous nous sentir seuls ne nous réunit pas pour autant. Je fais un boulot sans intérêt avec des types de mon âge qui ne savent pas plus que moi pourquoi ils font ce boulot. Je dis qu'on fait un boulot idiot mais il ne l'est pas plus que celui de nos parents à Pontiac quand ils travaillaient pour la General Motors. En fait moi aussi je travaille pour la General Motors ou une autre de ces compagnies. Mais c'est en Irak. Toujours le même boulot. Toujours pour les mêmes gens. Rien ne change. Et chaque soir je ressens ce que devaient, à l'époque, ressentir les parents. Je pense que tu comprends ce que je veux dire. Je me demande pour combien de temps on est coincés là. Il y a eu trois morts chez nous, ce mois-ci. Un attentat-suicide. Dès qu'on sort de la base, on y pense. Un type qui fonce sur nous avec des explosifs, on ne s'habitue jamais à cette idée. J'ai peur comme au premier jour. Je t'embrasse et tu me manques. Terry. »

La voix de Selma était posée, assurée, son œil, sec, mais on la sentait touchée au plus profond d'elle-même par ce qu'elle venait de lire, pour que ce texte ne disparaisse pas au fond d'une enveloppe, pour que la voix de Terry soit entendue. Puis elle me demanda à brûle-pourpoint de l'emmener chez Forrest Gump.

Si l'analyse de Betsy Bild avait été la bonne, si mes douleurs cervicales avaient pour origine le stress et les tensions nerveuses, alors, à l'annonce d'une telle demande, mes ligaments capsulaires et autres latéraux supérieurs de l'apophyse odontoïde se seraient arrachés les uns après les autres. Au lieu de quoi, ma tête opina comme si rien n'était plus normal que de conduire la femme de ma vie chez son amant occasionnel.

Le trajet me parut d'autant plus long que nous étions enfermés dans nos mondes respectifs et n'avions pas le goût d'engager une conversation de politesse. Mon Kombucha patientait en cuisine et, si tout se passait bien, je pouvais espérer l'emmener au salon pour finir la soirée en tête à tête avec lui. J'essayai de me concentrer sur ce champignon pour oublier la façon dont se terminerait cette journée, ne pas penser à ce vers quoi nous roulions, cette échéance déplaisante dont je connaissais les termes. Pour Chantz, il en irait comme d'habitude : Gump la tripoterait, sans doute debout dans l'entrée, puis la baiserait en vitesse, avant d'appeler un taxi pour la renvoyer chez elle. Était-il à ce point excitant de se faire enfiler entre deux portes par un acteur infidèle, galopant et trouillard ? Il fallait croire que oui.

De retour chez moi, je préparai une sorte de sashimi avec des lamelles de saumon cru d'Alaska et des boulettes de riz aromatisé au gingembre frais et à la sauce de poisson fermenté. Je regardais le champignon flotter en me demandant si un client de Betsy avait déjà eu, un jour, l'idée saugrenue de préparer une de ces « mères » abusives en omelette.

Je fus réveillé aux aurores par un appel de mon père, l'une de ces invraisemblables communications matinales passées sur le ton de l'urgence pour régler une histoire devenue, à ses yeux, impérative :

– Tu as une drôle de voix.

– Je dormais. Il est six heures et demie du matin.

– Ah bon. Je m'y perds avec ce décalage. Des fois tu dors, des fois tu as des insomnies, je ne sais plus.

– Qu'est-ce que tu veux ?

– Régler le problème de ta place au port. Est-ce que tu la gardes ou pas ?

– De quoi parles-tu ?

– De la place de *Sherbrooke*. J'ai reçu l'échéance du trimestre. Il faut prendre une décision.

– À propos de quoi ?

– Tu es sourd, bon dieu ! Je te demande si tu veux garder la place de ton bateau au port.

– Quel bateau ?

– *Sherbrooke*, enfin ! Tu le fais exprès ou quoi ?

– Je n'en sais rien, écoute… On peut parler de ça une autre fois ? Je dormais…

– Non, non. Il faut décider maintenant. Je pars à la mer tout à l'heure et je veux régler le problème avec la capitainerie. Il ne faut pas que ça traîne.

– Fais ce que tu veux.

– Le plus simple, c'est que je paye, alors. Que je paye pour toi.

Je te paye ce trimestre et comme ça on n'en parle plus. Tu es d'accord ?

– C'est ça.

– Je crois que c'est le mieux. Tu gardes ta place et je la paye. Il y en a pour deux cents euros à peu près. Deux cents euros ce n'est rien pour moi maintenant. Je peux bien t'offrir ça.

Je raccrochai avec la certitude que mon père était un parfait goujat et qu'en outre il était en train de perdre tout sens commun, de dériver vers ce large où naviguent les fortunes et leurs grosses embarcations. Je reçus son appel comme une gifle qui, en plus de m'arracher au sommeil, m'éveilla à ma réelle condition : celle d'un fils auquel son père détraqué faisait la charité à cinquante ans passés ; celle d'un *script doctor* névrosé traité au jus et à la vitamine de champignon ; celle d'un mari putatif impuissant, d'un amoureux transi complaisant.

Dans des moments de perdition comme celui-là, il était inutile de se débattre pour tenter de refaire surface immédiatement. Au contraire, mieux valait accepter de se laisser aller, de couler au fond de soi et d'y séjourner jusqu'à ce que les choses se calment. L'attitude n'était ni très virile ni très courageuse, mais elle avait fait ses preuves.

Je pris donc trois Tylenol et préparai un café tandis que les premiers rayons du jour traversaient la pièce en oblique pour mourir, au travers du bocal, sur les lèvres brunâtres du Kombucha, mon immobile dauphin. Je profitai de ce lever matinal pour faire deux lessives puis nettoyer la maison de fond en comble. En vieillissant, je souffrais d'une quête obsessionnelle de propreté. La cuisine se devait d'être aussi récurée qu'un bloc chirurgical et tous les éléments de salle de bains d'étinceler d'un émail immaculé. Cette douce névrose m'amenait à adopter des comportements embarrassants, contradictoires et grotesques. Par exemple, dans le but de préserver l'éclat de ma gazinière et la pureté de l'air, j'en étais réduit à ne préparer que des plats ne dégageant ni graisses ni odeur à la cuisson. En ce qui concernait la douche et la baignoire, les choses étaient encore pires puisqu'il m'arrivait de ne pas me laver durant toute une journée pour ne pas salir mon sanitaire. Il n'y avait pas si longtemps que j'avais pris conscience de cet état de choses. La solitude et une angoisse indéfinissable étaient, je pense, pour beaucoup dans l'inquiétante absurdité de telles conduites. Le champignon de Betsy était-il à même de me rendre la raison ?

Pour être franc, Betsy Bild elle-même aurait obtenu avec moi de bien meilleurs résultats que la plus fermentée et la plus subtile de ses machines à produire de l'acide glucuronique. À certains égards, Frau Bild me faisait penser à Johnny. Notamment dans cette part charnelle, ces formes voluptueuses qui les rendaient, l'une comme l'autre, aussitôt désirables et accessibles.

Un instant, la veille au soir – tandis que Selma se faisait battre les flancs –, l'idée m'avait même traversé l'esprit de me rapprocher de Betsy. Pour la remercier de son cadeau, flatter son expertise, louer l'efficacité de ses cultures. Et la revoir sous le prétexte le plus médiocre pourvu que ce subterfuge me menât jusqu'à sa poitrine, ses seins auxquels je n'avais cessé d'être attentif, sur la terrasse, et qui, j'en étais certain, possédaient le pouvoir de me guérir de mes maux. Betsy n'avait-elle pas suggéré elle-même ce type de cure en évoquant, à demi-mot, mes verrouillages ?

Vers midi, je reçus un autre appel, au moment où je l'attendais le moins, alors que je naviguais entre les sucs champignonniers, les détergents ammoniaqués, la névrose de propreté et les fantasmes à bon marché. Anna m'annonçait qu'elle était rentrée.

– Je voulais juste que tu saches que tout s'est bien passé.

– C'est formidable. Tu es arrivée quand ?

– En fin de matinée.

– Cela doit paraître bizarre, non, après tout ce temps ?

– Tant qu'il faisait jour, ça allait. Mais maintenant que la nuit est tombée, c'est un peu angoissant. La maison vide, le silence. Là-bas, il y avait toujours du bruit, quelqu'un qui entrait dans la chambre ou passait dans le couloir. Ici je redécouvre la solitude.

– Tu veux que je demande à Jean ou Marie de passer les premières nuits à la maison avec toi ?

– Mais non. Tout va bien. Ça avance pour toi ?

– Rien. Lamentable. J'en suis presque au point de départ.

– Mais qu'est-ce que tu fabriques depuis tout ce temps ?

– Je ne sais pas, je ne m'en sors pas. C'est la première fois qu'une chose pareille m'arrive. Impossible de me concentrer. Tout est bizarre ici, le cadre de travail, ce que l'on attend de moi, jusqu'à la manière dont ce projet a été monté. Et puis j'ai ces douleurs à la nuque, depuis plusieurs semaines.

– Quel genre de douleurs ?

– De violentes migraines.

– Tu as vu quelqu'un ?

– Un radiologue et un chiropracteur serbe.

J'espérais que pour Anna le plus difficile était passé et qu'elle retrouverait la paix et l'équilibre dont elle avait besoin. Mais, bien que cela ne fût pas facile à admettre, j'avais le plus grand mal à imaginer qu'elle et moi puissions à nouveau partager un avenir commun, redevenir simplement mari et femme. Je passai l'après-midi devant mon ordinateur à essayer de lui écrire pour l'assurer de mon aide et de mon soutien, pour lui dire mon affection et mon bonheur de la savoir sortie d'affaire. Mais les mots ne s'agençaient pas. Ils semblaient se repousser mutuellement, refuser de se rendre complices d'une politesse qui n'avait d'autre but que sauver les apparences, faire illusion, gagner du temps – ce temps que je savais compté et qui allait m'être précieux pour mener à bien l'ensemble de mes basses œuvres.

Ce soir-là, à la télévision, je regardai une interview de Barack Obama, suivie d'un nouvel épisode de la série *24 heures* avec Wayne Palmer, deuxième président noir des États-Unis, après qu'il eut succédé à David, son frère, assassiné durant la précédente saison. Obama aurait pu jouer dans la série, et l'acteur prendre sa place dans la course à l'investiture, tant les deux personnages donnaient cette agréable impression de fluidité, d'assurance et d'interchangeabilité. Il ne faisait aucun doute pour moi que « ce type maigre avec un drôle de nom », ainsi que se définissait le sénateur de l'Illinois, serait le troisième président noir des États-Unis. Les frères Palmer avaient ouvert la voie. Barack Hussein Obama Jr., peut-être affecté d'une légère déficience pondérale, n'avait qu'à avancer sur leurs brisées. Quoi de plus logique, dans le fond, qu'en ce pays des apparences trompeuses et de l'économie virtuelle, la puissance de la fiction eût fini par imposer ses vues à la réalité ? En cette fin septembre, les sondages étaient loin de le donner gagnant, et pourtant quelque chose me disait que, l'année prochaine, l'homme de Chicago serait à la tête du pays. J'étais un spécialiste pour dénicher les outsiders. Winterbottom en était la preuve.

J'eus une nuit déplaisante, couché à plat dos, la nuque martelée d'élancements qui pulsaient au rythme de mon cœur. Quant à Boban, Serbe de tragédie, travesti en une sorte de démiurge des plateaux, il se chargea d'investir le peu de sommeil qui m'était alloué, en me reprochant sans cesse ma faible constitution, ma lâcheté de caractère et, surtout, mon manque de professionnalisme. Comme dans tous les films du genre, les premières lueurs du jour qui glissèrent sur les murs eurent tôt fait d'effacer le fantôme de Kutzurić de la surface du monde.

Bourré de Tylenol, je passai l'après-midi au bureau à travailler sur le scénario. Des éclats de voix intermittents me donnaient à penser que, de l'autre côté de la vitre, Eric Balshaw s'employait à recadrer l'écriture de certaines scènes explicites entre les gringos énamourés et leurs futures compagnes mexicaines. Malgré les retouches que j'avais apportées au script, cette histoire que Whitman qualifiait de « transculturelle » était pour moi un vulgaire projet d'inspiration néocolonialiste, méprisant et vaguement raciste. Mais je n'étais pas engagé pour remodeler la structure mentale de la production des studios, seulement pour tenter de ravauder un vieux scénario. En un après-midi, je me montrai plus productif que je ne l'avais été depuis mon arrivée. Dans cette nouvelle adaptation new-yorkaise, les deux écrivains étaient amis depuis l'université. Ils avaient même vécu, à des périodes différentes, avec la même femme et connu des débuts et une carrière similaires, jusqu'à ce que le succès élise domicile chez le moins talentueux des deux. Les années s'étaient écoulées et les rapports, distendus. Jusqu'à l'accident et cette mort providentielle qui allait permettre à l'auteur médiocre d'accéder à la reconnaissance de la critique grâce à l'œuvre volée dans le tiroir de son ami mort. Lier ces deux hommes de longue date, leur faire partager la même compagne permettaient de réaliser de précieux retours en arrière et autres acrobaties scénaristiques. Il ne restait plus ensuite qu'à coucher dans cette histoire d'autres hommes, quelques femmes, y ajouter ce qu'il fallait d'argent, de brisures de pouvoir, d'éclats d'ambition, une solide part de sexe, quelques engins mécaniques, aussi indispensables aux déplacements qu'à la photogénie du drame, et laisser œuvrer Edward Waldo-Finch qui, de toute façon, rendrait une copie bien plus présentable et autrement comestible que le brouet misérable qu'Eric Balshaw mijotait.

Quand Edward passa en fin de soirée, j'étais encore en train d'écrire une scène qui se déroulait à l'université. Je lui racontai l'orientation du script et les perspectives qu'offrait la longue relation amicale entre les deux hommes. Waldo-Finch sembla ravi. Il savait que, à partir de maintenant, chaque ligne que j'écrivais le rapprochait de sa Panaflex :

– C'est une très bonne idée, ce lien entre les deux personnages. Ça rend le vol et le dépouillement de cadavre encore plus indécents. Et l'université permet d'intéressantes scènes de jeunesse. Vous tenez le bon bout.

– Je vais essayer de finir ça rapidement.

– Vous ne voulez pas vous faire aider ?

– Non. J'ai l'habitude de travailler seul.

– C'est formidable, Paul. Ce que vous m'annoncez là est une excellente nouvelle.

Nous nous rendîmes au Formosa, un petit restaurant situé en face des anciens studios de la Warner, non loin de La Brea. C'était l'une des plus anciennes cantines de ce quartier et les deux cent cinquante photos en noir et blanc accrochées aux murs étaient là pour en attester. Depuis qu'il travaillait à Hollywood, Edward avait croisé la plupart de ces visages et même dîné ici avec certains d'entre eux. Mais, dans cette galerie, la mort avait déjà opéré un premier choix.

– Je voulais vous parler de quelque chose depuis longtemps...

Edward picorait dans une coupelle remplie de coleslaw.

– Une histoire qui a plus de vingt ans. Quelque chose d'un peu ridicule et que vous avez sans doute remarqué... Comment dire... Et qui ne me ressemble pas vraiment...

La salle était presque vide et la lumière semblait à peine effleurer les tables.

– Cela a à voir avec mes cheveux. Vous vous en doutiez ? Non ?

Sur l'instant, je ne compris pas de quoi parlait Edward. Mais lorsqu'il lissa sa coiffure du plat de la main, je vis tout de suite à quoi il faisait allusion.

– Ne me dites pas que vous n'aviez pas remarqué ces petites touffes ridicules… C'est d'elles que je voulais vous parler. Vous savez pourquoi je me suis fait faire ces implants ? C'était à l'époque où je n'avais plus de travail, après *THC*, quand on ne m'a plus appelé, ni confié aucun scénario. J'ai commencé à paniquer, à me mettre dans la tête toutes sortes d'idées. J'en étais arrivé à me persuader que si je n'avais plus de travail, si on ne me confiait plus de projets, c'était parce qu'on me trouvait trop vieux. Alors, pour rajeunir de quelques années, j'ai dépensé tout ce qui me restait en me faisant replanter les cheveux que j'avais perdus depuis longtemps. J'ai dégoté un jeune type qui débutait et ne demandait pas trop cher. Voilà ce que ça a donné. Cette fameuse « chose » qui me ressemble bien peu. Vous savez, Paul, je crois que le travail agit sur nous comme une drogue, et que la peur d'en manquer nous amène parfois à faire des choses bien étranges.

OCTOBRE

Mon père passait de plus en plus de temps à Paris. Pour ses affaires, disait-il. En l'espace de quelques mois, il avait changé ses habitudes et ne se privait pas de mener grand train. Son association avec Johnny devait être pour beaucoup dans cette modification. Le couple avait pris ses quartiers dans l'appartement de la place des Victoires et j'imaginais la charge émotionnelle, l'ivresse de la revanche paternelle, chaque fois qu'il voyait cette femme s'allonger près de lui dans l'antre et le lit de son frère. Si j'entrevoyais la sombre jouissance d'Alexandre dans ces instants puissants où il narguait à la fois son aîné et la mort, il m'était en revanche plus difficile de définir la nature des émotions que John-Johnny avait à affronter. À l'instant de s'ouvrir, y avait-il aussi en elle cette pointe de vengeance, ce désir de réduire au silence toutes ces années de servitude, ou prenait-elle simplement la charge d'un frère à la suite de l'autre, comme une nurse fidèle s'attachait au cadet sitôt l'aîné dégourdi ?

Lorsqu'il était à Paris, mon père se piquait d'employer un sabir de cambiste pour me parler de la « nécessaire diversification internationale d'un portefeuille d'actions sur les marchés émergents asiatiques et ce malgré le risque de change », figure boursière dont il ignorait tout avant de baiser Johnny, mais qu'il m'assenait aujourd'hui avec l'assurance d'un petit parvenu des indices Nikkei et Topix. Cet homme était à la fois mon père et un inconnu chez qui je découvrais chaque jour un penchant pour la vanité, un goût assumé et prononcé pour tout ce qu'il exécrait avant cette crémation transfiguratrice. On aurait dit qu'une forme d'osmose s'était établie entre lui et le nouveau président dont, il n'y avait pas si longtemps, il disait pis que pendre, ce président dont chacun s'accordait aujourd'hui à reconnaître qu'à l'égal de mon père il aimait l'éclat de l'or, les marques des fabriques, les flottes impériales, les avions personnels et les femmes des autres.

L'homme des tondeuses, le mari de Christine-Isabelle, le marin du MD2B était mort en même temps que Charles. Une sorte de *miga* l'avait remplacé, un père de substitution qui me paraissait minuscule en regard de l'original. C'était moins le bonheur grossier auquel aspirait mon père qui m'horrifiait, que les moyens dont il se prévalait pour accéder à cet Éden. Alexandre était devenu vulgaire dans ses goûts, ses attitudes, ses pensées, et même lorsqu'il faisait montre de largesse. Je le soupçonnais d'appartenir désormais à cette répugnante catégorie d'individus offrant des pourboires royaux dans l'espoir que les génuflexions n'en soient que plus basses. Chaque fois qu'il m'appelait, une certaine gêne s'installait en moi.

– Je voulais te dire que pour le bateau tout était réglé. J'ai payé le port et fait établir les papiers du *Sherbrooke* à ton nom.

– C'est gentil.

– Il faut que tu me rendes un service. Quand tu reviendras, rapporte-moi quelques boîtes de mélatonine, de la DHEA de chez Ultimate Nutrition et deux ou trois tubes ou pots de Relasting.

– Qu'est-ce que tu veux faire avec tout ça ?

– La mélatonine et le Relasting, c'est pour Johnny. La DHEA, c'est pour moi. J'ai lu quelque chose là-dessus, il y a une dizaine d'années. Ça redonne du tonus. Le problème, c'est qu'on ne vend pas ces produits en France.

– C'est quoi, le Relasting ?

– Rien, une crème pour retendre la peau des yeux.

Le jour même je me rendis au premier Walgreens venu et achetai quatre exemplaires de chaque produit. Ce qui, après expédition, devait représenter deux fois le montant du loyer portuaire que mon père m'avait offert. Au moins, à la vue de tous ces élixirs, Alexandre Stern, vieux réformé viré « néosauteur », bondirait-il de joie. Je jugeais mon père avec sévérité, mais étais-je le mieux placé pour l'accabler ainsi, moi qui n'étais après tout qu'un pur produit de ce monde falsifié, l'un de ses artisans même, sorte d'anesthésiste chargé d'endormir le réel, de le réduire à sa plus petite dénomination commune ?

Lorsque, nuque raide, j'arrivai au bureau, je trouvai Tricia Farnsworth en larmes. Son vétérinaire venait de lui apprendre la mort de son chien qui était en observation après avoir été renversé par une voiture. Je n'osais pas lui demander le nom de l'animal et la laissait à son foudroyant chagrin baxtérien.

Désarticulé prenait forme. Je savais maintenant comment venir à bout de l'histoire, la stabiliser, l'américaniser aussi. C'est-à-dire traiter du milieu de l'édition comme du monde de la course automobile ou du harcèlement sexuel chez Microsoft. Ici, les auteurs appelaient cela « écrire *cash* ». Sans doute parce que cela pouvait également rapporter son pesant de kétamine. En tout cas, j'avais repris confiance. Pour rendre crédible la migration transatlantique du sujet, je pouvais compter sur les plans urbains, avec ce qu'il fallait de tours, d'immeubles, de rues encombrées, de vues d'hélicoptère tournées au point du jour ou au cœur de la nuit, immuables plans documentaires, sans oublier notre Brooklyn de studio ouvrant à heures fixes, ce New York en bocal à deux pas du bureau, où l'on pouvait faire la pluie comme le beau temps, et qu'il suffisait parfois d'agiter pour voir, même en été, des averses de neige.

D'après ce que j'avais cru deviner, les actions de Forrest Gump étaient sérieusement à la baisse. Selma m'avait laissé entendre que leur dernière soirée avait mal tourné et que le retour en taxi, précipité, avait été précédé d'une explication orageuse sur le perron.

– Tu aurais vu ce con, il était mort de trouille. Il regardait de tous les côtés pour s'assurer qu'aucun voisin n'était témoin de la scène. « Je t'en supplie, calme-toi, ne crie pas comme ça. » C'est tout ce qu'il savait dire. J'aurais aimé que sa femme arrive à ce moment-là, qu'elle le voie avec ses petites mains jointes en train de me supplier de la fermer. Je crois que c'est de le voir comme ça qui m'a fait exploser. Tu sais ce que j'ai fait ? J'ai ouvert la portière du taxi et, du plus fort que j'ai pu, j'ai crié : « Tu es un baiseur de chat ! » – Je ne sais même pas pourquoi j'ai dit ça.

Ce compte rendu un peu leste – « *cash* », dirait Balshaw – m'emplissait d'une joie puérile. Mais de tout cela, je ne retenais qu'une chose, une information capitale, bien plus revigorante que la semence de Kombucha que je m'étais finalement mis à téter : ma femme revenait vers moi.

Ce sentiment fut conforté lorsque, le soir même, nous fûmes invités tous les deux chez Walter Whitman, qui organisait une soirée informelle avec quelques amis. Ce genre de *party* était ici un rite de socialisation permanent, les invitations des uns répondant aux réceptions des autres, les cercles s'agrandissant ou diminuant au gré des modes et des fortunes. Dans cet univers où signer un contrat était assimilé à l'accomplissement d'une tâche exténuante, ces rencontres dînatoires étaient considérées comme la continuation du labeur par d'autres moyens. N'avais-je pas d'ailleurs entendu Whitman lui-même employer à plusieurs reprises l'expression : « Ce soir je ramène du travail à la maison », pour signifier qu'il recevait ?

La maison de Walter, à l'image de la plupart de ses invités, était agréable, sans surprise, d'un classicisme reposant. Il y avait une dizaine de convives, dont Nick Nolte. Walter et lui se connaissaient depuis longtemps, et ils avaient collaboré avec la Paramount pour le tournage de *Northfork*. En vieillissant, Nolte était devenu un personnage de plus en plus mythique et mystérieux. Par certains côtés, il me faisait penser à un Mitchum bienveillant ou un Brando apaisé, une sorte d'ermite intimidant que l'on imaginait vivre à la lisière d'une épaisse forêt, alors qu'en réalité il habitait Malibu et avait divorcé trois fois comme tout le monde. Peu importait. Nicholas King Nolte était pour moi l'inoubliable shérif Wade Whitehouse, fils du terrifiant Glen Whitehouse, dans *Affliction*, étrange et sombre film tiré du roman de Russell Banks. Je m'intéressais à lui depuis longtemps, comme si je suivais une piste lointaine qui invariablement me ramenait tout près de chez moi. Avant de passer à table, Nolte m'avait fait cette remarque que j'avais prise pour un compliment :

– C'est vous, le Français ? Je m'en doutais. Vous êtes le seul ici avec moi à avoir l'air de mauvaise humeur.

Gareth Edwards, l'un des plus chers amis de Whitman, n'était jamais de mauvaise humeur. D'origine galloise, cet homme possédait une fortune colossale, passait son temps en ballon dirigeable, et vivait entouré des plus jolies filles de la terre, qu'il se contentait de regarder baiser à longueur de journée. Indiscutablement rustique, Edwards ne faisait aucun effort pour raffiner ses manières ou atténuer son accent gallois. Il était à la tête de Vivianid, la plus grosse société de films pornographiques de la Californie. Il possédait ses propres studios dans la San Fernando Valley et travaillait à l'ancienne, en ayant sous contrat exclusif une vingtaine de filles, les plus attirantes du pays. Vivianid représentait l'aristocratie du métier, la fleur de l'excellence pelvienne. Edwards avait une autre particularité qui me le rendait tout à fait sympathique : il détestait les Américains. Au-dessus de ses studios, il avait fait dresser un mât de plus de vingt mètres, au sommet duquel flottait en permanence le drapeau gallois frappé du dragon rouge.

– Quand je suis arrivé en Californie, on m'a traité comme une merde. Vraiment. Je venais d'Aberystwyth, un petit port sur la côte galloise, et ici j'étais tout juste bon à passer l'aspirateur dans les voitures. Ils sont très forts pour t'enfoncer, les Américains, pour te faire sentir que tu es un moins-que-rien. Enfin, pendant deux ans j'ai gagné ma vie en faisant du *detailing*. Le *detailing*, ça veut dire que tu dois laver les bagnoles comme si c'étaient des nouveau-nés. Il faut passer des cotons-tiges dans les fentes, les grilles d'aération du tableau de bord, parfumer les moquettes, savonner les moteurs, siliconer les plastiques, cirer les pneus. Tu finis par devenir cinglé. Et puis, vers la fin des années 70, le porno a commencé à bouger par ici. J'ai acheté une caméra et j'ai tourné mon premier film avec quelques copines. Ça s'appelait *Johnny Delivers Pizzas*.

Depuis, Gareth Edwards se contentait de passer des commandes, et cela devait faire une éternité qu'il n'avait pas mis les pieds dans une pizzeria. Il racontait son histoire devant un auditoire attentif, tout en sachant que, sitôt qu'il serait parti, la plupart des convives se feraient un devoir de le mépriser. Mais tant qu'il était là, qu'il imposait sa magnifique stature de buffle, sa voix de Celte et cette énergie qui nous submergeait tous, nul n'osait la moindre remarque désobligeante. Aussi profitait-il de chacune des délicieuses occasions que lui offrait Whitman de narguer les Américains sur leur sol.

– Il y a dix ans, Walter s'en souvient, j'ai acheté une Rolls-Royce. Pas pour moi, je trouve ces voitures ridicules. Mais j'avais remarqué qu'elles épataient les Américains. C'est pour ça que j'en ai pris une, pour servir de navette entre les studios et l'aéroport, pour amener et ramener les clients. Leur en mettre plein la vue. Leur faire croire qu'ils sont des émirs. Et ça marche à chaque fois. Vous savez ce que je lis dans leurs yeux? « Un Gallois qui a une Rolls, après tout, on peut traiter avec lui, c'est presque un Anglais. »

Nicholas King Nolte, natif d'Omaha, Nebraska, fit un signe de tête qui valait approbation. Ensuite, quelqu'un se racla la gorge, une femme fit semblant de chercher quelque chose dans son sac à main, Selma déposa sa coupe de champagne sur une table basse, puis, à la suite de Whitman et d'Edwards, nous nous dirigeâmes vers la salle à manger.

Selma était placée à mes côtés, on pouvait nous considérer comme mari et femme ou penser que ma fille puînée m'avait accompagné. J'avais été extrêmement troublé, tout à l'heure, en nous apercevant tous les deux dans le grand miroir de l'entrée. Si j'avais bien retrouvé l'Anna immaculée des origines, il m'avait fallu un moment pour reconnaître l'homme vieillissant qui, lui, n'avait pas été épargné par le temps. C'est à peine si j'avais discerné quelques traits sauvegardés du jeune peintre en bâtiment que j'avais été. Rien de pire que du verre étamé pour vous obliger à regarder la vérité en face.

Au début du dîner, je fus attentif aux autres, à la ronde des mots, à ce qui se disait. Nick Nolte racontait comment, alors qu'il entamait une prometteuse carrière de buteur dans l'équipe de rugby de l'Omaha Benson High School, il s'était fait virer de ce collège pour avoir fait un trou dans le terrain, y avoir caché des bières et, surtout, les avoir vidées une à une pendant le match. Puis, mon attention se relâcha, et sans que personne s'en aperçût ni que j'en fusse véritablement conscient, je m'accroupis au fond de moi, comme un enfant buté, recroquevillé en son domaine.

Il m'arrivait assez souvent de m'absenter de la sorte, de devenir quelque chose de dur, d'opaque, de sourd, de fermé. C'était comme si chaque cellule de mon corps se soudait à sa voisine pour ne plus former qu'un unique bloc minéral, une structure monolithique, dépourvue de crainte et d'affect, devenue inaccessible, inviolable.

La main de Selma se posa sur mon bras. Je la sentis, puis vis ses doigts, entendis le son de sa voix, et de la même façon qu'un plongeur remonte à la surface, je me retrouvai à la table de Whitman, laquelle, soudain, m'apparut légère, enjouée et étonnamment bruyante. Je m'aperçus que j'avais une surprenante érection dont j'étais bien incapable d'identifier la cause. Que s'était-il passé durant mon absence ? Qui avais-je croisé derrière le rideau ? Frau Bild ? Selma ? Anna ? John-Johnny ? Ou était-ce le champignon qui signait là ses premiers bienfaits ?

Je sentais le parfum de Selma, l'une de ces fragrances modernes, mêlées comme des jambes croisées, où l'on avait peine à dégager les dominantes de rose et de poudre, suivies de quelques traînées d'ambre, de jasmin et de cèdre. C'était une odeur compliquée à décortiquer, et qui pouvait tout aussi bien vous emmener à l'Opéra qu'à la plage ou dans un train ou une salle de bains.

– Comment s'appelle le film sur lequel vous travaillez ?

Je me demandai pourquoi Nick Nolte me posait cette question dont la réponse ne l'intéressait sûrement pas. Pourquoi lui, qui avait fait brûler son propre père dans *Affliction*, qui ne me reverrait jamais et m'aurait oublié dans une heure, faisait-il semblant de se préoccuper d'une chose pareille ?

– *Désarticulé*.

– C'est un vrai titre..

Il vida son verre avec la grâce d'un alcoolique mondain.

– Un vrai bon titre.

Selma sembla heureuse que l'on s'intéressât ainsi à mon travail et Whitman, soudain ragaillardi par ce compliment, s'autorisa une saillie typique de producteur pris au dépourvu :

– Avec ce film, je crois qu'on va en surprendre plus d'un.

– Ça parle de quoi ?

C'était au tour de Gareth Edwards de montrer de l'intérêt pour le projet.

– Ça se passe dans le milieu de l'édition à New York. Un écrivain dérobe le manuscrit d'un de ses amis, également romancier, qui vient de mourir dans un accident.

– Et puis ?

– Il a un énorme succès avec ce livre, et voilà.

– C'est tout ?

– C'est l'essentiel.

La brutale franchise d'Edwards me donnait à voir la débauche d'imagination qu'il me faudrait pour étirer ce squelettique synopsis en un film d'une heure trente.

– Sans déconner, vous tournez avec des scénarios aussi maigres que les nôtres. Sincèrement, je ne sais pas comment vous y arrivez, et sans gonzesses en plus. Je parie qu'il n'y en a pas une dans l'histoire.

– Si, une. La même compagne pour les deux.

– En même temps ?

– Non. Désolé.

– En tout cas, si vous avez besoin d'une fille pour relever ça avec des scènes un peu chaudes, n'hésitez pas. Non, sérieux. Les écrivains, le succès, la mort, c'est pas mal. Dans l'esprit des gens, il n'y a pas plus vicieux que les écrivains. Tu vois ce que je veux dire ? En plus, si c'est la même qui se tape les deux, il y a pas mal à faire. Enfin n'hésitez pas. Qui est-ce qui tourne ?

– Edward Waldo-Finch.

– Connais pas.

Nick Nolte hocha la tête. Regarda fixement le bord de son assiette. Ramena ses cheveux en arrière. Et dit :

– Je crois que dans un de mes films j'ai aussi volé quelque chose à un mort. Mais je ne me rappelle plus ce que c'était.

La tablée observa un instant de silence, comme si chacun fouillait dans sa mémoire pour identifier la nature du larcin, puis le Gallois dit :

– Walter, pour les filles, je ne blague pas. Un film comme ça sans gonzesses, je te le dis : tu vas droit dans le mur.

Selma se tourna vers moi. Son dos cambré s'était écarté du dossier de la chaise. Son buste incarnait toute la féminité du monde. Ses lèvres immobiles me disaient l'impensable – quelque chose comme : « Baise-moi, on a le temps, je t'en prie, fais mieux que Forrest Gump. »

J'en étais convaincu. Il venait de se produire. Ce moment où les choses basculent entre un homme et une femme, où l'un et l'autre se considèrent d'un autre regard, où la loi de l'épiderme l'emporte sur tout. Que s'était-il passé durant ce repas, ou peut-être avant, pour qu'il en soit ainsi ? Je n'en avais pas idée. Simplement, après que le Gallois avait dit : « Tu vas droit dans le mur », je sus que Gump avait, provisoirement du moins, perdu la partie.

Après le repas, à la demande d'une de ses amies, Whitman joua quelques morceaux de jazz sur son Steinway qui sonnait comme une cathédrale. J'enviais l'aisance de son toucher et la liberté de sa main gauche, qui menait sa propre vie. J'étais toujours ému par une telle grâce, moi qui, enfant, avais passé tant de temps à essayer d'assouplir mes doigts de bois, assis derrière le demi-queue Érard de mon père, une pièce de palissandre qui me semblait interminable, et sur la table d'harmonie duquel était gravé le numéro de série 88802 correspondant à un assemblage réalisé durant l'année 1907.

Selma était à côté de moi. Je n'avais qu'à allonger le bras pour toucher sa peau, sentir la chair de sa cuisse. Je n'avais qu'à tendre la main. Et, comme si nous vivions ensemble de toute éternité, elle posa la main sur ma poitrine et dit :

– On rentre ?

Durant le trajet, aucun de nous n'éprouva le besoin de parler. Assis derrière notre airbag, nous étions attentifs à la circulation, à ce monde mécanique complexe régulé par de simples codes lumineux, ce monde qui allait et venait en tous sens, nous dépassait ou nous croisait, vivait sa propre histoire, indifférent à ce qui se jouait dans nos cœurs.

Depuis toujours je savais qu'il en serait ainsi, qu'il serait présent à ce moment-là, que tout commencerait devant lui. Et c'est ce qui se produisit. Elle laissa glisser sa jupe, se retourna, saisit ma bite, replia une jambe, et c'est ainsi que, pour la première fois, je pénétrai Selma sous les yeux du Kombucha, sur le comptoir de la cuisine. Le nez collé sur l'immonde, cette crêpe noyée, éclairée par les lumières de la rue. Je pouvais voir flotter des filaments et même discerner quelques micro-organismes en suspension dans le jus de fermentation. Et, immergée dans ce cloaque, souveraine, la « mère » en gésine, plus grosse et ventrue que jamais, quasi parturiente, qui semblait m'observer, me juger, m'évaluer, la « mère » que j'entendais presque me dire : « Tu t'y prends mal. Vraiment. Gump est ce qu'il est, mais lui, au moins, il y va carrément, il la baise à fond. Qu'est-ce que tu attends ? Tu as mal à la nuque ? Tu n'avais qu'à me téter, accepter de prendre tout ce que je pouvais te donner. Je suis là pour ça. Quelle idée de faire ça à la cuisine ! Tes C4-C5 vont en prendre un coup. Tu aurais été bien mieux sur ton lit ou au salon. Mais non, il a fallu que tu sacrifies à ces fantasmes de petits bonshommes qui croient que toutes les femmes rêvent de se faire enfiler sur la table de cuisson. Alors qu'elles n'aiment rien tant que faire l'étoile de mer dans un bon lit. Tu es ridicule de gigoter comme ça, à ton âge, entre un micro-ondes et un grille-pain. On dirait un père de famille en train de tringler la bonne. Tu ferais mieux de téter mon jus. » Ce champignon avait la voix maternelle de Frau Betsy Bild. Dans sa liquide sénescence, il incarnait la pire des choses qui pouvaient m'arriver à cet instant. Plus je le voyais barboter, plus j'étais convaincu que Selma était en train de penser à Gump, de se dire aussi qu'elle préférait ce qu'il lui faisait. Je perdais pied, alors, pour sauver les apparences, je commençai à simuler.

Les femmes ont tort de croire qu'elles sont les seules à pouvoir ainsi abuser leur partenaire. À tous les âges de ma vie et pour divers motifs, j'avais eu recours à ce leurre. Parfois pour le plaisir de la duplicité, parfois contraint par la nécessité. Avec un minimum de conviction, tout peut se falsifier, se contrefaire : l'envie irrépressible, l'amour violonisant, le plaisir douloureux, le vice inquiétant, le désir insatiable et même l'orgasme multidimensionnel. J'avais simulé avec Anna, comme elle l'avait fait avec moi. On ne traverse pas trente années de commune literie sans s'exposer à ce genre de pratique. Et si l'on allait fouiller tout au fond de la bête, on constatait que toute sexualité tripotée par les doigts de la judéo-chrétienté reposait principalement sur la foi de bites fourbes et de chattes chafouines. Je n'avais pas le cœur à m'expliquer là-dessus. D'autant que je devais m'atteler à la tâche qui m'incombait, à cette mission intimidante et déraisonnable : reprendre possession de ce corps volé par un acteur pusillanime. Récupérer Anna tout en séduisant Selma. Je ne devais opérer aucune distinction entre l'une et l'autre. C'était ma seule chance. Elles étaient à part égale dans ce ventre unique, parfaitement symbiotiques, identiquement irriguées. Anna se redressa, descendit du comptoir, me présenta le globe de ses fesses, puis inclina la tête en me regardant, en appui sur ses avant-bras. Selma avait l'air détendue, disponible, prête à recevoir ce qu'elle demandait. Je la sentais sereine. Elle savait que ce soir aucun taxi ne l'attendrait dans la rue.

C'était un mois d'octobre caniculaire, et les nuits étaient chaudes. Selma buvait un soda, nue sur le balcon qui donnait en permanence ce sentiment gratifiant de survoler les innombrables éclats scintillants de la ville. Assise sur un fauteuil, jambes croisées, elle buvait à petites gorgées. Je redécouvrais la beauté de ce corps ancien, sculpté dans ma mémoire. Présent, obsédant jusqu'au détail, jusqu'à cette arête de tibia qui luisait dans le velours du noir. Il y avait toujours quelque chose d'étrange et d'embarrassant à parcelliser le corps, le célébrer par petits bouts, le découper en tranches gourmandes. Mi-maquignons, moitié légistes, l'œil lubrifié, nous considérions, analysions, tâtions et finissions par choisir un morceau qui n'était, quand même, jamais, chez l'homme, que le produit rabâché d'une équation freudienne à fort peu d'inconnues. Il m'avait fallu pas mal de temps pour accepter l'idée que j'aimais l'os. Pas n'importe lequel : le tibia, exclusivement. Cet élément prismatique, compliqué, doublé du péroné, qui, dans sa face supérieure, s'articule sur le fémur et s'étire vers le bas jusqu'à s'ancrer sur la tête de l'astragale, avant d'enfler en une ultime apophyse volumineuse, la malléole interne. Le tibia, malgré sa discrétion, sa volonté de ne pas apparaître, constitue la véritable structure, l'armature noble de la jambe. C'est lui qui en trace l'épure, lui donne proportion et allure. Lui qui dirige l'orchestre fragile des élégances, réglant la marche et la démarche. Lui sur lequel repose l'équilibre des étages supérieurs, cet édifice des apparences protubérantes, cette façade des faux-semblants. Avais-je tort d'oser l'os, de tenir les ostéoblastes et les ostéocytes en trop haute estime? J'aimais m'asseoir face à une femme qui croisait les jambes. Jusqu'à attendre que la lumière soit favorable et affleure l'épiderme. Et là, tranquillement, je considérais l'entier de l'os. Ce tibia hautain et tendu, vaillant, vivant. Arête érotique moirée, étrave froide et racée, rigide balancier du désir oscillant au gré des impatiences. J'aimais les tibias – choses tangibles – sur lesquels nous pouvions nous appuyer pour rester debout le temps de notre courte et bien étrange vie.

Je pris la jambe de Selma entre mes mains, et léchai cet os impérial comme un petit animal domestique, comme un chien qui vient de déterrer le bonheur.

Était-ce le ciel qui me punissait pour tous mes péchés, la colère de Dieu qui s'abattait sur moi? Ce matin-là, Selma sommeillait encore lorsque, vers sept heures, le téléphone sonna. Dans une semi-conscience qui essayait de résister à la stridence de l'appel, je pouvais encore sentir la main de Selma posée sur mon sexe, sa jambe enroulée sur mon ventre et cette chaleur rassurante, si douce et parfumée, qui montait de son corps.

– Tu es au courant?

– Au courant de quoi?

– Il a divorcé.

– Qui a divorcé ? Putain, il est à peine sept heures ici.

– Et alors ?

– Je dormais, tu peux comprendre ça ? On a neuf heures de décalage. Neuf heures !

– Bon, c'est fini ? Tu veux la nouvelle maintenant ? La nouvelle de l'année ? Sar-ko-zy a di-vor-cé. Officiel. Divorciado. Annoncé par l'Élysée.

– Mais qu'est-ce que tu veux que ça me foute ?

– Attends, tu rigoles ou quoi ? Ici c'est la révolution ! Il paraît que l'histoire traînait depuis des semaines. Les journalistes laissent même entendre que les infirmières bulgares, c'était un coup monté pour ne pas que sa femme se barre.

– Papa…

– C'est incroyable. Je t'ai dit que ce gars avait perdu les pédales. Quand tu imagines ce qu'un type qui est à la tête d'une puissance atomique est capable de faire pour récupérer une gonzesse, ça fout la trouille. En plus, il paraît qu'elle était partie depuis longtemps. Elle le trouvait trop voyou, paraît-il, trop vulgaire.

– Papa, s'il te plaît…

– Tu sais comment les journalistes appellent maintenant Sarkozy ? Tony Montana. Tu te souviens, *Scarface*, Al Pacino, tout ça. Ils ont même ressorti la phrase mythique du film, je l'ai notée, attends… Voilà : « Je veux le monde, Chico, et tout ce qu'il y a dedans. »

À une autre heure, en des circonstances différentes j'aurais sans doute raconté à mon père que je mangeais souvent en bonne compagnie à la table 28, celle d'Alphonse justement, alias Tony Montana, alias Benjamin Ruggiero.

– Papa, excuse-moi mais il faut que je dorme.

– C'est ça, rendors-toi, fiston.

Selma ouvrit les yeux, écarta le drap et se leva avec lenteur. Elle se dirigea vers la salle de bains et j'entendis le bruit de son jet d'urine matinale résonner dans la cuvette. Les yeux à demi clos comme si tout cela n'était qu'un songe, elle se recoucha près de moi, prit ma queue dans sa main et se rendormit à la façon d'une enfant rassurée par des objets familiers.

À notre second réveil, quelques heures plus tard, la Californie était en feu. La sécheresse, la chaleur, le vent, des orages, tout cela avait concouru pour allumer d'énormes foyers du nord de Malibu au sud vers San Diego. Partout des flammes impressionnantes survoltées par un souffle de tempête se ruaient vers les abords de la ville. En quelques heures, la situation était devenue critique. Et lorsque l'on sortait sur le balcon, on sentait déjà flotter dans l'air l'odeur, encore diffuse, des brasiers forcenés.

Selma prenait une douche. J'étais assis face au champignon. Et c'est dans cette position un peu ridicule qu'une crise d'angoisse me submergea. Je redoutai soudain de tout perdre, tous ceux que j'aimais, tout ce à quoi je tenais. Je me sentais très vulnérable et percevais l'extrême fragilité du monde. J'étais loin et à l'abri des flammes, et pourtant il m'apparaissait comme une évidence que ma vie pouvait, à chaque seconde, partir en fumée. La menace ne venait pas des incendies, mais du foyer d'inquiétude qui, lentement, me consumait. Comme si cette longue nuit m'avait ouvert les yeux sur le spectacle d'une vie en feu, avec des foyers bourgeonnant partout, bûchers incontrôlables, sautant par-delà les mers, des berges de la Garonne jusqu'aux studios de la Paramount. Selma entra dans la pièce et, comme un enfant coupable de mille fautes, je sursautai. Pour me donner une contenance, mon premier réflexe fut de me servir un verre de sécrétions glucuroniques et de l'avaler d'un trait devant elle.

Au bureau, tout le monde semblait tendu et suivait la progression des incendies sur les chaînes locales de télévision. J'allumai mon ordinateur, lus rapidement les nouvelles françaises, puis cliquai sur *Désarticulé* et, jusqu'à la nuit, psychologisai misérablement sur les regrets des morts et l'ambition des vivants.

Je n'avais pas osé téléphoner à Anna. Je ne me sentais pas capable de faire semblant de m'intéresser à notre vie, ni de lui confier qu'il me tardait de rentrer, ou que je pensais à elle. Pour moi, en une nuit, le centre du monde s'était déplacé Il avait changé de continent. C'était aussi simple que cela.

Selma passa prendre quelques affaires chez elle pendant que je faisais réchauffer deux bibimbaps, succulent plat coréen à base de riz, de viande, de légumes frais et sautés, d'un œuf au plat et d'épices. Nous dînâmes sur la terrasse, sous un ciel chargé des fumées que le vent rabattait vers les terres. L'état d'urgence avait été décrété et toute la journée on avait évacué la population. De la frontière mexicaine au nord-ouest de Los Angeles, les images étaient les mêmes : des maisons ravagées par les flammes et des gens racontant qu'ils avaient tout perdu.

Ce soir-là, je n'eus pas le courage d'affronter le regard du Kombucha, ni les sévères observations de Frau Betsy Bild, et nous demeurâmes dans le périmètre de la chambre. Fenêtres et baies ouvertes, on entendait au loin la ronde des hélicoptères, les sirènes des pompiers ou de la police qui traversaient la ville pour se relayer sur les sinistres. Selma se remplit un verre d'eau et avala une pilule en basculant la tête en arrière comme si elle voulait projeter le cachet au fond de sa gorge. Elle marcha vers moi, enleva son tee-shirt, passa les bras autour de mon torse et dit :

– J'ai envie que tu sois gentil avec moi.

Je pensais savoir ce qu'elle venait de prendre : un de ces cachets d'ecstasy multicolores, gravés de divers monogrammes, qu'elle avait dans son sac. Elle me déshabilla sur le balcon et je fis preuve de gentillesse comme cela m'avait été demandé. Cette fois, je n'eus pas besoin de simuler, ni de me préoccuper de Betsy. J'avais l'impression d'être en feu, de me consumer comme les brasiers de cette ville, de redevenir enfin celui qui ravalait les façades, qui blanchissait les murs et redonnait, jadis, des couleurs aux piliers de ce vieux monde. Telesforo était encore vivant, quelque part par là. Il savait que je baisais sa fille, depuis le premier jour, et il n'avait jamais rien fait pour l'empêcher. La vie ne devrait jamais reprendre ce qu'elle nous a donné.

Selma attendit longtemps avant de dire quelque chose. Je pouvais entendre sa respiration. Je pouvais voir ses paupières battre dans le noir. Je pouvais voir la cime des arbres valser sous les bourrasques. Je pouvais sentir l'odeur du feu et celle de nos corps. Je pouvais fermer les yeux et essayer de donner un sens à tout cela. Je pouvais parler, mais c'est Selma qui le fit. Elle passa doucement la main sur mon visage comme une aveugle qui essaierait de décrypter mes traits du bout des doigts, puis murmura :

– Un jour je t'aimerai.

Cette phrase entra en moi comme un projectile indolore. L'impact me sidéra, mais très vite son effet se fragmenta en une infinité de picotements comparables à un léger frisson. Qui me faisait une telle promesse, Selma Chantz ou Anna Roca del Rey ?

Une fois encore, porte grande ouverte, Selma me fit l'offrande sonore de son trait d'urine. Il y avait quelque chose d'à la fois très féminin et animal dans cette façon de se libérer aussi naturellement. Comme la veille, elle revint vers le lit en titubant de bien autre chose que de fatigue.

Les réactions du cerveau sont pour moi un mystère – la manière dont s'associent les idées, le moment qu'elles choisissent pour s'ordonner, leurs priorités. Je savais que ce que j'allais dire était stupide, déplacé, mais, presque malgré moi, je m'entendis demander :

– Tu peux me dire qui est Forrest Gump ?

– Ah non, tu ne vas pas recommencer !

– Je voudrais juste savoir.

– Mais qu'est-ce que ça peut te faire ?

– J'aimerais savoir.

– Je t'ai dit que je ne pouvais pas en parler.

– Je sais mais, avec moi, tu ne cours aucun risque. Avec qui veux-tu que je discute de ce genre de chose ? Je ne connais personne et personne ne me connaît. Je suis une tombe. Un type fini.

– Arrête tes conneries.

– Je te jure. Fais-moi confiance. Tu me glisses son nom à l'oreille et, l'instant d'après, c'est effacé de ma mémoire.

– Forrest Gump.

– Je t'échange son nom contre le champignon.

– Contre quoi ?

– Le Kombucha. La « mère » et tous ses jus.

Selma éclata de rire, se colla contre moi, m'empoigna par les couilles, posa les lèvres contre mon oreille et murmura ce que je rêvais d'entendre : le nom du coupable. J'étais heureux, incroyablement heureux. J'étais l'enfant qui venait de découvrir la clé de l'énigme. Dans le noir, les yeux grands ouverts au plafond, je souris. Ce salopard faisait bien partie de ma liste des sept suspects.

Les jours suivants, le vent redoubla et avec lui l'intensité des incendies. Les photos-satellite de la NASA, diffusées en boucle, montraient les panaches de fumée qui s'étiraient le long des côtes. Les flammes avaient déjà ravagé 160 000 hectares, détruit

1 600 maisons, causé 500 000 évacuations, et fait 9 morts. Les hélicoptères et les équipes de télévision filmaient sans relâche les villas des vedettes qui, à Malibu, s'écroulaient dans les flammes. Chaque média s'affairait à actualiser la liste des acteurs évacués dont les départs étaient retransmis en direct comme autant d'instants tragiques de la dramaturgie locale : Jennifer Aniston, Bill Murray, Tom Hanks, Courteney Cox, David Arquette, Sting, Victoria Principal, Mel Gibson… La liste ressemblait à un générique de film.

Whitman était personnellement affecté. C'était sa caste qui brûlait. Malibu, sa réserve, le refuge des siens, était en feu. Nick Nolte et les autres étaient en quelque sorte ses Indiens. Il était persuadé que les incendies étaient l'œuvre de terroristes. Le feu, la terre brûlée, c'était ça l'attentat moderne.

Je voulais faire lire à Whitman la moitié de scénario que je venais d'achever. Je me contentai de déposer le document sur son bureau sans dire un mot, laissant Walter à ses accès de paranoïa, cette maladie endémique qui, plus sûrement que les incendies, dévastait l'âme de ce pays.

Le mois finissait et la pluie n'était toujours pas tombée. Pendant que Selma écoutait les nouvelles, je songeai à Furnace Creek, cette terre constamment en feu, carbonisée de part en part. Et, curieusement, le souvenir le plus prégnant de cette fournaise était le bruit têtu des arroseurs du golf qui chantaient dans le soir.

– Tu sais, quand nous habitions Barstow – je devais avoir six ou sept ans –, la maison de notre voisin a flambé. C'est arrivé au milieu de la nuit. Je me souviens que nos parents nous ont réveillés, mon frère et moi, pour qu'on voie l'incendie. Toutes les familles de la rue sont sorties pour regarder. Je ne sais pas combien de temps on est restés là, serrés les uns contre les autres, silencieux. Quand tout a été fini, on est rentrés chez nous. Mais le voisin est resté devant les décombres avec ses enfants. Ils ne parlaient pas et semblaient attendre qu'il se passe quelque chose. Chaque fois que je sens l'odeur d'un incendie, que je vois ces images à la télévision, je pense à cet homme de Barstow, planté devant chez lui.

Selma éteignit la télévision et se dirigea vers la chambre. Elle s'allongea sur le lit sans enlever ses vêtements. Elle paraissait déçue par quelque chose, ou envahie de tristesse. Peut-être pensait-elle à son frère Terry, à ses parents séparés, à son ancien voisin démuni ou aux taxis de Forrest Gump. Le téléphone sonna. Il était presque minuit. Neuf heures du matin en France. C'était Anna Roca del Rey. Sa voix était profonde comme de la fourrure.

– Je ne te réveille pas, j'espère. J'ai vu les informations hier soir. J'étais inquiète pour toi. Je voulais savoir si tout allait bien.

NOVEMBRE

De plus en plus souvent je m'éveillais au milieu de la nuit en éprouvant une angoisse, un sentiment d'errance, d'inappartenance. Je ne possédais plus aucun lien, aucun repère. Je n'espérais personne et nul ne m'attendait. Mon esprit était vide. Il ne contenait rien sinon deux phrases énigmatiques de l'explorateur Ernest Shackleton : « En souvenirs nous étions riches. Nous avions percé l'apparence des choses. » Pourquoi les nuits me ramenaient-elles vers ces mots ? Où les avais-je lus ? Je pouvais rester ainsi de longues minutes, cloîtré dans ces limbes, à mi-chemin de l'éveil, avant de redevenir ce que je croyais être, l'amant trop âgé d'une femme dont je ne savais plus qui elle était vraiment. Elle prenait de la poudre, avalait des pilules, pissait la porte ouverte, détestait les taxis et me promettait, un jour, des choses impensables. Et pourquoi ce jour adviendrait-il ? À l'autre bout du monde, une autre femme prenait de mes nouvelles. Elle demandait des choses simples et ne promettait rien. Sans doute avait-elle trop donné. Et ce père priapique, cette marâtre appliquée, ce film, ce métier de faiseur. La Prius. Betsy. Edward. Nolte. Montana le « sauteur » et Gump le trotteur. Oui, la nuit, il m'arrivait de buter sur l'apparence des choses, de ne pas en comprendre le sens, d'être incapable de les ordonner.

Mes insomnies avaient au moins eu un mérite : mes cervicales ne me faisaient plus souffrir. J'avais envie de croire que Selma avait pris ma douleur, comme ma mère prétendait le faire lorsque j'étais enfant. J'aimais l'idée de pouvoir se saisir de la souffrance de la personne que l'on aime et de l'en décharger d'un geste, comme on retire une couverture. Et j'aimais penser qu'autour de nous des gens étaient capables d'accomplir ce miracle.

Chacun sait que les malheurs voyagent en groupe. L'économie de la Californie allait vite avoir l'occasion de vérifier ce phénomène. Quelques jours après la fin des incendies catastrophiques de la côte, un autre brasier enflamma Hollywood. Nous étions le 5 novembre et commençait la grève des scénaristes qui réclamaient une augmentation de leurs droits. Walter était à son poste, calé dans son fauteuil, devant la télévision qui diffusait des interviews de syndicalistes de la Guilde des auteurs : « Cela fait des semaines qu'on demande à être entendus. Vous savez combien gagne un scénariste sur la vente d'un DVD à dix-huit dollars ? Quatre *cents*. Vous avez bien entendu, quatre *cents*. Aujourd'hui, nous en réclamons huit, et les producteurs nous répondent que c'est scandaleux, que c'est impossible, que les coûts des films ne cessent d'augmenter, qu'ils refusent de payer. Quand nos séries sont diffusées sur Internet, nous ne percevons pas un sou. Alors, puisqu'on se moque de nous, nous avons décidé de tout bloquer. Tant qu'on n'a pas ce qu'on demande, on refuse d'écrire. Et on tiendra le temps qu'il faudra. »

Walter appuya sur le bouton de la télécommande et envoya le scénariste dans le néant de la nuit cathodique.

Enfermé dans le cocon de mes affaires personnelles, ma confusion sentimentale et mon désordre familial, je n'avais, depuis mon arrivée en Californie, effleuré la réalité qu'en des points de contact indispensables. Whitman était l'une des balises locales qui délimitaient les frontières de ma désinvolture. Ce pays ne m'intéressait pas davantage que les gens qui y vivaient. J'y étais en fuite et, comme la plupart des fugueurs, je vivais au jour le jour ma condition d'étranger. Tandis que, devant les grilles, les grévistes brandissaient des pancartes, le maître des forges remonta ses chaussettes et, bien au centre de cet impérial bureau piqueté d'honneurs et de trophées, me demanda :

– Qu'est-ce que vous pensez de tout cela, Paul ?

Je pensais que les fabricants de fictions avaient le sens des réalités. Ils connaissaient mieux que quiconque les rouages de ce que l'on appelait l'usine à rêves, mais qui était une usine banale, avec ses patrons oublieux, ses cadres prétentieux, ses contremaîtres vétilleux et sa foule de petits travailleurs du spectacle qui, tous, économisaient pour se distraire, s'acheter ce qu'ils produisaient à longueur d'année. Le cycle était immuable, personne ne le remettait en cause. Le reste n'était qu'une question de frictions et de lubrification dans les rapports sociaux.

– Comment pouvez-vous refuser quatre *cents* à des gens qui vous font vivre alors que vous êtes à la tête de véritables empires ?

– Les empires, justement, se sont construits en économisant quatre *cents* par quatre *cents*. Vous êtes socialiste, Paul ? Tous les Français sont socialistes, non ?

Le téléphone sonna mais Walter fit comme s'il ne l'entendait pas, et quand sa secrétaire l'appela sur l'interphone, il lui coupa immédiatement la parole :

– Je ne suis pas là.

Où donc pouvait-il bien être à ce moment-là ? Accroupi dans un coin de sa mémoire, à quoi songeait-il ? À la dernière grève qui en 1988 avait paralysé Hollywood pendant vingt-deux semaines ? Aux conséquences financières que cette nouvelle action aurait pour cette ville à laquelle le cinéma rapportait chaque année plus de trente milliards de dollars ? À cette maudite histoire de cow-boys amoureux que Balshaw avait été incapable de boucler dans les délais ? Aux emmerdements auxquels il allait devoir faire face, ces interminables discussions avec ses associés, ces réunions tuantes face aux membres de l'AMPTP ? Non. Walter Whitman ne voulait parler à personne car il avait une idée en tête, une idée qui avait peu à voir avec l'exercice de sa profession.

– Vous êtes libre cet après-midi ? Vous m'accompagnez faire une partie de golf ?

Je dus laisser transparaître ma surprise, et Whitman se sentit obligé de se justifier.

– Vous voyez, Paul, en d'autres temps j'aurais tenu ma place dans ce conflit. J'aurais logiquement soutenu mon camp. Parce que c'est mon rôle. Pour le plaisir aussi, je vous le concède, d'agacer les scénaristes qui, eux, m'emmerdent en permanence. Ces types-là ont un gène en plus, un gène tordu. Aujourd'hui, pourtant, si ça ne tenait qu'à moi, je leur lâcherais ces quatre *cents* et demanderais à nos services financiers d'imaginer un moyen de leur reprendre autrement. Alors, ce golf ?

– Je ne sais pas jouer. Ce n'est vraiment pas mon sport.

– Qu'est-ce que vous me dites là ? Le golf n'est le sport de personne, Paul. Les types qui le pratiquent l'ont choisi par défaut, parce qu'ils ont échoué dans d'autres disciplines par manque de vitesse, d'adresse, d'endurance ou de force. Le golfeur dissimule une petite infirmité, c'est pour ça qu'il fait son parcours en voiturette électrique. On y va ?

Le golf. J'avais tourné autour à une certaine époque, plus

attiré par l'esthétique de l'équipement que par la finalité de l'exercice, tellement triste – une activité de curiste, une ambiance de sanatorium. Mais il y avait les sacs et les clubs, formidable attirail sorti d'un esprit détraqué. Ces têtes de bois vernies, armées de blindages surréalistes, ces fers travaillés au palmer, striés, inclinés au degré près, ces putters frénétiquement équilibrés, et les gants aérés, les chaussures à crampons, les visières en Plexiglas.

Un jour, à Toulouse, j'avais acheté pour trois fois rien un équipement complet des années 60. Un splendide sac de grosse toile jaune bordée et renforcée de cuir noir, avec onze fers et cinq bois, le tout signé John Letters of Scotland. Tout ce matériel était dans un parfait état de conservation et des housses en cuir numérotées emmaillotaient même les têtes des différents bois. J'avais passé la journée à astiquer ces nouveaux jouets. Ensuite j'avais entrepris de nettoyer le sac. Et c'est là que je l'avais vue. Souillée, certes, mais témoignant encore de son antique et pleine splendeur. De la soie et des surpiqûres de dentelle. Une couleur champagne. Une culotte de femme. Dans un sac d'homme. Avec des gants d'homme et des clubs d'homme. Une culotte tout au fond. On pouvait tout imaginer : le reliquat d'une récréation sexuelle dans le sous-bois bordant le parcours, le porte-bonheur d'un fétichiste, la dissimulation précipitée d'une preuve compromettante. Ce vêtement ainsi maculé me fascina à tel point que je le glissai dans une poche de plastique transparent et écrivis en grosses lettres sur l'emballage, comme s'il s'agissait d'une pièce à conviction : « Culotte trouvée dans sac de golf. » Depuis, froissée comme aux origines, elle était dans mon garage, archivée dans son sarcophage, agrafée au mur. Je n'avais jamais raconté cette histoire à personne. Je n'avais jamais utilisé ma tribu de John Letters. Les clubs étaient rangés dans le sac, posé dans l'entrée.

– Vous comptez vous mettre en grève, vous aussi ? Par solidarité ou par atavisme ? Parce que vous êtes porteur du fameux gène ?

Convier l'un de ses employés, fût-il temporaire, à une partie de golf en plein conflit social, et lui poser une question moins innocente qu'il n'y paraissait, tout en arpentant les voluptueux herbages du Bel-Air Country Club, ressemblaient parfaitement à cette espèce de « britannicité » urticante que j'avais décelée chez Whitman dès notre rencontre à la table 28.

L'impact du bois sur la balle fut violent, le claquement, sec. Walter suivit un moment, dans le ciel, la trajectoire du projectile, puis s'en désintéressa et, avant même qu'il retombe, rangea son club dans son caddy. Sur le plat métallique de la canne on pouvait lire : « Callaway, Big Bertha. »

– Vous vous rendez compte qu'à partir d'aujourd'hui on arrête le tournage des séries télé ? Pareil pour les scripts en cours, les projets cinéma. Les talk-shows, terminés ! Plus personne pour écrire les blagues des présentateurs. Letterman et compagnie, au chômage. Regardez comment vous tenez votre club. Avec un grip pareil, vous allez blesser quelqu'un.

Whitman disait tout cela d'une voix tranquille, dépourvue d'animosité. Il s'exprimait tel un expert indifférent dressant la liste des dégâts sur les lieux d'un sinistre.

– Vous savez quoi, Paul ? Je me rends compte qu'aujourd'hui, dans tout Hollywood, je n'ai plus que vous sur qui compter. Vous et *Désarticulé*.

Je me demandai quel rapport Whitman entretenait avec l'humour. Un petit univers s'était donc arrêté, sans conséquences immédiates, sans dommage particulier. Le monde n'avait pas besoin de scénaristes pour tourner ou écrire sa propre histoire.

Le décalage horaire devait, en principe, préserver l'intimité de mes nuits avec Selma. Il m'était arrivé une seule fois de parler au téléphone avec Anna en sa présence, et j'en avais été troublé. Entendre ma femme, à l'autre bout de la terre, et la voir au même instant, couchée sur le lit, devant moi, rayonnante dans sa beauté de trente ans, m'avaient bouleversé.

Ce jour-là, Anna m'appela en fin de matinée. J'étais dans la cuisine, éponge en main, sacrifiant à mes obsessions détergentes, face au champignon mafflu qui continuait de prospérer et semblait m'avoir adopté.

– J'ai suivi cette histoire des scénaristes. C'est étonnant, non ?

– Je ne sais pas. C'est une grève catégorielle comme il y en a des milliers dans le monde, sauf que celle-là se passe à Hollywood, et qu'en guise de soutien, au lieu d'avoir un élu radical de gauche, tu as George Clooney.

– Tu ne te sens pas concerné ?

– Non, pourquoi ?

– Je ne sais pas, tu es scénariste et il y a une grève des scénaristes. Tu continues de travailler ?

– Oui, je travaille, bien sûr.

– Pendant la grève.

– Oui, pendant la grève. Je ne fais pas partie de la Guilde. Je ne suis pas dans leur système.

– Ça n'a rien à voir. C'est une question de principe. Travailler pendant que d'autres font grève, je trouve ça bizarre.

– Mais enfin, pour eux tout cela a un sens ! S'ils n'écrivent plus, les programmes s'arrêtent. Leur action a une portée, une signification. Moi, si j'abandonne mon scénario, tout le monde s'en fout.

– Peut-être mais, au moins, tu serais solidaire.

– Solidaire de quoi ? Je ne connais personne ici. Le seul scénariste auquel j'adresse la parole est un con flamboyant qui tuerait sa mère pour avoir son nom à un générique. Je travaille sur un projet fantomatique, je ne sais plus à qui rendre des comptes ni même si le film verra le jour. Et il faudrait en plus que je cesse un travail qui me paraît déjà virtuel pour épouser une cause qui, elle, m'est étrangère ?

– Je ne suis pas d'accord. Je vois ça autrement, c'est tout.

– Bon, écoute, on ne va pas parler de cette histoire pendant une heure. Comment ça se passe pour toi ?

– Ça va. Ton père est venu tout à l'heure avec Johnny. Ils avaient l'air en forme. Alexandre m'a parlé de la Bourse pendant une heure, puis de Sarkozy. Il lui a trouvé un autre surnom que j'ai oublié. Ils ont acheté un chien aussi à Paris, un chien qui dort tout le temps. Tu penses avoir fini bientôt, toi ?

– Fini quoi ?

– Ton travail.

– Je ne sais pas. Avec tout ça, maintenant, je ne sais plus.

Je ne voulais pas savoir, et encore moins me poser la question. Je désirais que les choses restent en l'état. Et si la grève perdurait, je travaillerais le jour et la nuit, seul s'il le fallait, pour alimenter la machine à fabriquer les légendes, pourvu qu'on me laissât le faire auprès de Selma. Anna pouvait penser de moi ce qu'elle voulait et railler ma conscience politique ; Selma Chantz était mon Komintern, mon juge unique, ma Troisième Internationale.

Edward Waldo-Finch me téléphonait tous les jours. Sans doute voulait-il s'assurer que je continuais de mener à bien notre projet sans me laisser perturber par les mots d'ordre de la Guilde. Un après-midi, pour me récompenser de mon assiduité, il me proposa de l'accompagner sur un tournage dont un des acteurs, son ami, avait été une grande vedette.

Quand Efrain – ce n'était pas son nom de scène, mais son

véritable prénom – aperçut Edward se frayant un passage parmi les techniciens de plateau, il inclina la tête comme un jeune chien surpris, et son visage se dérida, retrouvant un bref instant la fraîcheur de la jeunesse. Edward prit son ami dans les bras et ils restèrent longtemps enlacés au milieu des câbles, des machines et des hommes qui allaient et venaient. Jadis, Efrain avait été une gloire de ce petit monde. Il avait embrassé les plus jolies filles de la ville. Lui aussi avait habité Malibu. Aujourd'hui c'est à peine si on le reconnaissait, si l'on faisait attention à lui.

Devant la caméra, Efrain devait dire une réplique simple mais il n'y arrivait pas. Il butait toujours sur un mot, vers la fin, comme s'il n'avait pas assez de mémoire pour stocker ces trois phrases : « Tu me demandes ce que je voudrais ? Ce que j'attends de toi ? Qu'au moins une fois dans notre vie tu te comportes comme un être humain. » Edward souffrait pour lui, moi aussi, et les techniciens commençaient à en avoir marre, ils voulaient boucler le plan et passer à autre chose. Ils détestaient les vieux acteurs qui oubliaient leurs dialogues. Efrain, lui, faisait des allers et retours jusqu'à sa veste pour boire du Seven Up puis, groggy d'inquiétude, venait se replacer dans la lumière qui semblait fouailler chaque parcelle de son visage. Lorsque tout fut fini, Efrain enfila sa veste, avala une dernière gorgée de sa boisson et jeta la cannette vide dans une poubelle en plastique.

– Tu t'es mis au soda ?

Edward avait demandé cela sans malice. Efrain hésita, agita la tête comme quelqu'un qui recule devant une évidence et dit :

– Non, c'est du calmant pour chevaux. Je ne sais plus comment ça s'appelle. C'est la seule chose qui m'empêche de trembler.

Les deux amis marchaient sur le trottoir dans la lumière du soir. Ils se dirigeaient vers un *diner* pour manger quelque chose de chaud. Ils avaient tellement de choses en commun depuis si longtemps qu'ils n'éprouvaient même plus le besoin de les évoquer. Je les suivais à quelques mètres, calquant mon pas sur le leur, veillant à maintenir, entre nous, une marge de discrétion. Devant le restaurant, Edward me proposa d'entrer, mais je déclinai poliment. Efrain me serra la main et me souhaita bonne chance. En m'éloignant, je me demandais lequel de nous trois en avait le plus besoin.

Au lieu de me distraire de ma tâche, ce qui était au départ le but recherché, la visite à Efrain m'avait troublé : le vieil homme réduit à avaler des remèdes vétérinaires pour faire croire qu'il était encore dans la course m'avait peiné. Je compris pourquoi *Désarticulé* se devait d'exister. Pour remettre Waldo-Finch en selle derrière sa Panaflex, bien sûr, mais aussi offrir à Efrain une nouvelle chance d'emmerder de jeunes et impatients techniciens avec tous ces trous que le calmant forait dans sa mémoire. Il ne faisait pour moi aucun doute qu'il serait un éditeur new-yorkais très convaincant, pourvu que l'on changeât l'emballage et la marque de sa boisson secrète.

Anna et moi avions passé trois décennies à piailler et piailler encore pour nous retrouver aujourd'hui la bouche aussi sèche et vide qu'un tronc creux. Quand Selma était là, au moins, tout allait bien. Peu m'importait ce que nous taisions, bien plus essentiel me paraissait alors ce que nous faisions.

Dans la cuisine, le champignon s'était dédoublé et j'avais jeté le nouveau-né à la poubelle. J'en avais profité pour changer le liquide amniotique. Selma était rentrée au moment où je replongeais la « mère » dans son thé sucré. Elle s'était approchée du Kombucha et l'avait regardé avec attention. Elle semblait communier avec un être vivant là où je ne voyais qu'une sorte de gros poisson mort le ventre en l'air.

– Ça y est, il s'est dédoublé ?

– Oui. Quand je suis rentré, l'autre était détaché.

– Qu'est-ce que tu as fait du bébé ?

– Le double ? Je l'ai mis à la poubelle.

– Quoi ?

– Qu'est-ce que tu voulais que j'en fasse ?

– Mais tu es malade ! Tu es un putain de malade ! Tu jettes un Kombucha à la poubelle ? Mais d'où tu sors ? Quand tu l'as jeté ?

– Il y a dix minutes. Qu'est-ce qui te prend ?

Selma se rua vers la poche où gisait le champignon, le saisit délicatement et le transporta jusqu'à l'évier, le nettoya, puis m'ordonna de préparer du thé sucré et de trouver un autre bocal. Je m'exécutai comme l'eût fait un assassin d'enfant et rapportai un saladier en verre dont je me servais d'habitude pour préparer du guacamole et de la laitue. Elle prit le nouveau-né sauvé des détritus et le plongea dans son bain. Puis, comme une infirmière consciencieuse et aimante, elle regarda s'opérer la lente résurrection.

Cette contemplation béate me rendit soudain Selma détestable. Elle incarnait toute la pensée désaxée de ce pays, cette espèce de religiosité spongieuse, de verroterie spirituelle, de macédoine sociale – avec des pauvres pour ramasser les merdes des chiens, des vieux pour garer des voitures, Edwards pour livrer des pizzas, un remède de cheval pour calmer Efrain, et des champignons pour guérir les angoisses vertébrales, C4-C5 incluses. Ce pays était une secte, avec ses rites économiques et ses gourous fanatiques. Une colère informe m'envahissait. Je n'étais plus qu'une vague enveloppe acrimonieuse. Je m'approchai de Selma. Accoudée au comptoir elle veillait toujours son rescapé. Je n'avais aucune raison de faire cela, aucune envie non plus. Je me collai contre ses fesses, soulevai sa jupe et l'enfilai debout. Je ne voyais pas son visage. Je distinguais seulement sa main droite, posée sur le bocal, semblant le protéger, pour qu'il ne lui arrive rien.

La « Miga », comme disait Alexandre, était venue en visite à Washington pour rencontrer son homologue, autre quantité d'importance nulle, et prononcer un discours devant le Congrès. Aux informations, deux jours après le début de la grève, ce voyage diplomatique avait été de peu de poids face aux sourires d'Eva Longoria livrant – bien plus sobrement que Gareth Edwards, il est vrai – des pizzas aux grévistes.

J'étais allongé mais je ne dormais pas. Les rayons du soleil commençaient à atteindre le bout du lit, réchauffant les jambes de Selma qui ronflait faiblement comme un petit chat couché sur un radiateur. J'avais coupé le son et regardais les informations. Muettes, les images du monde étaient incompréhensibles, illisibles. Elles n'étaient que des représentations vides de sens, des images perdues dans le missel du monde. La sonnerie du téléphone vint parasiter ce tableau pacifique.

- Tu sais qu'on a acheté un chien ?

C'était un de ces impromptus matinaux que mon père pratiquait comme un art. À peine huit heures et il ne doutait pas un instant que je fusse suspendu à ses lèvres pour connaître tous les détails de sa nouvelle acquisition.

– Anna me l'a dit.

– C'est un affenpinscher.

– Je ne sais pas ce que c'est.

– Un petit griffon belge. On en voit beaucoup dans les tableaux de Van Eyck et Dürer. Je te répète ce que m'a dit Johnny. Elle est très forte en chiens et en peinture. Tu sais comment on a appelé le chien ?

– Non.

– Épaminondas. C'est chic, non ?

– Ça va avec le bateau.

Réveillée par la goujaterie matinale de mon père, Selma s'était approchée de moi et, dans cette paresseuse salle d'attente qui précède l'éveil, me caressait la bite.

– Au lieu de te moquer du chien ou du bateau – de toute façon, ton humour m'échappe –, tu ferais bien de te préoccuper de ta femme.

– Pourquoi tu me dis ça ?

– Parce qu'on est passés la voir avec Johnny, et on l'a trouvée changée. Vraiment bien. Son visage est reposé, elle a retrouvé sa bonne voix. Ça ne me regarde pas mais je te le dis quand même : c'est le moment de rentrer.

Selma ouvrit les yeux, me regarda comme si elle découvrait un paysage familier, puis elle glissa sous les draps et, l'instant d'après, me prit dans sa bouche.

– Je ne sais pas où en est ton travail, mais je suis certain que tu devrais être ici, avec Anna. Ce n'est pas lorsque les gens sont malades qu'il faut être près d'eux. C'est quand ils vont mieux qu'on doit les aider à préserver ce bonheur, pour leur offrir une vie normale. Tu comprends ça ? Tu m'écoutes ?

– Oui… je t'entends.

– J'ai vu que les scénaristes étaient en grève, là-bas. Profites-en pour faire un saut. Viens passer quelques jours. Je sais qu'Anna sera sensible à ce geste.

– Je ne peux pas. Pas en ce moment.

– Mais enfin, c'est le moment ou jamais. Tu es en grève.

– Non, je ne suis pas en grève.

– Tout le monde est en grève et toi tu travailles ?

Selma avait repoussé les draps et s'était recroquevillée sur mon ventre. Elle ne me chevauchait pas vraiment, ni ne me baisait à proprement parler. Je dirais plutôt qu'elle s'éveillait en douceur, usant de moi selon son goût, comme une femme appliquée à jouir jusqu'au bout des saveurs, des plaisirs et de l'intimité de sa nuit.

– Tu as changé. Jamais je n'aurais cru qu'un jour tu deviendrais un jaune.

– Et c'est toi qui me dis ça...

– Bon, écoute, fais ce que tu veux. Ces histoires, après tout, ne me regardent pas. Il va falloir que je te quitte. Je dois sortir le chien. Tu m'entends ?

– Oui.

– Tu le verrais, il est adorable. Il n'a qu'un défaut c'est le nom de sa race. Johnny me l'a écrit sur un papier mais je n'arrive pas à le mémoriser. Affenpinscher, c'est ça.

J'ai raccroché. Selma a soulevé son visage vers moi, introduit mon sexe à l'intérieur du sien, et sans ouvrir les yeux, d'une voix enrouée, a murmuré :

– Je suis certaine que c'était ton père.

J'essayai de me souvenir de ce qu'était ma vie à Toulouse avant que j'accepte ce contrat et vienne m'installer provisoirement dans cette ville. Je ne trouvai presque aucune trace de ce passé récent, pas le moindre signe qui aurait pu attester que j'avais vécu là-bas. Ma famille ? C'est à peine si je la reconnaissais. Elle devenait informe à force, justement, de se modifier, de changer d'éthique, de morale, de point de vue, de me dire de m'en aller avant de souhaiter mon retour, de se servir de moi comme d'un acteur de complément. Mais ici, les choses étaient-elles si différentes ?

Stern père adoptait des chiens, Stern fils élevait des champignons. Le premier baisait la compagne de son frère, le second, le double de sa femme. Pour le reste, c'était Moclamine *versus* kétamine et Tylenol contre ecsta, Quaaludes et Kombucha.

Dès que j'eus terminé, et avant même d'en remettre un exemplaire à Whitman, j'offris la copie de *Désarticulé* à Edward. Je crois qu'il reçut cela à la fois comme une marque de respect et un geste d'affection. Pour cacher son émotion, son premier geste fut, comme d'habitude, de tenter de dissimuler sa palmeraie, de se plaquer les cheveux sur le sommet du crâne. Je compris aussi qu'il cherchait quelque chose d'un peu solennel à dire mais malgré ses efforts il ne trouva rien et se contenta de hocher longuement la tête. Cela faisait une bonne vingtaine d'années que personne n'avait écrit pour lui, vingt ans qu'il attendait qu'on lui fasse à nouveau confiance, qu'on lui permette de se remettre au travail.

– Vous verrez, il y a un rôle pour Efrain. L'éditeur du héros. Il fera ça très bien. Je lui ai écrit des dialogues courts. Mais il a beaucoup de scènes.

– Vous êtes sans doute la meilleure chose qui me soit arrivée depuis longtemps, Paul.

Je savais qu'il s'agissait d'une expression convenue, qu'on l'utilisait ici à tout bout de champ, mais elle me fit du bien et me délivra de la marque « jaune » que mon père m'avait collée sur le dos.

– Maintenant que vous avez terminé ce script, vous allez rentrer chez vous ?

– Je ne sais pas. Je devrais, mais je vais attendre un peu.

Les grévistes se rassemblaient devant l'entrée des studios. Ils faisaient les cent pas en scandant des slogans et en brandissant les pancartes de leur syndicat. Chaque fois que je les croisais en passant sous la double arche de la Paramount, je ne pouvais chasser de mon esprit les blessantes réflexions d'Anna et de mon père sur ma supposée trahison. Alors, cédant à je ne sais quelle culpabilité, face à leur détermination affichée, je baissais les yeux comme tous les sociaux-traîtres, les jaunes, les briseurs de grève.

Dans son bureau, avec sa tenue de golf automnale, Whitman avait toutes les allures d'un homme sur le point de partir en vacances. Lorsque je lui remis le scénario, il fit mine de le soupeser et le rangea, sans l'ouvrir, sur une étagère parmi d'autres dossiers.

– *Désarticulé* est prêt à tourner, mes partenaires français vont être ravis. Et vous, vous allez donc nous quitter.

Ce n'était pas une question, mais un constat formulé avec la pointe de fatalisme et les regrets que savaient manier les hôteliers pour amadouer les bons clients en fin de saison.

– Je n'ai rien décidé. Je vais peut-être rester un peu.

La tête de Whitman se redressa avec la vivacité d'un oiseau et son regard vif chercha le mien.

– Vous êtes sérieux ? Vraiment ? Si vous avez un peu de temps à nous consacrer, moi, je vous embauche immédiatement. Bien sûr, dans le contexte actuel, cela reste entre nous. Rien d'écrit, pas de papier ni de contrat. Juste vous et moi. Si vous êtes d'accord, je vous confie mon histoire, le projet « Lo-Moï », les cow-boys, et vous me l'arrangez comme vous l'avez fait le mois dernier, sauf que cette fois vous le reprenez en entier. Balshaw est un con, je me suis trompé sur lui de A à Z. Ça vous tente ?

– Je ne peux pas faire ça à Balshaw. Surtout en pleine grève.

– Mais on se fout de Balshaw. Oubliez-le. Je lui confierai une bonne histoire avec laquelle il pourra martyriser d'autres collaborateurs. Je le connais, je sais comment il fonctionne, ne vous en faites pas pour lui.

– Il comprendra que quelqu'un a repris son travail pendant le conflit.

– Bien sûr, mais je lui dirai que c'est moi qui ai fait le boulot. Les yeux dans les yeux. Et même s'il en doute, il la fermera et fera semblant de le croire. Il me dira même que cette version est bien meilleure que la précédente. Tout simplement parce que c'est moi le patron et qu'il se dit que s'il veut espérer un jour prendre ma place, il doit d'abord conserver la sienne. Réfléchissez à mon offre. Ce soir, Musso, vingt heures, table 28 ?

Au fil de l'après-midi, je m'accommodai peu à peu de ma trahison. Et j'endossai l'habit jaune avec beaucoup moins d'états d'âme que je ne l'aurais cru. Je serais peut-être privé des pizzas d'Eva Longoria, mais je pourrais jouir des réveils de Selma. Quant à Balshaw, l'ayant trop vu à l'œuvre, je n'avais pas de compassion pour lui. J'acceptais de prendre sa suite et de revoir le misérable projet qu'il pilotait jusque-là. J'acceptais de mentir à mon père et de risquer de blesser Anna. J'acceptais l'idée de sa rechute. J'acceptais le remords que cela engendrerait. J'acceptais de donner vie à quatre ou cinq champignons supplémentaires. J'acceptais d'avoir honte de ce que j'étais devenu, de ce à quoi ressemblait ma vie. J'acceptais d'avoir peur de perdre Selma. J'acceptais l'idée terrifiante de ne plus aimer Anna. J'acceptais de choisir l'une au détriment de l'autre. J'acceptais de vivre quelque chose d'aussi fragile et volatil que la légende de Lylah Clare.

Selma rentra de bonne heure. Elle but un soda et vint s'asseoir à mes côtés sur le balcon. Elle appuya la tête contre mon épaule et dit :

– Ce soir, si tu veux, on dort chez moi.

– Pourquoi ?

– Une envie. En venant ici, je pensais qu'on n'avait jamais

passé une nuit dans mon appartement. Je voudrais simplement me réveiller là-bas une fois avec toi.

– Je crois que je vais rester à Hollywood plus longtemps que prévu. Un ou deux mois au moins

Selma eut un sourire où l'on pouvait lire à peu près tout ce que l'on voulait. Elle se leva, posa son verre sur la table, fit quelques pas en direction du salon et s'arrêta au seuil de la baie vitrée. Elle dégrafa sa jupe, la fit glisser le long de ses jambes. Le tissu s'affala autour de ses chevilles comme une bouée de coton dégonflée. Sa culotte de satin tomba presque en son centre. J'eus alors le sentiment que la vie m'offrait ce qu'elle avait de mieux, quelque chose d'inexplicable et de profond qui remontait de ma jeunesse. J'étais vivant. J'étais bien. Je regardais ces fesses, ce cul somptueux qui dominait la ville.

Tricia Farnsworth m'avait bien prévenu dès le premier jour. En retard. C'était sa nature. Il n'y avait rien à faire. Ce soir-là, à la table 28 – que son titulaire apparemment ne fréquentait pas souvent –, j'attendis Walter une demi-heure, feuilletant la carte et observant la chorégraphie des serveurs en livrée rouge et blanc. Il s'installa en bredouillant quelque mauvais prétexte. S'il était un domaine où Whitman faisait preuve de maladresse et d'inaptitude, s'il y avait vraiment une chose qu'il ne savait pas faire, c'était bien présenter des excuses.

– Vous vous occupez des cow-boys ?

– Je vais essayer.

– Vous voulez que je vous dise, Paul ? C'est mon jour de chance. D'abord, cet après-midi, j'ai battu Bill Murray au golf, ce qui n'était pas arrivé depuis 1999. Et ce soir vous m'annoncez que vous me débarrassez de Balshaw. Vous savez avec quoi je vais fêter ça ?

– Un foie grillé.

– Vous êtes formidables, les Français, vous devinez tout, vous savez tout. Il n'y a qu'en matière de golf que vous soyez perfectibles. Je vous ai dit que le premier type avec lequel je m'étais associé dessinait aujourd'hui des parcours ? Quand je lui ai demandé comment lui qui était si nul à ce jeu pouvait en imaginer les tracés, il m'a répondu : « Vieux – il commençait toujours ses phrases par "Vieux" – les architectes de golf ne savent pas jouer au golf et leur principal souci, lorsqu'ils se mettent au travail, est de concevoir des parcours suffisamment tourmentés pour empêcher les gens d'apprendre à jouer. »

Whitman était heureux, détendu, il avait obtenu ce qu'il voulait.

– J'imagine que je dois beaucoup à Mlle Chantz.

– Qu'est-ce que vous voulez dire ?

– Qu'elle est sans doute pour beaucoup dans le fait que vous ayez accepté de rester parmi nous.

– Pourquoi me dites-vous ça ?

– Je vous vois tout le temps ensemble, et il me suffit de regarder vos yeux de Français s'illuminer dès que je prononce son nom. En tout cas, j'espère que vous pourrez l'aider, que vous arriverez à l'éloigner de ces nouvelles drogues coupées avec Dieu sait quoi.

En d'autres circonstances, j'aurais trouvé déplacée la remarque de Whitman sur la nature de ma relation avec son employée toxicomane. Mais Walter l'avait faite avec bienveillance, et je ne voulais retenir que le côté protecteur et amical de sa remarque. Je songeai à Selma qui m'attendait et à son appartement dans lequel j'allais dormir pour la première fois. J'essayai d'imaginer à quoi il ressemblait. Avec Selma, le champ des possibles était très vaste.

– Votre nuque va mieux ?

– Comment savez-vous que j'ai souffert de la nuque ?

– Betsy m'a dit que vous étiez passé avec Selma.

– Vous connaissez Betsy Bild ?

– Bien sûr. Je suis un de ses meilleurs clients. Je dois avoir le plus vieux Kombucha de la ville.

– Vous buvez de ce truc ?

– Tout le monde en boit. Reagan en buvait, Bush père et fils en boivent, Clinton, Eastwood, Penn, Sharon Stone, Demi Moore, Schwartzenegger et même Nolte avec ses airs de ne pas y toucher. C'est moi qui lui ai fourni le sien.

– Vous croyez vraiment à ce baratin, à cette histoire de champignon plus évolué qu'un dauphin, à l'affection qu'il faut lui témoigner, la musique qu'il aime, tout ce fatras ?

– Vous voulez la vérité ? Ça m'arrange d'y croire. Je n'ai foi en rien. Absolument en rien. Alors l'idée d'avoir chez moi un organisme autorégénérant silencieux, ne réclamant que quelques bols de thé par semaine pour produire une sécrétion supposée régler tous mes petits problèmes d'articulations et de tuyauterie, cela me plaît. Au fil des années, le Kombucha et moi sommes devenus amis. Et dans ce métier, vous savez, les amis qui donnent sans rien demander, c'est rare.

– Vous m'aviez dit que vous aviez un frère.

– Je n'ai aucune nouvelle de lui depuis dix-sept ans. Ronnie a toujours été un peu cinglé. Il a passé sa vie avec notre mère. Il a grandi et vécu avec elle. Quand elle est morte, c'était en 89, il est venu me voir et m'a annoncé qu'il se suiciderait le jour du premier anniversaire de la disparition de maman. À l'enterrement, j'ai découvert que, sur la dalle de marbre, il avait fait graver son propre nom et la date de sa mort à côté de celui de notre mère. Tous les mois qui ont suivi, il m'a appelé pour me donner des instructions sur la répartition de son héritage. Et puis plus rien. Je suis allé plusieurs fois chez lui. Personne. Un jour, son voisin m'a dit que Ronnie était parti avec l'infirmière qui soignait notre mère. Ils s'étaient installés dans l'Oregon, à Coos Bay. Dans une sorte de communauté hippie. Il lui envoyait un mot de temps en temps. Voilà à quoi ressemble mon frère. Vous comprendrez, dans ces conditions, que je me sente plus proche du champignon que de lui.

En ville, la Prius ne sollicitait le plus souvent que son moteur électrique. Rouler la nuit, dans un tel silence, avait quelque chose d'envoûtant et d'irréel. J'avais passé un dîner très agréable. Whitman était décidément un personnage singulier, déroutant. Plus je le fréquentais, plus je devinais l'intérêt sincère qu'il pouvait porter aux autres.

J'appelai Selma pour lui demander de me guider jusque chez elle à partir de La Brea et Melrose. Elle mit un certain temps à décrocher et me donna l'impression d'être surprise par mon appel. Sa diction était étrange, proche de celle d'Anna lorsqu'elle était sous l'emprise de la Moclamine. Ses explications me parurent extrêmement confuses, et il me fallut pas mal de temps pour trouver sa rue.

Comme elle me l'avait demandé, j'entrai dans l'appartement sans sonner et verrouillai la porte derrière moi. Une faible lumière éclairait le canapé de cuir noir. Au mur, un écran plasma diffusait un film sans le son. La baie vitrée ouvrait sur une avenue rectiligne qui donnait l'illusion d'être un immense prolongement du salon. J'appelai Selma plusieurs fois mais n'obtins pas de réponse. J'avançai dans l'appartement. La porte de la chambre était ouverte, la lampe de chevet allumée. Il y avait deux sachets d'aluminium froissés sur la table de nuit. Selma était couchée au milieu du lit. Bourrée de kétamine ou de quelque chose d'équivalent. Je pris doucement sa main et dit son nom. Elle ouvrit les yeux. J'eus l'impression qu'elle me souriait de l'autre côté d'une vitre. Elle caressa mon visage et m'attira contre elle en murmurant :

– Serre-moi, j'ai froid.

DÉCEMBRE

Les unes après les autres les maisons se couvraient de décorations naïves et, la nuit, les guirlandes lumineuses ourlaient les façades, serpentaient dans les arbres ou couraient dans les allées de jardin qu'elles transformaient en ruisseaux scintillants. En guise de vœux destinés aux visiteurs, des couronnes de houx et de gui étaient accrochées sur les heurtoirs des portes d'entrée Mais, malgré les efforts déployés et la bonne volonté de chacun pour respecter le décorum et offrir une image conforme à la tradition, il sautait aux yeux que Noël n'était pas une fête conçue pour cette ville. Il y manquerait toujours l'essentiel : le froid, la neige, la nuit qui tombe tôt, les vêtements d'hiver, la buée qui s'échappe de chaque bouche, le désir de rentrer au plus vite, le plaisir d'allumer un feu, de boire quelque chose de chaud, de se sentir à l'abri.

Voilà une semaine que je repoussais l'instant d'annoncer à Anna que je différais mon retour à Toulouse de deux mois supplémentaires. Comme pour le mariage de mon père, je m'étais cependant résolu à passer quelques jours à la maison, aux alentours du 25 décembre. Mais je ne souhaitais qu'une chose : que ce séjour soit le plus bref possible.

Vu l'état dans lequel je l'avais trouvée chez elle, j'avais fait promettre à Selma de ne plus toucher à ces substances dont elle tentait de me convaincre qu'elles étaient d'une faible toxicité. Rien de plus qu'une anesthésie légère, disait-elle. Il n'y avait pas d'accoutumance, seul le dosage réclamait vigilance et prudence.

Chaque fois que je découvrais Selma plongée dans ses narcoses, je pensais au film d'Aldrich, au rôle que je devais soudain y tenir, malgré moi. Car je n'étais pas Lewis Zarken, ni Peter Finch, je ne manipulais ni ne transformais personne, je ne poursuivais aucun dessein particulier, et pourtant, face à ce corps refroidi, j'avais le sentiment d'être à l'origine de quelque chose qui me dépassait. Ce que je redoutais, si cela devait un jour arriver, c'était d'être présent lorsque Selma tomberait du trapèze, lorsqu'elle en aurait fini de ses acrobaties chimiques et que le cœur céderait une fois les poumons endormis. Je refusais de devenir le personnage d'une fiction écrite par d'autres ; je refusais d'assumer des cauchemars qui n'étaient pas les miens, d'être mithridatisé par une légende industrielle et de voir peu à peu Lylah Clare se substituer à Selma Chantz.

Aux studios, inflexibles, les scénaristes réclamaient leur légitime part. Bien que solidaire de leurs revendications, je continuais cependant de les trahir en douceur en remodelant le script de Whitman. Mais l'idée de départ était à ce point faible qu'on ne pouvait qu'en tirer une histoire communément vulgaire. Lorsque j'en avais fait la remarque à Walter, il m'avait répondu : « C'est exactement ça. Vous avez trouvé la formule. Écrivez-moi de quoi tourner un film "communément vulgaire". »

Les répercussions de la grève touchaient maintenant l'ensemble de la sphère de l'insouciance et de la distraction. Plus de talk-shows égocentriques, arrêt des tournages des plus célèbres et populaires séries de télévision, suspension d'activité dans les maisons de production travaillant à flux tendu, annulation de saisons entières de programmes reportées d'une année, et mise au chômage technique de toutes sortes de personnes sous-traitant pour les compagnies du divertissement. Quant à Selma, déchargée d'une grande partie de son travail auprès de Walter, elle rentrait simplement plus tôt à l'appartement ou même n'allait pas du tout à la Paramount certains après-midi. À bien des égards, j'étais le grand bénéficiaire du mouvement social.

J'attendis pendant deux ou trois jours un appel d'Anna. Celui-ci ne venant pas, je pris l'initiative d'un mensonge de piètre volée, dont je savais qu'elle ne serait pas dupe.

– Je ne peux pas refuser. Il m'a soutenu pour *Désarticulé*. Là, avec la grève des scénaristes, il se retrouve dos au mur avec un projet vital.

– Ce que tu essaies de me dire, c'est que tu dois rester plus longtemps que prévu afin de rendre service à un patron qui t'a engagé officieusement pour briser la grève de tes homologues américains.

– Arrête avec ça, tu veux ? J'aide quelqu'un qui m'a aidé, c'est tout. Tu ne vas pas recommencer avec ces histoires de grève.

– J'en conclus que tu ne seras pas là à Noël.

– Si. Je vais revenir passer les fêtes à la maison, puis je repartirai terminer le script. Fin janvier tout devrait être fini.

– Je ne sais pas ce que tu entends par « les fêtes », mais je crains que les réjouissances familiales que tu sembles évoquer soient nettement moins attractives que le travail qui te retient là-bas.

Je reçus le coup exactement comme je m'y attendais. Et bien que préparé à l'impact, je vacillai. Groggy de ma propre médiocrité, je me sentis alors aussi « communément vulgaire » que les petits cow-boys qui me servaient de prétexte.

– Mon père m'a dit qu'il t'avait trouvée très en forme.

– Tu le remercieras. Figure-toi qu'il m'avait aussi convaincue de te rejoindre pour quelques jours en Californie. Mais je pense que ce ne serait pas raisonnable de t'imposer ma présence avec tout ce que tu as à faire.

– Ça te ferait plaisir de venir ?

– À vrai dire, non. Je crois que j'aurais simplement aimé que tu me le proposes.

– Écoute, je suis désolé. Avec tout ce qui s'est passé, j'avoue que j'ai un peu perdu mes repères.

– J'ai la conviction que tu vas les retrouver très vite. À ton âge, ces choses-là ne s'oublient pas. Regarde, en quelques mois, tu es devenu le *script doctor* que tout Hollywood s'arrache.

– Tu n'es pas obligée d'être méprisante.

– Au fait, quel est le titre du nouveau film sur lequel tu travailles ?

Justement, il n'en avait pas. Au lieu d'avouer que rien n'était encore décidé, et pour ne pas affaiblir davantage mon mensonge, je livrai ce qui n'avait jamais été qu'un simple et ridicule nom de code :

– *Lo-Moï.*

– C'est un film asiatique ?

– Non, ça se passe au Mexique.

– Vraiment ? Tu fais un drôle de métier.

Lorsque Anna raccrocha, je fus soulagé comme à la fin d'un examen médical éprouvant. Pendant quelques heures, la vie possédait alors un grain réellement palpable.

En attendant le retour de Selma, je bus quelques gorgées de jus de Kombucha. Assis face au bocal, le regard flottant dans ce liquide, je me demandai comment des gens adultes, payant des impôts, ayant des rapports sexuels protégés et conduisant des voitures automatiques, pouvaient devenir amis avec un champignon, lui chanter des berceuses avant d'aller dormir, le traiter comme un animal de compagnie, et élever ses enfants perpétuels. Whitman avait parlé de solitude, mais cela n'expliquait pas tout. J'enfonçai l'index dans la soupe jaunâtre jusqu'à effleurer la calotte du Kombucha. J'aurais alors aimé qu'il se rétracte ou au contraire m'adresse un signe de reconnaissance. J'aurais aimé sentir battre quelque chose sous la membrane spongieuse. Pour faire comme les autres – faire semblant de croire, un peu. Selma me surprit en train de flatter le bulbe gras de ce chapeau champignonnier :

– Tu joues avec le Kombucha, maintenant ?

Je répondis d'un sourire imbécile en retirant ma main du bocal avant de repositionner la pellicule étanche. Ma vie dans ce pays confinait au ridicule.

– Whitman m'a dit que tu reprenais le scénario de Balshaw.

– Je vais essayer. Même si, à mon avis, c'est une histoire impossible.

– J'espère que tu te rends compte qu'il se sert de toi.

– Qu'est-ce que tu veux dire ?

– Qu'il profite du fait que tu es étranger pour te faire travailler pendant la grève.

Voilà qu'après lui avoir prêté son visage, Anna s'exprimait désormais par la bouche de Selma. Et je n'aurais pas été autrement étonné, à la suite de ce constat de déloyauté syndicale, de m'entendre sermonner pour mes inconduites familiales. Je sortis sur la terrasse. J'aurais aimé alors glisser la main dans une poche, et en extraire, comme autrefois, une cigarette pleine de saveur, riche en goudron, l'allumer et aspirer profondément tout ce qu'elle avait dans le ventre.

Au moment où la nuit tombait, malgré la fraîcheur du soir, Selma vint me rejoindre sur le balcon.

– Fais-moi plaisir : ne me parle plus de ce scénario ni de cette putain de grève. Si j'ai pris ce boulot à la manque, c'est uniquement pour rester plus longtemps, ici, près de toi.

Je faillis ajouter : « Parce que tu es le sosie de ma femme, Anna Roca del Rey, parce que tu parles comme elle et que bientôt tu penseras comme elle, parce que tu me rends une part de ma vie, un morceau de ma jeunesse, parce que je me demande ce qu'il adviendra de moi lorsque je rentrerai, parce que je sais que tôt ou tard tu reprendras un taxi pour les collines, parce que je me sens perdu, moi qui n'aime ni la kétamine ni la Moclamine. »

– Uniquement pour rester près de toi.

Le lendemain matin, je passai au bureau, où Tricia trompait sa solitude et son ennui en feuilletant, dans le *Recycler*, des offres d'éleveurs de chiens. Elle hésitait à « reprendre quelque chose », comme elle disait. Whitman parlait avec Gareth Edwards. Lorsqu'il m'aperçut, il me fit signe d'entrer et referma la porte derrière moi. Comme tout le monde, les deux hommes discutaient de la grève. Edwards jubilait de n'être que très peu affecté par le conflit tant les scénarios, squelettiques, qu'il utilisait dans ses pornos étaient un ingrédient mineur.

– Un labrador pourrait les écrire. Et encore, nous on se donne un peu de mal. Mais les types qui font du gonzo, du kinbaku ou de la zoophilie, eux, ils n'ont pas de conducteur, pas une seule ligne de texte. Ils peuvent faire un film en un après-midi.

D'un certain point de vue, je devinais que ces perspectives laissaient Whitman rêveur : tourner un long métrage en une demi-journée, sans extérieurs dispendieux, avec des acteurs-opérateurs et, surtout, sans avoir à gérer ces types impossibles et raisonneurs, ces porteurs du fameux « gène ».

– Et vous savez quelle est leur principale source d'inspiration ? Les publications médicales et scientifiques : *The Archives of Sexual Behavior*, l'annuaire des perversions. Un film par paragraphe… Une mine d'histoires. Bon, Walter, on va le faire ce golf ?

Depuis le début de la grève, Whitman s'exerçait chaque jour en compagnie d'un partenaire différent. Ce rythme forcené, cette vie au grand air loin des studios semblaient le raffermir, lui donner une foi nouvelle. Avant de quitter la pièce, Walter revint vers moi, posa la main sur mon avant-bras et, de la même façon que l'on se confie à un ami, me glissa :

– Paul, je voulais vous dire… J'ai lu *Désarticulé* : formidable. Vraiment bien.

Il enfila son blouson avec un mouvement souple des épaules puis quitta le bureau en allongeant le pas. Le scénario, lui, était sur l'étagère, à l'emplacement où Whitman l'avait rangé. Dans son enveloppe. Collée et scellée par moi. Il ne l'avait même pas ouverte.

Était-ce le contact de l'Amérique ? l'influence de ce pays pragmatique ? J'avais de plus en plus tendance à vivre à la surface des choses. Walter Whitman avait conscience de l'absolue vanité de la mécanique qu'il contribuait à mettre en mouvement, mais cela ne l'empêchait pas d'actionner les bielles et les vilebrequins qui permettaient à l'usine de produire son quota de hachis distractif. Ni d'espérer de l'illusion golfique ou de l'âme cryptogamique.

La date de mon départ approchait. J'avais eu autant de difficultés à dire à Selma que je rentrais passer Noël à Toulouse que j'en avais éprouvé face à Anna lorsqu'il s'était agi de lui avouer la prolongation de mon exil. Une expression fugace avait alors traversé son visage. Une mimique qui pouvait autant vouloir dire : « Tu es bien comme les autres », que : « OK, c'est dans l'ordre des choses. »

– J'en profiterai pour aller à Barstow rendre visite à ma mère.

– Tu vas souvent la voir ?

– Presque jamais. La dernière fois, c'était avec Terry avant qu'il parte en Irak. Avec le traitement qu'elle prenait, c'est à peine si elle arrivait à parler. Le côté droit de son visage portait les marques d'un gros hématome : elle avait glissé dans sa baignoire. C'était soi-disant l'œuvre de mon père qui était revenu, un soir, pour la tabasser, parce qu'il voulait la reprendre et qu'elle ne voulait pas. Bien sûr mon père n'était pas revenu à la maison et n'avait rien à voir dans cette histoire. D'ailleurs personne ne sait s'il est encore vivant.

– Tu veux que je te conduise à Barstow avant de partir ?

J'ignore ce qui m'incita à faire cette proposition. Selma sembla d'abord choquée par l'incongruité de mon offre, comme on peut l'être face à un étranger qui tente de s'immiscer dans un cercle de famille. Une chose était de raconter la déchéance d'une mère, une autre de l'exhiber dans le dénuement de la chair et la violence du réel. La rencontre entre Martha Chantz et sa fille était depuis longtemps une expérience éprouvante. Et il était parfaitement concevable que Selma n'ait aucune envie de la faire partager. Pourtant, elle se ravisa, haussa les épaules et dit :

– Comme ça, tu verras d'où je viens.

Il y avait dans ces mots une tristesse, une résignation aussi au poids d'une injuste fatalité.

Pour la première fois, ce soir-là, mon esprit dissociait enfin le corps de Selma de celui d'Anna. Quelques mots et la perspective de Barstow avaient suffi à lui donner une autonomie propre. À le considérer comme le fruit spécifique de l'union temporaire de deux ouvriers de la General Motors qui, jadis, avaient vécu ensemble à Pontiac, Michigan. Lorsque Selma avala devant moi ses molécules multicolores avant de se déshabiller, je compris que nous avions franchi un degré d'intimité supplémentaire sans savoir s'il fallait considérer cela comme un progrès.

– Prends-en une.

Je fis ce qu'elle me dit. C'était une pillule de couleur rouge avec le sigle Volkswagen frappé en son centre. Je n'avais pas la moindre idée de ce que j'ingérais. Peut-être cette substance allait-elle m'initier à de nouveaux comportements que l'on prendrait, un jour, en considération dans *The Archives of Sexual Behavior*. La peau de Selma était brûlante. Elle avait un peu d'avance sur moi. Elle serra ma bite à pleine main et, en détachant chaque mot, le visage à demi enfoui dans l'oreiller, elle dit à voix basse :

– Je veux ce putain de truc.

À mi-chemin de Los Angeles et de Las Vegas, Barstow n'était rien qu'une petite ville dans le désert, avec des entrepôts, parce que les terrains y étaient bon marché, et une gare de triage qui, nuit et jour, réorganisait les convois de marchandises.

La mère de Selma habitait une maison fanée dans un quartier blanc rattrapé par la misère. Des fenêtres poussiéreuses, un porche soutenu par des étais de bois et, sur le toit, des pièces de bardeaux manquantes autour de la structure d'un vieux chien-assis qui ne demandait qu'à s'affaisser. Un homme repeignait la façade, juché sur un échafaudage sommaire de planches et de parpaings.

Martha ne ressemblait pas du tout à une femme névrosée gavée de tranquillisants. Elle offrait au contraire l'image de quelqu'un de très présent au monde, qui avait encore le désir de plaire et de le faire savoir. Selma, prise au dépourvu, demeura sans voix face à sa mère transfigurée, qu'elle semblait découvrir en même temps que moi. Le peintre entra et alla se servir à boire dans une pièce voisine, en traînant les pieds avec tant de conviction qu'on l'eût dit porteur d'un immense fardeau. Lorsqu'il revint, sa cannette à la main, Martha l'attira vers elle et nous le présenta :

– C'est Will. Mon Willy. Il vit ici. Il est en train de repeindre toute la maison, d'arranger tout ce qui va de travers.

Intimidée, embarrassée aussi devant ce nouveau beau-père inattendu, Selma lui tendit la main. L'atmosphère était chargée d'odeurs de peinture et de white-spirit. Pour les avoir autrefois si souvent manipulés, je pouvais identifier toutes sortes de solvants. Il me suffisait de fermer les yeux et de fouiller dans la resserre de ma mémoire olfactive.

Martha avait à peu près mon âge. Et Will n'était guère plus vieux que Selma. C'était un garçon à l'allure athlétique, aux proportions agréables, mais qui ne possédait rien en lui de remarquable ou d'un tant soit peu lumineux. Des cheveux tristes, huileux, des mains aux doigts larges et trop courts, un regard étroit, dépourvu de vie, des traits si fades qu'on les eût dits pensés pour être aussitôt oubliés. Nous étions tous les quatre debout, à nous observer, sans savoir quoi dire ni quoi faire, espérant seulement que quelqu'un rompe le silence.

– Je vais continuer mon travail, dit Will.

Martha lui passa la main dans les cheveux de la même façon que l'on flatte un gros animal. Elle nous fit asseoir sur le canapé et prit place sur un fauteuil usé au point de laisser entrevoir, par endroits, ses tripes de mousse. La mère et la fille semblaient sidérées de se retrouver, et de découvrir que l'une et l'autre vivaient en compagnie d'un homme. On pouvait entendre le bruit du pinceau de Will qui allait et venait sur les planches.

– On passait juste te dire bonjour.

– Ça faisait longtemps qu'on ne s'était pas vues.

– Depuis le départ de Terry.

– C'est ça.

– Tu as l'air en forme.

– Je fais ce qu'il faut.

Il avait suffi de ces quelques mots de Martha pour rendre palpable l'agacement que cette visite impromptue provoquait chez elle. Nous étions indésirables. Nous dérangions une sorte d'accommodement raisonnable entre le peintre et la mère, un concordat sur lequel la fille n'avait aucun droit de regard. Comme elle l'avait dit, la mère faisait ce qu'il fallait. Et ce qu'il lui fallait, c'était Will. La fille n'avait pas à se mêler de cette histoire. Elle n'y avait pas sa place. Il fallait qu'elle le sache. Qu'elle le sente. Grâce à Willy tout allait bien. La fille en avait assez vu. Elle pouvait repartir.

– Tu aurais dû me prévenir, j'aurais préparé quelque chose. Avec les travaux, la cuisine est sens dessus dessous.

– Nous n'avions pas l'intention de rester.

– Vous vivez ensemble ?

La question, brutale, m'était destinée. Pour indiscrète qu'elle fût, on sentait cependant qu'elle avait été formulée sans malice, qu'elle était simplement l'œuvre d'un esprit rustre, dépourvu de finesse. Avant que j'aie pu répondre, Selma dit :

- Non, c'est un ami, un collègue de travail.

Martha hocha la tête d'un air qui laissait penser qu'elle n'en croyait pas un mot mais qu'au fond elle s'en moquait. Elle se leva.

– Je vais vous chercher quelque chose à boire ?

– Si tu veux. Pendant ce temps, je peux aller voir ma chambre ?

– C'est-à-dire que... tout a été changé. Will y a rangé ses affaires et j'ai mis les tiennes dans le garage. Sauf le lit, qui est resté à sa place.

– Je comprends.

C'était sans doute la dernière chose que Selma pouvait comprendre, mais elle ne réagit pas, comme si le fait de voir sa jeunesse déménagée et empilée dans un garage l'indifférait. Finalement, renonçant à servir des rafraîchissements, Martha s'était rassise. D'un geste disgracieux elle avait réajusté les bonnets de son soutien-gorge avant de croiser les jambes et de balancer un pied qui trahissait son impatience. Dès qu'elle était entrée dans cette maison, Selma avait compris qu'elle ne passerait pas Noël ici, dans ce qui lui tenait lieu de famille. Elle savait aussi que, désormais, le jeune peintre l'avait définitivement chassée de la minuscule place qu'elle croyait encore occuper dans le cœur de sa mère.

– Tu as des nouvelles de Terry ?

– Il va bien, mais c'est dur. Il lui tarde de rentrer.

– C'est normal. Si tu lui écris ou si tu l'as au téléphone, dis-lui que sa mère lui souhaite un bon Noël. Au fait, tu sais où on va réveillonner avec Willy ? À Las Vegas. Au Mirage ou au Bellagio.

– C'est bien. Je vais devoir y aller, maman, on a encore au moins deux heures de route.

– Dis-moi, tant que j'y pense, tu as su que ton père était mort ?

Je n'imaginais pas qu'une telle chose fût possible. Qu'une mère fût capable d'annoncer à sa fille la disparition de son père avec autant de désinvolture. Et cela pendant qu'au même moment, à quelques pas de là, son amant, indifférent à tout, peinturlurait les encoignures d'une façade.

– Papa est mort ? Mais quand ?

– Ça doit faire un an, un an et demi, je ne sais plus.

– Pourquoi tu ne nous as pas prévenus ?

– Ton frère était déjà là-bas, et toi je ne sais pas où tu habites. J'ai même pas ton téléphone. De toute façon, ça n'aurait rien changé.

– Tu es dingue, putain. Mon père meurt et tu me l'annonces un an et demi après !

– Qu'est-ce que ça change, tu peux me le dire ? Pour le peu de temps qu'il a passé avec nous, ça ne change rien, absolument rien. Et tu veux savoir comment il est mort, le grand homme ? Il est tombé du toit d'un immeuble en Floride. Défoncé, drogué avec ces saloperies qu'il revendait à des gamins. Voilà l'image qu'il vous laisse, votre père. Tu pourras le raconter à ton frère. C'était urgent que vous appreniez ça ?

– Tu es vraiment une salope.

Martha se redressa et frappa le bras du fauteuil du plat de la main.

– Fous-moi le camp d'ici et n'y remets jamais les pieds. Ton père et toi vous m'avez rendue folle, vous m'avez détraquée. Tu ne vaux rien, tu es une minable, une droguée comme ton père. Tu crèveras comme lui. Fous le camp ! Willy ! Willy, nom de Dieu, fous-les dehors !

Attiré par les éclats de voix, le peintre entra dans le salon et se planta à côté de l'entrée. On aurait dit un gros chat confronté à un spectacle qu'il ne comprenait pas. Willy n'était sans doute pas quelqu'un de violent. Il attendait que les choses se calment. La peinture de son pinceau gouttait sur le plancher.

Selma me déposa à l'aéroport. Je savais que la confrontation avec sa mère ajoutée à mon départ aurait des conséquences sur sa consommation de drogue. Je ne pouvais rien contre cela.

Quand je passais au-dessus d'une ville en avion, j'imaginais en bas, s'agitant sous ces toits minuscules, des millions de nano-existences qui mangeaient, dormaient, se disputaient, se montaient dessus, s'accrochaient les unes aux autres pour ne pas rester seules, pour donner un sens à toute cette merde, pour oublier la place infinitésimale que nous occupions, chacun, en ce monde. Le vol de nuit était un salutaire exercice de modestie qui permettait à peu de frais, et beaucoup plus rapidement que ne l'autorisait une analyse, de soumettre les prétentions de nos ego à la simple échelle de grandeur qu'offraient nos vies lorsqu'on les regardait de 35 000 pieds au travers d'un hublot de cabine économique.

Revenir. Retrouver. Reconnaître. La lumière de l'hiver, livide, si différente. Le froid, timide, mais gorgé d'humidité. L'odeur de la voiture, parfumée avec un sachet de Timberleaf. La maison, identique et presque étrangère. À la cuisine la station météo qui délivrait en continu des informations que personne ne lisait jamais. La chaleur apaisante des radiateurs en fonte quand on glissait les doigts entre les fentes des éléments. Et Anna. Méconnaissable. Ressuscitée. Élégante.

Le temps modifiait l'intérieur de nos vies, que l'absence asséchait. Les sentiments évoluaient, se démultipliaient à la façon des Kombuchas, s'empilaient dans l'avalanche des couches successives si bien que l'on finissait par ne plus savoir ce que l'on devait ressentir. Ni vis-à-vis de qui, ni jusqu'à quand.

Ma première nuit à la maison fut un modèle de confusion mentale. J'étais marié depuis trente ans avec la femme qui vivait ici et je la regardais comme une inconnue, une étrangère avec laquelle je serais convenu de partager un meublé. Tellement de temps avait passé, tant de choses s'étaient produites depuis que j'avais partagé un lit avec Anna. La dernière fois, c'était la veille de son départ pour la clinique. Cette nuit-là, j'avais veillé une infirme. Une demi-morte qui réclamait un exil terrifiant. Je me souvenais de chacune de ces heures, entrées en moi pour toujours. Mais voilà, la cure ou je ne sais quelle médecine avait effacé la crise et le syndrome, et redonné son vrai visage à Anna. Il est parfois beaucoup plus simple de coucher avec une inconnue que de s'allonger auprès de sa propre compagne. Cette évidence m'obséda durant tout le dîner et m'empêcha de m'intéresser à toutes les petites affaires dont parlait le pays. La tente du pitre libyen et les dernières ruades sentimentales de Tony Montana. Lorsque Anna me raconta l'épisode de Disneyland en compagnie de la chanteuse, la phrase fondatrice de tout le mal que cet homme serait, un jour, capable de faire aux autres, et sans doute à lui-même, me revint à l'esprit : « Je veux le monde, Chico, et tout ce qu'il y a dedans. » Je savais parfaitement comment se serait comporté le président à ma place. La façon dont il aurait repris possession de son domaine et réinvesti le corps d'Anna. Après l'avoir immédiatement conduite à la chambre, il l'aurait baisée sans autre forme de procès, à sa guise, comme s'il l'avait quittée la veille, comme si elle n'était jamais allée à l'hôpital. Parce qu'il était parfaitement légitime de prendre ce qui vous appartenait. Le monde, il l'avait gagné. Et Anna faisait partie de son butin.

Je ne savais pas vivre ainsi. Et j'éprouvais même les pires difficultés à imaginer comment cela était possible. Aussi, lorsque je me retrouvai devant le lit, autrefois conjugal, je me sentis porteur de vieilles histoires dont je ne voulais plus. Dépositaire d'une mémoire à oublier. J'hésitai un long moment avant de prendre place sur les draps. J'avais espéré que la fatigue du voyage m'exonérerait de la suite. Anna éteignit la lumière. Puis chacun demeura immobile et silencieux dans sa portion de nuit, à guetter un mouvement de l'autre – sentinelles effrayées à l'idée de ce qui pouvait advenir.

Il me sembla que je devais faire cela. Que, dans le partage des droits, des devoirs et des fautes, ce geste m'incombait. Poser ma main sur le ventre d'Anna. La caresser. Puis passer les doigts sous sa taille et l'attirer vers moi. Oui, je savais que je devais faire cela. Glisser une jambe entre les siennes. Trouver sa bouche. Penser que je l'avais embrassée toute une vie. Et qu'il n'y avait donc rien d'extravagant à continuer. Ici j'étais dans une autre univers. Où les femmes fermaient les portes avant d'aller pisser. Où les champignons ne poussaient pas dans les cuisines. Où les enfants ne partaient pas à la guerre. Où les vieux ne surveillaient pas les voitures. En tenir compte. Il ne fallait pas que je parle, sinon tout deviendrait trop compliqué.

Lorsque Anna souleva une jambe pour m'offrir un passage, j'entrai en elle comme on s'enfonce dans l'eau d'un lac qu'aucun soleil ne vient réchauffer. J'entrai en elle avec cette inquiétude qui était à l'origine de toute vie.

– Doucement, Paul.

Écouter ce qu'on me disait. Réagir en conséquence. Ne pas tout confondre. Là-bas était une chose, ici en était une autre. Il suffisait de s'adapter, de trouver les accommodements raisonnables. C'était cela, le plus important, cette capacité à prendre en compte les différences. Mais aussi à demeurer présent, concentré. Ne surtout pas se laisser distraire. Ni comparer ce qui n'avait pas à l'être. Ni l'écorce des corps, ni la pulpe des ventres, ni l'habileté des doigts. Passé un certain degré d'excitation, toutes les phalanges se valaient. Voilà. Si je voulais arriver à quelque chose, c'était de cette façon qu'il fallait penser. Demeurer pragmatique. Et rester doux. Puisque c'était ce qu'elle avait réclamé. Je me demandais combien de temps tout cela allait durer. Si Anna parviendrait à jouir ou bien se satisferait d'un vague sentiment d'incomplétude qui l'accompagnerait jusqu'au sommeil. Autrefois tout était bien plus simple. Nous ne nous embarrassions pas de l'état de nos âmes. Et je ne me souvenais pas qu'Anna eût jamais réclamé de la douceur. Peut-être, en vieillissant, étais-je devenu moins attentif, plus brusque. De toute façon, cela n'avait plus grande importance. Le plus dur était fait. Je savais que je ne devais pas penser ainsi et pourtant c'était le cas. Trente ans de vie commune pour arriver à une nuit telle que celle-ci. Cela en disait long sur le courage et l'aveuglement de l'espèce. Soudain Anna s'agita comme si elle voulait se déprendre d'un mauvais rêve. Un changement d'attitude si soudain qu'il ne pouvait qu'éveiller de la perplexité. J'avais le sentiment que, lasse de ce petit opéra macabre, désormais pressée de sortir de scène, elle décidait de théâtraliser à l'excès la part de son répertoire. Dans la manière dont elle mettait en forme ce plaisir surgissant. Cette profondeur dans son souffle, et ces petits gémissements de gorge presque trop convenus.

– Continue, je vais jouir.

Bien sûr que non. Je savais qu'il n'en était rien. Qu'il allait s'ensuivre une fumisterie polie, un vaillant simulacre pour me dédommager de mes efforts, rendre hommage au décalage. Bien sûr que non. Je sentais ce genre de chose comme un animal flaire l'orage. Cela ne changeait rien sinon que je savais.

– Ne t'arrête pas.

M'arrêter de quoi ? De penser à Selma sous ecsta, à Martha sous Willy, à mon père sous Johnny, aux nichons de Betsy, au champignon et aux pilules, à tous ces types emboîtés, ficelés, muselés et catalogués dans les films du Gallois ? Arrêter de quoi ? De faire semblant de ne pas voir qu'Anna faisait semblant ? C'était donc cela, la clé de toute chose, continuer comme si de rien n'était, au nom des loyers du passé, de toutes ces quittances archivées, limer, enfiler, baiser jusqu'à la garde et, surtout, ne pas arrêter.

Le corps d'Anna se contracta à plusieurs reprises – des spasmes entrecoupés de petites plaintes –, ses mains cherchèrent à immobiliser mon bassin, à éloigner mon torse, j'eus l'impression qu'il se passait réellement quelque chose dans ce lit, et demeurai ainsi, soudain très seul, raidi dans le noir, en équilibre entre plaisir et doute, ne sachant plus de quel côté basculer.

John-Johnny et mon père avaient tout organisé. Une soirée à l'image de leur nouvel état de fortune. Un Noël postchrétien, ruisselant d'or, d'encens, de myrrhe et de néotechnologies. Un torrent de nourriture, des cascades de cadeaux hors de prix. Au salon, un sapin venu de Finlande, verni de je ne savais quelle substance, griffait le plafond, et le jardin était aussi scintillant qu'un plateau de cinéma pour un tournage de nuit. Sur la terrasse on avait planté trois énormes parasols équipés de coupoles chauffantes qui dispensaient une douce température pour ceux qui souhaitaient prendre l'air en cette nuit du 25 décembre. Jules et Fujita bavardaient sous l'un de ces radiateurs en compagnie de Johnny tandis qu'à l'intérieur Anna, mon père et Jean grignotaient des sucreries. Marie, à quatre pattes dans le salon, jouait avec Arthur et Louis, expérimentant des robots avant-gardistes rapportés de ses comptoirs exotiques. Tous les Stern étaient rassemblés dans cette maison où j'avais grandi, cette maison si longtemps placée sous le signe de la mesure et de l'austère, du temps où ma mère Christine l'administrait tandis qu'Alexandre en fixait la ligne de conduite. Une ligne droite qui passait invariablement par l'atelier, l'église et le MD2B. Avec des Noëls aux tisons, et juste ce qu'il fallait de volailles et de rubans.

Aujourd'hui, le prêcheur s'était mué en meneur de revue. Et nous étions sa troupe, docile, qu'il convoquait lorsque les besoins de la fête l'exigeaient

– Tu es bien à Hollywood ?

– Ça va, je me suis adapté.

– Quand comptes-tu rentrer ?

– Dès que j'aurai terminé.

– Tu as quelqu'un là-bas ?

– Pardon ?

– Je te demande si tu as rencontré une femme.

– Non. Personne.

– Tu es comme ta mère. Tu ne sauras jamais mentir.

Avec cette façon féline de se mouvoir à l'intérieur d'une pièce, mon père avait toujours eu pour habitude de me surprendre par une question à la seconde même où je m'apercevais de sa présence. Cela avait pour conséquence de perturber, et toujours à son avantage, les premières secondes de notre entretien.

– Il va falloir que tu règles tout ça rapidement.

– Régler quoi ?

– Ton histoire avec cette femme.

– Mais enfin, tu es incroyable !

– Non, j'essaie d'être clair. Arrête de faire le con. Tu m'as parfaitement compris. Tu as une femme et une famille, ici, en France. Tu t'en souviens ? Ils sont là, là et là. Tu les vois tous autour de toi ?

– Mais qu'est-ce qui te prend ? De quoi tu te mêles ?

– Des conneries que mon fils est en train de faire. Tu imagines quoi, que personne ici ne s'aperçoit de ce qui se passe ? Qu'Anna et tes enfants sont dupes de tes histoires de merde ? De ton soi-disant travail qui n'en finit jamais ?

– Qu'est-ce que tu sais de mon travail, toi ?

– Je sais que, quand un type comme toi, que je connais comme ma poche, en est réduit à jouer les briseurs de grève pour rester en Amérique, c'est qu'une femme est dans le coup. Seulement ta vie, fiston, crois-moi, elle est ici, avec les tiens. Et ça, c'est mon boulot de père de te le rappeler.

– Ton boulot de père ! Tu as raison. Un demi-siècle de mensonges et de dissimulation te donne une sacrée légitimité. Toutes tes comédies sur la foi, la dignité, la tempérance, la loyauté, on voit où ça t'a mené. Tu es devenu la caricature de ton frère, l'incarnation de ce que tu as toujours détesté. Alors oublie-moi, tu veux, et va rejoindre son ex-femme.

– Tu as de la chance que ce soit le soir de Noël et que tous les enfants soient là...

– Sinon quoi ?

– Je t'aurais foutu ma main sur la figure.

Quelques minutes plus tard, toute la famille se retrouva autour de la table pour les desserts. Des opéras, des mousses, des crèmes savamment aromatisées, des puits d'amour, de craquantes semelles de nougatine, des choux ruisselants de caramel, des pâtes d'amandes truffées de pépites de fruits frais. Alexandre rayonnait au cœur de ces friandises qui étaient autant de témoignages de sa libéralité. Puis, la panse remplie, le patriarche conduisit sa troupe repue au pied de l'arbre finlandais, luisant et figé dans son empois, pour que chacun reçoive sa part du butin providentiel. Nul n'était besoin d'aller dîner chez Musso ou de me promener dans les allées de Disneyland pour croiser Tony Montana. Je n'avais qu'à regarder en face de moi, cet homme vieilli qui était mon père et me parlait comme un parrain. Il était bien là, assis à la table 28, satisfait de sa fête autant que de sa tenue d'alpaga, et, sourire d'enfant aux lèvres, ouvrait son cadeau de Noël. Une Master Compressor Diving de chez Jaeger

LeCoultre. Une merveille, disait Johnny, une montre de plongée étanche à 1 000 mètres et capable d'encaisser 100 kilos de pression par centimètre carré. Ces performances étaient d'autant plus impressionnantes que je ne me souvenais pas d'avoir vu mon père nager la tête sous l'eau une seule fois dans sa vie. Mais qu'importait ce que j'avais vu ou non, ce qui était ou pas. Ce soir-là, c'était Noël, et lorsque la réalité était trop fade, et que l'on en possédait les moyens, il fallait bien faire appel à la fiction marchande pour offrir à un vieillard des exploits auxquels il n'avait sans doute lui-même jamais rêvé.

Tous nous donnâmes, donc, reçûmes, échangeâmes dans la mesure de nos moyens, modestes pour la plupart, munificents en ce qui concernait la branche aînée des Stern. Ainsi, mon père m'offrit un téléphone portable pourvu d'une infinité de fonctions – micro-ordinateur, Internet, photos, vidéos et surtout GPS. En me remettant l'objet, Alexandre avait seulement marmonné :

– Pour que tu retrouves le chemin de la maison.

Pendant que les plus jeunes jouaient avec leurs nouvelles machines infernales, je restais avec mes trois enfants auxquels était venue se joindre Fujita.

– Tu repars pour longtemps ?

C'était Jules. L'aîné. Le chef de famille irréprochable. Le mari modèle. Le garçon prévenant. Le conseiller en énergie. L'économiseur de ressources. L'ami de la planète. À force de sérieux, mon fils était enfin devenu le père qu'il aurait tant aimé avoir.

– Un mois, un mois et demi peut-être, le temps de terminer ce que je suis en train de faire.

– Tu travailles sur quoi ?

Que répondre à un fils pudique et scientifique, marié de surcroît à une sobre agronome ? Que j'écrivais une misérable histoire de vachers torturés par le désir, et qu'en outre, à mes moments perdus, je suçais des champignons goitreux et baisais une fille défoncée qui avait l'âge de sa sœur tout en étant le sosie de sa mère ?

– Un scénario lamentable. Comme dit le producteur, un récit transculturel, sur les rapports entre femmes latines et mâles américains.

– C'est un documentaire ?

– Pas vraiment. Mais, après tout, pourquoi pas ?

– Dis-moi, il faut qu'on te parle d'une chose. Voilà… Est-ce que… Est-ce que tu sais que grand-père nous a donné pas mal d'argent à tous les trois ?

– Pas du tout.

– Quand je dis pas mal, c'est même beaucoup. Ça nous a mis mal à l'aise. Il a fait ça sans nous le dire. On voulait juste savoir s'il t'en avait parlé avant et ce que tu en pensais.

– Sachez une chose : votre grand-père ne me parle jamais de ses affaires d'argent. En tout cas, c'est très gentil de sa part. Mais soyez tout à fait à l'aise. Ces sommes proviennent de l'héritage de son frère, qui était conséquent. Soyez tranquilles, ça ne le prive de rien.

Marie, qui était sans doute la moins conformiste des trois, jouant d'une fausse insolence, demanda :

– Il t'a filé du fric à toi ?

– Non, ma chérie. Absolument rien. J'ai l'impression que votre vieux père a bel et bien été déshérité. Plus sérieusement, c'est bien qu'il ait pensé à vous. Très bien. Maintenant, excusez-moi, les enfants. Je suis un peu fatigué. Le décalage, sans doute, tout ça. Je vais me reposer à côté deux minutes. C'était une belle soirée. Je vous souhaite un bon Noël à tous.

Je m'allongeai sur ce qui avait été le lit de mon enfance, dans cette chambre préservée qu'aucun Willy n'était venu dévaster. Je percevais au loin le ronronnement rassurant d'une famille unie et rassemblée, un bruit apaisant qui pouvait faire accroire que j'étais protégé, que tous ces gens veillaient sur moi, comme lorsque j'étais enfant, et que je pouvais enfin m'endormir.

Le goût de sa langue sur mes lèvres. Une vague brume de café mêlée à un parfum d'alcool. Je sortis du sommeil comme on naît d'un rêve. Il faisait noir. J'étais dans ma chambre. Anna avait un peu bu. Elle était assise sur le rebord du lit. Ses dents effleuraient mes lèvres. Je ne bougeais pas. Je n'ouvrais même pas les yeux. Je sentais sa main sur ma queue. Elle me branlait. Elle m'embrassait. Sur mon lit d'enfant. Pour Noël.

JANVIER

À l'aéroport de Blagnac, avant que je descende de la voiture, Anna avait posé la main sur mon avant-bras en disant :

– Ne t'en fais pas, tout ira bien.

J'ignorais ce qu'englobait cette rassurante généralité – si elle me concernait personnellement, se référait plutôt à l'avenir de nos relations, ou encore à l'issue de mes engagements californiens – mais, sans doute en raison de sa mystérieuse portée prophétique, elle me réconforta.

Ce séjour à Toulouse, que je redoutais entre tout, m'avait finalement paru très court. Il m'avait permis de m'amarrer à quelques principes de réalité desquels je m'étais trop longtemps écarté à force de vivre dans les capiteuses turbulences des légendes et autres fantaisies cinématographiques américaines. La transformation inexplicable d'Anna m'avait étonné. Les jours passant, ma méfiance initiale s'était dissipée. Et tout ce que j'avais pris au départ pour de maladroites simulations se révéla vite ressembler à d'authentiques marqueurs du bonheur. Une force nouvelle s'était emparée d'Anna, un élan qui ne devait rien à Grandin, à ses gélules ou au soutien de la famille, mais qui lui appartenait en propre. Cette modification m'était apparue tout au long de ces soirées passées en tête à tête, à parler comme nous ne l'avions pas fait depuis de trop longues années. Le soir du 31 décembre je préparai ce qui représentait pour Anna – je le savais même si elle refusait de l'avouer – l'alpha et l'oméga de la gastronomie sauvage : un énorme steak tartare bourré de ketchup, de sauce Worcester, de Tabasco, d'oignons frais et de câpres, piqué d'un œuf et accompagné d'un plat de frites. La façon gourmande, joyeuse et animale dont elle avait dévoré cet étrange plat de réveillon en disait long sur sa nouvelle appétence pour l'existence.

Quand une femme pareille, de retour des enfers qu'elle avait traversés, me disait avec cette tranquille assurance : « Ne t'en fais pas, tout ira bien », j'éprouvais l'envie et le besoin de la croire.

Durant mon séjour à Toulouse, j'avais téléphoné à Selma à plusieurs reprises. Mais chaque fois mes appels avaient échoué dans sa messagerie, comme des papiers froissés s'entassant dans une corbeille.

Lorsque j'ouvris la porte de mon bungalow, j'eus l'étrange impression d'entrer dans le décor d'un vieux film, dans lequel j'avais autrefois joué mais dont il ne restait plus que quelques meubles, des tentures fanées et une vague odeur de moisi flottant dans toutes les pièces. Sur le comptoir de la cuisine, le champignon, engoncé dans son récipient, à moitié écrasé par ses surgeons, noyé dans une espèce d'urine troublée, ne manifesta aucune émotion à ma vue et continua comme si de rien n'était de sécréter ses sucs. À côté du bocal, le squelette du pauvre scénario que m'avait confié Whitman, au loin des sirènes de police. Pas de doute : j'étais de retour à Hollywood.

Selma était dans le bureau de Whitman. Elle souriait, bronzée des jambes jusqu'aux épaules, les cheveux dénoués couvrant légèrement ses clavicules comme une étole taillée dans la fourrure luisante d'un petit animal.

Elle regardait la télévision qui diffusait un reportage sur le conflit des scénaristes. Le monde pouvait bien s'écrouler et les nations s'entredéchirer, Hollywood ne s'intéressait jamais qu'à ses microproblèmes. Exceptionnellement, il pouvait arriver aussi que l'on se penchât, pourvu qu'ils fussent rougissants et honteux, sur les prurits bénis de quelques pays honnis.

– Comment s'est passé ce voyage, Paul ? dit Whitman.

– Fatigant, comme d'habitude.

– Vous savez qu'ici on ne parle plus que de votre président et de sa liaison avec sa chanteuse, je ne sais plus comment vous l'appelez. Vous avez lu l'article que le *Times* de Londres lui consacre ? Ils en ont publié des extraits dans *Variety*. C'est très étonnant. Je savais que les Anglais détestaient les Français et adoraient se moquer d'eux, mais je n'aurais pas imaginé que ce soit à ce point.

– Ils disent quoi ?

– Des horreurs sur la façon dont votre président se comporte, sur sa vulgarité, son manque d'élégance. Je vous le ferai passer. Je ne sais plus si c'est à vous que je disais ça il y a quelque temps, mais ce type serait parfait pour diriger l'Amérique. Vous savez pourquoi ? Parce que ce pays et votre homme n'ont pas de surmoi. Je lisais un truc là-dessus l'autre jour. C'était très bien vu.

– Vous lisez des choses sur le surmoi ? Il est temps que cette grève s'arrête.

– Je vous adore, Paul. Ça c'est une réplique typiquement française. Balshaw ne me répondrait jamais une chose pareille.

Les allées de la Paramount étaient désertes. De temps à autre, le miaulement d'une voiturette électrique leur donnait un semblant de vie. Selma et moi avions fait quelques pas dans ce décor et étions arrivés jusqu'à Brooklyn. C'était singulier de se retrouver soudain au cœur de cette ville lointaine, entourés d'immeubles vides, au milieu d'un carrefour, comme si nous étions les survivants d'un quartier dont on avait aspiré toute trace de vie.

J'observai les façades de ce monde factice, ces fenêtres au travers desquelles personne ne regardait jamais, ces portes que nul n'ouvrait, ces boutiques sans vendeurs ni clients, et j'éprouvai une angoisse face à ces pâtés de maisons qui m'apparaissaient hostiles et porteurs d'une vague menace.

– C'était comment, ton Noël ?

– Bien. Très familial.

– Ça veut dire quoi ?

– Qu'on était en famille, tous réunis.

– Ça veut dire aussi que tu as baisé ta femme ?

J'imaginais bien Martha Chantz demander une chose pareille, assise sur son fauteuil décati, balançant mollement la jambe et interrogeant Willy sur ce ton froid, lui qui n'avait jamais été marié, juste pour voir sa réaction, juger de sa surprise et faire apparaître sur son visage des signes de perdition comme chaque fois qu'il était confronté à un questionnement qui le dépassait.

– Si tu hoches la tête en souriant ainsi, ça veut dire que tu l'as baisée. J'en suis certaine. C'est normal, remarque, c'est ta femme. Je te demandais juste ça comme ça, pour parler. Tu peux baiser qui tu veux. C'est la vie. On est tous là pour ça. Tu as déjà baisé à New York ?

Tout était en place. Le décor. Les lumières du couchant. Une ruelle un peu glauque. La réplique qui l'était autant. Et le visage de Selma qui soudain s'écartait de celui d'Anna pour se fondre derrière les traits de Martha. Mais qu'est-ce que tout cela pouvait bien changer ? Après tout, « on était tous là pour ça ». Alors pourquoi rejeter une telle offre ? Et à New York de surcroît ?

À mesure que passaient les jours, je constatai que Selma n'avait fait qu'accroître sa toxicomanie. Elle avalait ou sniffait plusieurs fois dans la journée des produits qu'elle métabolisait à une vitesse fulgurante. Pour être variables, les cycles de prise n'en étaient pas moins fréquents. J'essayai d'évoquer ce problème avec elle, mais sans obtenir la moindre écoute de sa part. La seule fois où elle daigna me répondre, ce fut pour me rappeler les propos de sa mère, à Barstow, lui prédisant une fin sinistre, et me dire que pour une fois cette salope avait sans doute vu juste.

Depuis mon retour, j'avais déjeuné à deux reprises avec Waldo-Finch. Il était de plus en plus soucieux à propos du calendrier de tournage de *Désarticulé*, Whitman refusant de s'engager sur une date tant que la grève n'était pas terminée.

J'avais replongé, tête la première. L'intermède de Toulouse avait été de courte durée, et les démons de cette ville n'avaient pas tardé à retrouver ma trace et à m'entraîner vers le fond de ce bassin où se côtoyaient toujours victimes et prédateurs, sans se fuir véritablement, comme si leurs destins étaient liés par un incompréhensible pacte fusionnel.

Ces gens avec lesquels je venais de passer presque une année me donnaient l'impression de se dématérialiser peu à peu les uns après les autres pour se transformer en autant de personnages de fiction, des caractères, des seconds rôles s'efforçant de tenir leur texte, de jouer au mieux ce pour quoi ils avaient été engagés. Pour y survivre, pensai-je, il fallait être *dans* le film, phalènes dans l'illusion de la lumière, et surtout y rester, ne jamais se départir de son emploi, surveiller son interprétation.

Je repensais de plus en plus souvent aux mots d'Anna : « Sache que tu n'es pas très loin de l'endroit où je me trouve. Tu es vraiment à deux pas. Mais tu ne t'en rends pas compte. » À l'époque, je les avais reçus comme une vague menace, alors qu'aujourd'hui je percevais leur dimension protectrice. Nos conversations téléphoniques étaient de plus en plus fréquentes. Anna avait définitivement échappé aux griffes de l'étrange maladie qui, pendant des années, l'avait rongée de l'âme jusqu'aux os. Et je ne pouvais m'empêcher de me demander quelle part réelle Grandin avait prise dans cette résurrection.

Je passai une dizaine de jours enfermé chez moi à travailler douze heures de rang sur le scénario de Whitman. On aurait dit que quelque chose me poussait à solder les comptes que j'avais dans cette ville. Selma, qui me voyait ainsi affairé, respectait mon travail et ne me rendait que quelques visites nocturnes espacées qu'elle mettait à profit pour nettoyer les bocaux et changer le thé des Kombuchas.

Le 18 janvier au soir, je mis un point final à mon pensum débilitant en tapant sur mon clavier deux propositions de titres ridicules pour un script qui l'était tout autant : « *Despite the Border* » et « *Cow-Boys and Girls* ».

– Tu veux mon avis ? Si Whitman en garde un, ce sera le second, dit Selma, qui était allongée sur le canapé.

Un peu plus tard la police me poserait la question et je serais incapable d'y répondre avec certitude. Combien y avait-il eu de coups de feu ? Trois, quatre, peut-être plus. Des cris, ensuite, et une voiture qui avait démarré du parking en faisant crisser ses pneus. En tout cas, Brad Landis était sans doute déjà mort avant même que Selma eût fini sa phrase.

En entendant les déflagrations puis les hurlements de la femme de Landis, nous avions vite compris que nous étions cette fois au cœur de l'un de ces malheurs que la ville générait quotidiennement et qui se terminaient dans une ronde de gyrophares anxiogènes.

Brad Landis était mon plus proche voisin. Quelqu'un dont je ne saurais dire grand-chose, sinon qu'il nourrissait les chats du quartier et écoutait en boucle des disques de Teddy Pendergrass. Il fumait des cigarettes sur sa terrasse et me saluait de loin, à l'ancienne, en joignant deux doigts sur la tempe. Sa femme semblait un peu plus âgée que lui et avait pour habitude de garer sa vieille Chevrolet Caprice à cheval sur deux places de parking. C'était un couple agréable, des voisins ordinaires, comme il y en a dans toutes les rues de toutes les villes.

Une heure après la mort de Landis, des équipes de télévision travaillant pour des chaînes de faits divers diffusaient déjà des images des bungalows entourés des voitures de police. On disait qu'il s'agissait d'un crime crapuleux. Un type était entré dans la maison en réclamant aux Landis tout l'argent qu'ils avaient sur eux. Brad avait refusé et l'autre lui avait vidé son chargeur dans la tête. Il n'y avait rien à expliquer. Ce genre de choses arrivait. Ce soir, le destin avait choisi la maison la plus proche de la mienne pour me rappeler que, même ici, dans les collines, tout pouvait à tout instant basculer.

En rangeant les quelques notes qui traînaient sur mon bureau, j'essayai de me souvenir de la dernière fois où j'avais vu Brad Landis fumer sur sa terrasse. C'était la veille au soir. Il avait une main dans la poche et, comme chacun de nous ici, lorsque nous étions sur les balcons, il contemplait la beauté des lumières de la ville.

Sur le parking, le calme était revenu. Il ne restait qu'une voiture de patrouille, tous feux éteints. On entendait seulement le crachement intermittent des appels radio. Mais il y avait un fond d'électricité dans l'air. Une tension indéfinissable et ce sentiment désagréable d'avoir été frôlé par quelque chose d'imprévisible et aveugle.

Selma s'allongea à mes côtés et nous demeurâmes ainsi, dans le noir, sans nous toucher ni échanger une parole. Yeux grands ouverts, écoutant chaque bruit, immobiles, nous nous comportions comme si cette chose était encore dans la maison, rôdant dans la chambre, tout autour de nous, présente jusqu'au fond de notre cœur.

Walter Whitman se moquait de ce que je pouvais lui raconter à propos des circonstances de la mort de Brad Landis, de l'enquête de police, de tout le sang qu'on avait découvert ce matin sur les marches de bois. Whitman n'était plus de ce monde. Il tenait son Graal, la seule chose pour laquelle il n'aurait sans doute pas hésité, lui-même, à tuer si cela avait été nécessaire : le script de *Cow-Boys and Girls* qu'il brandissait devant moi.

– Avec ça, je vais leur mettre la tête au fond du seau à ces putains de scénaristes. Quand ils reviendront, je sortirai le script de mon tiroir et je le leur ferai bouffer feuille à feuille, mot à mot.

Lorsqu'il entrait dans ce genre de transe, Walter Whitman devenait inaccessible, se transformant en une sorte de capitaine Achab forcené lancé à la poursuite de ces éternelles petites baleines blanches qu'il voyait grouiller autour de lui et qu'il rendait individuellement et collectivement responsables des tourments de sa vie.

– Tous ces parasites qui croient diriger le monde parce qu'ils ont écrit quatre lignes ineptes ! Parfois, j'envie Edwards avec ses pornos. Au moins, là, chacun est à sa place. Non, plus je connais les scénaristes, plus je me dis que je me suis fourvoyé dès le départ. J'aurais dû faire des films animaliers. Des putains de films avec seulement des bestioles.

Tricia Farnsworth entra dans le bureau et, comme par miracle, il se produisit un appel d'air libérateur qui ramena subitement Whitman à la raison.

– Demain soir j'organise un petit repas à la maison. Vous et moi saurons, seuls, ce que nous fêtons. J'inviterai Edward et quelques amis. Amenez Selma si vous voulez.

Des gens du quartier étaient montés jusqu'aux bungalows pour regarder les lieux du crime. D'autres prenaient des photos depuis la terrasse du Yamashiro, le restaurant japonais voisin. On pouvait désormais entrer et sortir librement du lotissement. Le système de codage ne fonctionnait plus. J'avais du mal à imaginer ce qui attirait autant de monde sur le parking : il n'y avait rien de spécial à voir, sinon quelques voitures garées en épis et ces drôles de maisons sur pilotis, piquées ici et là sur la colline, fragiles architectures, avec à l'intérieur des locataires ordinaires qui de temps à autre écartaient un rideau pour regarder ces gens qui les regardaient.

Il y a quelques mois, j'étais arrivé ici au soir de la mort de Benjamin Waines, ce père qui s'était tranché la gorge au plus près de son fils. Et là, je m'apprêtais à quitter la ville après le meurtre de mon voisin Brad, l'homme qui nourrissait les chats. Entre-temps, je n'avais cessé de me poser la seule question qui valait et hantait l'esprit du shérif Wade Whitehouse dans *Affliction* : « *What is real ?* »

– Quand tu partiras, je prendrai les champignons, si tu veux. J'en donnerai trois et j'en garderai un pour moi.

Selma ne tenait pas en place, nettoyant les bocaux et préparant de véritables jerrycans de thé pour nourrir son élevage.

– Je n'arrête pas de penser que ce type aurait pu venir ici hier soir et nous tuer. Je me demande pourquoi il a choisi la maison de Brad plutôt que la nôtre. À cause de la lumière chez nous, tu crois, ou parce que la sienne était plus près du parking ? Peut-être que ce n'était pas notre heure ? Tout ça c'est des conneries. Il n'y a pas d'heure pour ça. Le hasard se fout des montres. Tu es là ou pas. Comme le papillon sur le pare-brise. Tu habites au mauvais numéro. Tu traverses au moment où il faut pas. Tout ça c'est pareil. Un putain de hasard qui ne veut rien dire. Ma mère baise Willy par hasard. Et Landis se fait baiser par hasard. Tu ne peux rien contre ça. Tu ne peux même pas faire gaffe.

Quand elle partait dans une telle chevauchée logorrhéique, Selma me rappelait Whitman en proie à ses illuminations. Tous deux avaient cette capacité à masquer par un éboulis de mots le peu de pertinence de leur argumentation. Mais autant j'avais du mal à suivre Walter dans ses chasses aveugles, autant je partageais les sentiments de Selma sur notre incapacité à nous protéger contre les balles perdues du hasard.

Qu'est-ce qui était réel ? Le moment où la tête de la balle entrait dans le crâne de Landis, l'instant où la lame tranchait la gorge de Waines. Cela. Et rien d'autre.

– Qui est-ce qu'il y aura demain chez Whitman ? Il te l'a dit ?

– Non. Il m'a parlé d'Edward.

– Si c'est pour se taper toute sa bande de vieux, j'aime autant me faire un petit bong ici.

Selma sortit précipitamment de la cuisine, se dirigea vers l'entrée, verrouilla la porte, se déshabilla dans le hall et s'adossa à la cloison.

– Viens me voir, toi. Viens, ici. Il va falloir que tu me calmes. J'ai besoin que tu me calmes. Tu comprends ça ?

Sa gestuelle rappelait celle d'une enfant agacée, énervée, passant d'une jambe sur l'autre, ne sachant pas quoi faire de ses bras et de ses mains.

Au fur et à mesure que nous progressions dans la chorégraphie des plaisirs, j'essayais de nous orienter vers le salon, mais chaque fois, avec des gestes d'une force surprenante, Selma me repoussait en arrière pour nous ramener à notre point de départ.

Sa respiration devenait anormalement rapide et deux perles de salive à la commissure de ses lèvres témoignaient d'une prise de substance à dose élevée.

– Tu sais quoi ? Personne ne peut ouvrir cette porte. Tant qu'on est là, rien ne peut arriver. Toi qui te poses toujours des putains de questions sur la réalité, maintenant tu as tes réponses. C'est ça le réel, ce que tu es en train de me faire en ce moment. Ce que tu me fourres bien profond pour bloquer cette porte, pour empêcher tous les salopards de cette ville de nous faire ce qu'ils ont fait à Brad. Bouge pas. Reste comme ça. Je veux te sentir, bien, toi et la porte. C'est mon père et ma mère qui me l'ont appris, à Pontiac. C'est comme ça qu'ils s'enfilaient le soir en rentrant du travail. Contre la porte.

J'avais beau obéir, respecter les consignes, rien n'apaisait Selma, dont l'énergie se démultipliait à l'image des ruades que son esprit survolté envoyait en tous sens.

Au loin on distinguait le ronflement continu des bruits de la ville. J'entendis une voiture arriver sur le parking, quelqu'un en descendre, claquer la portière, faire quelques pas, puis monter lentement l'escalier de bois qui menait aux bungalows. C'était une personne âgée ou chargée de lourds paquets car sa progression était lente. Ensuite, Selma plaqua sa nuque contre la porte et, bouche grande ouverte, se figea en une interminable apnée. À mesure que les secondes passaient, je sentais les muscles de ses cuisses faiblir et la tension de son corps, peu à peu, se relâcher.

« *What is real?* » demandait le shérif. Tout ce que l'on essayait de contenir une vie durant et qui attendait derrière la porte.

La plupart des amis de Whitman appartenaient évidemment à sa génération et, pour les plus jeunes, à la mienne. Dans cet aréopage d'un autre âge, Selma, adorablement peu habillée dans sa courte robe blanche, s'efforçait de sourire à quelques traits d'humour golfiques qui n'amusaient que son patron et les abonnés du Country Club de Bel Air. Gareth Edwards, fidèle à lui-même et à son image, était accompagné d'une beauté interstellaire, Lannie Devon, qui n'était autre que l'actrice qu'il espérait imposer à Edward Waldo-Finch. Chaque fois qu'il en avait la possibilité, celui-ci m'attirait à l'écart, anxieux, terrorisé, pour me murmurer :

– Vous voyez bien que ce type est fou. Vous imaginez cette fille dans *Désarticulé*? C'est de la démence.

Tandis que la salle à manger résonnait du cliquetis des couverts dans les assiettes, je revoyais Brad Landis en train de fumer sa cigarette et de m'adresser un salut amical. Nous avions parlé à une ou deux reprises. Il avait été surpris que je connaisse Pendergrass. Et puis nous étions passés à autre chose. Il avait fait aussi une remarque sur la façon dont sa femme se garait sur le parking. Et une autre, je crois, sur les chats. Ensuite il était mort. Brad Landis était mon voisin. Mais ce n'était pas un sujet de conversation. Encore et toujours la grève. Des voix s'élevaient pour dire qu'il était temps de lâcher du lest. D'autres, au contraire, maintenaient qu'il fallait tenir bon. Bientôt trois mois. Landis, c'était il y a deux jours. Trois balles dans la tête, deux dans la gorge. Mais qui pouvait bien ici s'intéresser à quelqu'un qui nourrissait des animaux et aimait un chanteur noir né en 1950 qui s'appelait Theodore DeReese Pendergrass ? Il était temps, disait Whitman, « de chiffrer le coût de toutes ces conneries, de voir le mal qu'elles avaient fait à l'Industrie ». Ce matin, des nettoyeurs étaient venus lessiver les marches et les sols tachés de sang. Si la femme de Brad déménageait, le bungalow serait vite reloué. En tout cas, Gareth Edwards était formel sur un point : cette grève aurait permis aux producteurs d'améliorer leur handicap au golf. Quand j'étais parti de la maison, tout à l'heure, la vieille Chevrolet Caprice était toujours garée de la même façon, à cheval sur deux places.

Whitman quitta la table quelques instants avant de revenir avec un paquet-cadeau qu'il posa devant lui. Il fit tinter son verre avec le bout de son couteau pour obtenir le silence.

– Je ne suis pas un grand amateur de discours. Je suis comme vous, je n'aime ni les entendre ni les prononcer. Simplement je voulais dire à notre ami Paul, après ces quelques mois passés ensemble, combien son travail et sa compagnie nous avaient été agréables. C'est en tout cas le seul scénariste qui ait jamais franchi le seuil de cette maison. Avant qu'il rentre dans son pays, je souhaitais donc lui témoigner, devant vous, ma gratitude et lui remettre ce petit présent.

C'était une boîte rectangulaire assez lourde, que je me devais d'ouvrir devant tout le monde. Un coffret de velours bleu nuit et, à l'intérieur, un oscar, gravé à mon nom. La distinction m'était allouée au titre du « meilleur scénario » pour le film *Cow-Boys and Girls*. Tout le monde applaudit et je dus faire mine d'être à la fois heureux et honoré par ce présent de pacotille malgré les plaques de honte qui commençaient à marbrer mon visage.

Pendant la soirée, Selma s'était absentée à deux ou trois reprises. Chez elle, je savais parfaitement ce que ce comportement signifiait. Et ce qui m'inquiétait, c'était que, depuis que nous étions passés au salon prendre le café, elle avait de nouveau disparu.

– Avant de partir, vous devriez parler à Waldo-Finch. Lui expliquer que je lui fais une offre dont rêverait n'importe quel metteur en scène.

Gareth Edwards était sans doute gallois mais aussi, selon toute vraisemblance, croisé de bull-terrier. Cet homme n'abdiquait jamais. Après avoir harcelé Edward et sans doute Walter, voilà qu'il se jetait sur moi, flanqué de Lannie Devon plus resplendissante que jamais. Avant même que j'aie eu le temps d'esquisser un mensonge, je vis Whitman sortir du couloir et se précipiter vers moi :

– Venez, venez vite.

Selma était allongée sur le sol, les membres repliés, étrangement désaxés. Comme si elle avait été renversée par une voiture. Elle ne bougeait pas, ne répondait à aucune sollicitation. Elle était dans le coma, enfermée dans son coffre-fort chimique, verrouillé par son anesthésique. Sa respiration était faible, son pouls irrégulier. Elle présentait tous les symptômes d'un excès de dose. Semblant redouter quelque contagion, les invités se tenaient à bonne distance. Je demandai à Whitman d'appeler une ambulance et plaçai Selma en position latérale pour éviter qu'elle ne soit étouffée par d'éventuels vomissements.

Civière pliante, cadre d'aluminium. Perfusion claire, cathéter vert. Masque à oxygène, élastique jaune. Tension, mesure numérique. Pouls, témoin sonore. Sirène, à compression. Secousses. Freins. Cedars-Sinai Medical Center. Service des urgences. Bandes rouges et crème peintes sur le sol. Brancard, cadre d'acier, roulette caoutchouc orientable de sept pouces. Double porte à battants, retour hydraulique. Le corps de Selma qui franchit cette limite. Poussé sur le chariot par des gens qui courent. Il s'éloigne et rapetisse petit à petit derrière le hublot. Quelqu'un crie. Et aussitôt après, distincte, précise, pointue comme une aiguille qui vous transperce le cerveau, la voix de Martha Chantz :

- Tu ne vaux rien, tu crèveras comme ton père.

J'étais assis dans la salle d'attente, au milieu d'autres gens. Tout était allé tellement vite. C'était à peine si je me souvenais du déroulement de la soirée. Je tenais mon oscar entre les doigts. J'ignorais comment il était arrivé jusqu'ici et qui me l'avait mis dans les mains.

Je regardai passer les heures. Et ce n'était jamais très bon signe. Whitman m'avait rejoint et sommeillait sur le siège voisin. En Irak, Terry était sans doute en patrouille. Comment se passaient les choses en pareille circonstance ? Réveillait-on les soldats en pleine nuit pour leur annoncer la mort de leur sœur ? Ou bien laissait-on percer le jour pour leur dire qu'un malheur était arrivé ? Je savais que Willy, lui, continuerait de peindre sa façade comme si de rien n'était. Quant à Martha, j'espérais qu'elle serait obligée de reprendre ses pilules qui détruiraient en elle la moindre parcelle de vie.

Tout à l'heure, sans même ôter son masque, un médecin était passé me dire que Selma était en réanimation. Et il avait ajouté :

– Voilà.

Quand je fermais les yeux, assommé par l'angoisse et la fatigue, une autre réalité se substituait à la précédente. Guère différente. À peine plus fréquentable. Je voyais arriver Wade, avec ses petits yeux de chat et sa mâchoire carrée. Il m'adressait un signe de tête et enlevait juste son chapeau. Ses cheveux étaient décoiffés. Il venait s'asseoir en face de moi, appuyait les coudes sur ses cuisses et faisait glisser ses doigts sur le bord de son feutre. D'autres gens entraient à sa suite et venaient se placer autour de nous, jusqu'à former une sorte de cercle. Je ne savais pas comment ils avaient appris la chose mais ils étaient là, tous, ou presque, les vivants et les morts. Tous ceux qui avaient été au générique. Tous ceux qui avaient contribué d'une manière ou d'une autre à l'élaboration de *La Légende*. Quelqu'un leur avait dit que Lylah Clare avait lâché prise une nouvelle fois. Et ils étaient accourus, tenant leur rôle à la perfection, faisant semblant d'espérer. Comme des figurants ignorant la fin du film.

Walter Whitman s'était réveillé et m'avait demandé :

– Alors ?

Je n'avais su quoi répondre. Je savais simplement que cet anesthésique surdosé pouvait provoquer des arrêts cardiaques et une paralysie du système respiratoire. « Alors ? » Alors cela m'apparut soudain comme une évidence, une fatalité que je pressentais depuis longtemps. Quelque part derrière ces murs Selma venait de mourir. Le médecin allait d'un moment à l'autre nous dire ce qui s'était passé. Le cœur. Ou les poumons. Ou les deux.

Selma Chantz sortit du coma le lendemain après-midi. J'appris la nouvelle à l'endroit même où j'avais été intimement convaincu de sa disparition. Durant toute la nuit et la matinée, Whitman et moi étions restés côte à côte dans la salle d'attente sans pratiquement nous adresser la parole. En apprenant la résurrection de Selma, Walter eut les larmes aux yeux. Puis il me tapota l'épaule :

– Allez la voir. Maintenant, moi, je peux rentrer dormir.

Revenant sur ses pas, il regarda l'oscar posé dans sa boîte près de moi et dit :

– Passez-le-moi, je vais vous débarrasser de cette merde.

Selma demeura une journée supplémentaire en réanimation avant d'être transférée dans le service de médecine générale. Whitman vint la voir à deux reprises, lui témoignant d'étonnantes et touchantes marques d'affection. Il avait notamment tenu à prendre en charge le dispendieux traitement de désintoxication qu'elle devait subir pendant soixante jours au Turning Point Treatment Center situé dans le comté d'Orange. L'établissement était l'une de ces luxueuses maisons de sevrage dans lesquelles on appliquait toujours ces traitements mystérieusement segmentés en sept ou douze étapes. Avec sa voix éraillée, conséquence de son pharynx blessé par la canule lors de l'intubation, Selma dit :

– Je ne sais pas comment je pourrais vous rembourser tous ces soins.

– Personne ne vous l'a demandé.

– Pourquoi vous faites ça ?

Walter me regarda d'un air dubitatif puis se dirigea vers la fenêtre avant de revenir sur ses pas avec un sourire espiègle :

– Franchement ? Par pur intérêt, Selma. Parce que, après moi, voyez-vous, j'aimerais être sûr que quelqu'un qui me ressemble continuera de faire chier les scénaristes. Vous voyez ce que je veux dire ? Quelqu'un qui ne les lâche jamais.

Selma sembla trouver le marché honnête, à son goût en tout cas, et adressa une mimique complice à son bienfaiteur. Ensuite elle prit Whitman dans ses bras et, comme le font tous les Américains, ils se donnèrent pendant un long moment de ridicules petites tapes amicales dans le dos.

Ce soir-là, l'hôpital accepta ma présence dans la chambre de Selma. Je demeurai auprès d'elle de la même manière que j'étais resté voilà un an aux côtés d'Anna. J'éprouvais un certain malaise à vivre ce nouvel épisode, à songer que par deux fois j'avais conduit ces femmes si semblables aux portes d'un hospice. Partagé leur dernière nuit avant l'enfermement et la cure. Selma me parla longtemps de ce à quoi avait ressemblé sa jeunesse, à Pontiac et à Barstow. Elle me confia que sa mère n'avait pas toujours été telle que nous l'avions vue. Qu'elle aurait sans doute mérité mieux qu'une ville dans le désert et cet homme accroché à son pinceau. Elle me parla de la vie qu'elle aurait peut-être un jour et des portes de sortie qui existaient toujours. Elle passa la main sur mon visage, ferma les yeux comme une enfant qui sait qu'on la protège et s'endormit immédiatement.

Au matin, j'accompagnai Selma jusqu'à l'ambulance qui devait la conduire dans le comté d'Orange.

– Prends bien soin de toi, dit-elle en me faisant un signe.

J'aurais voulu l'embrasser une dernière fois, lui dire que désormais tout irait bien, mais l'infirmier ne m'en laissa pas la possibilité et claqua les portes du véhicule comme on referme un livre sous l'effet d'un violent agacement.

La Chevrolet Caprice n'était plus garée sur le parking et tous les rideaux du bungalow de Landis étaient tirés. Les fenêtres closes. La terrasse avait été débarrassée de sa table et de ses fauteuils. Tout était vidé. Demain, mon appartement aurait toutes les apparences de celui de Brad. J'avais passé la journée à régler quelques derniers détails à la Paramount après avoir déjeuné au Formosa avec Edward et Walter et restitué les clés de la Prius. Il ne me restait plus qu'à faire mes bagages, à remettre un peu d'ordre dans mon esprit et dans cette maison.

Lorsque le ménage fut terminé, je me rendis à la cuisine et alignai les uns à côté des autres les quatre bocaux de Kombuchas. La mère et ses trois repousses. Je les regardai un moment flotter à contre-jour dans leur paisible monde sucré, puis vidai les récipients dans l'évier, avant de me saisir des champignons et de les jeter un à un à la poubelle.

Je mis énormément de temps à m'endormir. Je ne cessais de songer à Brad. J'aurais tout donné pour entendre résonner, dans la maison d'à côté, la voix de Theodore DeReese Pendergrass.

Le vol de retour, bruyant, surchargé, dura une éternité. Chaque fois que je fermais les yeux, je voyais le visage du shérif Wade Whitehouse. Il restait planté face à moi, toujours en train de tripoter son chapeau. Il ne voulait rien de spécial. Il avait posé sa question. Il attendait simplement une réponse.

Anna était à l'aéroport. Je trouvai cela émouvant, bien que ce fût dans l'ordre des choses. La voiture avait toujours sa bonne odeur familière. Il faisait jour. Brad était mort, Terry, en guerre, et moi, en vie.

Il me fallut un certain temps pour comprendre que ma famille venait de vivre une année singulière, une période que nous n'avions jamais connue jusque-là et qui nous avait tous amenés à nous enfuir droit devant nous, pareils à des animaux qui détalent devant un incendie. Mon père avait basculé le premier, Anna ensuite, et moi enfin. Nous étions partis chacun dans des directions lointaines ou opposées, aveuglés par diverses formes de paniques, comme si quelque chose d'impérieux nous chassait de nos vies. L'origine de cette étrange épidémie rôdait quelque part en nous-mêmes. Les accommodements raisonnables que nous avions tacitement conclus nous mettaient pour un temps à l'abri d'un nouveau séisme, mais le mal était toujours là, tapi en chacun de nous, derrière chaque porte, prêt à resurgir.

Il existait une grande variété de fins du monde. Chez les Stern, comme dans toute famille. Et à l'image de Wade, triturant le bord de son chapeau, l'on pouvait passer le restant d'une vie à se demander comment cela avait bien pu se produire.

Voilà trois semaines que j'étais rentré à Toulouse. J'avais eu des nouvelles rassurantes de Selma Chantz. Sa cure avait l'air de lui convenir. Je pensais souvent à elle et je voulais qu'elle vive longtemps. Je lui devais sans doute la déclaration la plus étrange qu'on m'ait jamais faite : « Un jour je t'aimerai. » Il n'existait pas de promesse plus intangible et pourtant ces quelques mots suffisaient parfois à donner le courage de se fondre dans la foule et de marcher avec elle le temps qu'il fallait. Les scénaristes avaient repris le travail après avoir obtenu gain de cause à l'issue de cent une journées de grève. Anna avait retrouvé une constance de caractère et une appétence pour le bonheur que je ne lui connaissais plus. Son embellie ne se démentait pas. Le président, quant à lui, avait finalement épousé la chanteuse. Mon père, enfin, était parti sur les traces de son meilleur ennemi courir les pistes de l'Égypte au bras de ma belle-mère. Et moi, je songeais sérieusement à changer de métier. Pour ne plus avoir honte de ce que je faisais, de ce que j'étais devenu. Souvent je relisais *Speak White* de Michèle Lalonde, sans doute le plus beau texte jamais écrit sur l'apprentissage de la révolte et de la dignité. Je mesurais alors l'étendue du chemin qu'il me restait à parcourir. Je ne savais pas ce qu'était devenu mon oscar. Je prenais des cachets de Lorazépam pour essayer de retrouver un sommeil normal J'avais acheté un disque de Teddy Pendergrass.

C'était encore l'hiver mais il faisait un soleil magnifique. Une température de fin de printemps. J'étais au jardin, allongé dans l'herbe avec mes petits-fils. On aurait dit deux jeunes animaux couchés à l'heure de la sieste. Nous respirions l'odeur de la terre. Nous pouvions écouter le bruit de nos cœurs. J'entourai ces enfants de mon bras, et tous les trois nous avons fermé les yeux.

Du même auteur

Compte rendu analytique
d'un sentiment désordonné
Éditions du Fleuve noir, 1984

Éloge du gaucher
Éditions Robert Laffont, 1987
« Points » n° P 1842

Tous les matins je me lève
Éditions Robert Laffont, 1988
« Points » n° P 118

Maria est morte
Éditions Robert Laffont, 1989
« Points » n° P 1486

Les poissons me regardent
Éditions Robert Laffont, 1990
« Points » n° P 854

Vous aurez de mes nouvelles
Grand Prix de l'humour noir
Éditions Robert Laffont, 1991
« Points » n° P 1487

Parfois je ris tout seul
Éditions Robert Laffont, 1992
« Points » n° P 1591

Une année sous silence
Éditions Robert Laffont, 1992
Le Seuil, « Points » n° P 1379

Prends soin de moi
Éditions Robert Laffont, 1993
« Points » n° P 315

La vie me fait peur
Éditions du Seuil, 1994
« Points » n° P 188

Kennedy et moi
prix France Télévisions
Éditions du Seuil, 1996
« Points » n° P 409

L'Amérique m'inquiète
Petite Bibliothèque de l'Olivier, 1996

Je pense à autre chose
Éditions de l'Olivier, 1997
« Points » n° P 583

Si ce livre pouvait me rapprocher de toi
Éditions de l'Olivier, 1999
« Points » n° P 724

Jusque-là tout allait bien en Amérique
Éditions de l'Olivier, 2002
Petite Bibliothèque de l'Olivier, 2003

Une vie française
prix Femina
prix du roman Fnac
Éditions de l'Olivier, 2004
« Points » n° P 1378

Vous plaisantez, monsieur Tanner
Éditions de l'Olivier, 2006
« Points » n° P 1705

Hommes entre eux
Éditions de l'Olivier, 2006
« Points » n° P 1929

Édition exclusivement réservée
aux adhérents du Club
Le Grand Livre du Mois
réalisée avec l'aimable autorisation des éditions de l'Olivier

Réalisation : PAO Éditions du Seuil
Achevé d'imprimer par Firmin-Didot
au Mesnil-sur-l'Estrée
Dépôt légal : août 2008 (91341)
ISBN : 978-2-286-04521-0
Imprimé en France